해외의 한인 희생과 보훈문화

권희영 著

국학자료원

해외의 한인 희생과 보훈문화

저서

　한민족이 일제에 의하여 국권을 상실 당하고 강점된 35년간 그리고 해방
이 되어서도 한국인에 의한 자주적인 정부가 성립되기까지의 3년간 많은 한
인들이 해외에서 희생을 당하였다. 일본제국주의에 의한 한국강점은 한국인
들을 해외 각지로 흩어지게 하였다. 한인들은 일제에 의한 정치적 경제적 사
회적 압박으로 인하여, 러시아, 중국, 일본 등지로 새로운 삶을 개척하기 위
해 대대적으로 이주를 하게 되었다.

　그러나 여러가지 면에서 문화가 다르고 환경도 다른 이국에서 한인들은
여러가지 형태의 불이익을 감수하게 되었다. 한인들은 무엇보다도 한국을
지배하던 일본으로부터 가장 큰 탄압을 당하였고 또한 그 가운데서 많은 희
생자도 발생하게 되었다. 한인들은 일본에서 사회적 차별로 인하여 살해당
하고, 일본인들이 기피하는 탄광 같은 힘든 노동 현장에 투입되어 재해로 사
망하고, 또한 독립운동을 하다가 체포되어 옥사하기도 하였다. 일제의 한국
식민 통치 기간 및 그 직후의 귀환 과정에서 약 5만의 한인이 여러 가지 이
유로 희생당하였을 것으로 우리는 추정한다. 그러나 무엇보다도 많은 희생
자가 발생하게 된 이유는 일본이 1937년부터 중일전쟁을 일으키고 1939년
부터는 한인들을 강제로 징용, 징병, 일본군 위안부, 정신대 등으로 징집하
였기 때문이다. 한인들은 이같은 일본의 강제 연행 정책에 의하여 약 27만
명 정도가 희생당하였을 것이라고 우리는 추정한다.

　한인들은 또한 중국에서도 많은 수가 희생당하였다. 일제시기에 중국은

일본의 침략 상대국이었고 중국의 만주 지방에는 한인들이 이주하여 수십만의 인구를 형성하고 있었는 바 일본군은 이들 한인 집단이 독립운동의 배후 세력이라는 이유로 인하여 갖은 탄압을 가하여 여기에서도 적지 않은 희생자가 발생하게 되었다. 중국에서는 일본군이 물러간 뒤에는 국공내전의 와중에서 많은 한인들이 희생되기도 하였다. 한인들은 이러저러한 이유로 인하여 중국 지역에서 약 8만6천 명의 희생자가 발생하였을 것이라고 우리는 추정한다.

한인들은 또한 러시아에서도 많은 희생을 당하였다. 러시아에서는 때마침 공산주의에 의한 소비에트 정부가 성립하여 있었고 이 소련을 지배하던 스탈린은 한인들을 1920~30년대에 걸쳐서 강제 이주시켜 약 2만에 가까운 희생자를 발생하게 하였다. 그러나 소련에서의 희생자 역사 일본에 의해 저질러진 부분이 적지 않았다. 1917~1922년 사이에는 일본군이 시베리아에 진주하고 있어서 여기에서 독립을 다시 찾으려는 한인 무장 부대와 충돌하여 적지 않은 한인 측의 희생자가 발생하였다. 또한 치시마(千島)와 남부 사할린을 일본이 차지하여 여기에서 다꼬헤야(監獄部屋)같은 제도를 도입하여 한인들을 혹사시킴으로써 적지 않게 한인들을 희생시켰다. 뿐만 아니라 일본은 1945년 패전을 눈앞에 두고 사할린의 한인들을 학살하였다. 이같은 각종의 만행에 의하여 적지 않게 한인들이 또한 희생당하였다. 일제시기에 러시아 지역에서 희생당한 한인들의 수는 2만 5천 명 정도에 달하는 것으로 추정된다.

한인들은 또한 일제 시기 일본이 지배하던 마리아나 군도 및 마이크로네시아 등의 섬 및 동남아시아에서도 희생당하였다. 이들 지역은 일본이 태평양전쟁을 벌이면서 요새화하였던 섬들인데 여기에 많은 한인들이 농업이민 등으로 산업에 종사하였으며 또한 군인이나 군속 등으로도 근무하였다. 또한 동남아시아 등에서는 군인이나 군속 혹은 전쟁 포로 감시원으로 사역 당하였다. 이 지역에서도 적지 않은 한인들이 사망하였을 것으로 추정된다. 적어도 민간인 희생자만 3천은 넘을 것으로 추정된다.

이같이 하여 각 지역에서 일제시기에 희생당한 한인들의 수는 43만에 달하는 것으로 우리는 추정한다. 그러나 이렇게 엄청난 사망자가 발생하였음에도 불구하고 일본 정부는 이들 희생된 한인들의 유해를 한국에 송환하기 위해서 적극적인 노력을 기울인 바가 없었다. 일본은 징용자들에 대하여는 아무런 정책적인 노력을 기울인 적이 없었으며 오로지 군인이나 군속으로 징집되어 사망된 자중 일부인 2만여 명의 명부만을 파악하고 그들 중 극히 일부인 8700여 주를 한국에 송환한 실정이다. 일본 정부의 무성의와는 대조적으로 일부 일본 시민사회에서는 역사적 진실을 외면하지 않고 한인들의 유해를 찾아내서 한국으로 되돌려 보내려는 움직임도 있어서 이들의 노력에 위하여 약 2천여 주의 유해가 한국으로 되돌아오기도 하였다.

그런데 민족사적인 차원에서 이들의 희생에 대한 역사적 조사를 수행하고 이들의 혼령이나마 위령하는 일을 차후로는 적극적으로 행하지 않으면 안된다. 그것은 이와 같은 불행한 과거사가 다시는 되풀이되지 않도록 하기 위해서도 필요한 작업이며 한일간의 우호 친선 관계가 역사적 진실을 바탕으로 하여 심화되기 위하여서도 긴요한 일이다. 이같은 사업은 일시적인 사업이 아니라 장기간 지속적으로 이루어져야 할 것이며 우리 국민들에게 사회교육의 자료로서 활용되어야 함이 마땅하다. 이를 위하여 보건복지부, 외교통상부, 교육 인적자원부, 보훈처 등이 유기적인 협조 관계를 구축하여 일본 정부에 자료 공개를 적극적으로 촉구하는 등 본 사업을 효과적으로 수행하여야 할 것이며 이 사업에 관련된 민간단체 및 연구 단체들의 적극적인 업무 협조가 절실히 요청된다고 할 수 있다.

그와 아울러 일본의 사찰에서는 해방 후 50년이 지나서 그 동안 보관해 오던 유해들을 폐기하는 일이 발생하기 시작하였으므로 우리가 이미 정보를 가지고 있는 일본의 사찰에 보관되어 있는 유해부터 송환하는 사업을 즉각 실시하여야 하며 차후로 조사를 계속하여 새로운 유해를 찾아내고 송환하는 일을 지속적으로 행해야 할 것이다.

그와 함께 우리는 보훈문화에 각별한 주의를 기울여야 할 것이다. 보훈정신은 국가의 기본적인 정신이며 국민으로 하여금 국가를 믿고 의지하게 하며 그럼으로써 국가에 충성하도록 하는 정신인 것이다. 이는 자연스럽게 국민이 국가를 사랑하도록 하는 정신이며 이것이 단지 윤리적 요청으로서만이 아니라 생활 속에서 일상적으로 실현되는 정신이어야 한다. 이러한 점 때문에 보훈정신을 문화 속에서 문화의 한 부분으로 만들어나가는 작업이 필요한 것이다. 바로 이러한 작업을 위하여 보훈정신과 보훈문화에 관한 2편의 논문(제4장과 5장)을 같이 수록하였다.

본서의 집필에 있어서는 참으로 많은 사람들의 도움을 받았다. 해외의 희생자를 연구하고 조사함에 있어서 기꺼이 많은 분들이 필요한 정보를 제공하고 여러 가지 방식으로 도움을 주었다. 연구가 여러 나라를 다니면서 자료를 수집해야 하는 것이기에 각 나라마다 많은 협력자들이 필요하였다. 중국에서는 연변대의 박창욱 교수, 연변대의 손춘일 교수, 연변대 이춘 교수, 연변 사회과학원 역사연구소의 권립 교수, 연변 자치주 박물관의 전신자 선생, 연변대 민족연구소의 임희준 선생의 도움을 받았다. 또한 화룡縣의 허송암 주임, 마반촌의 박성철 촌서기, 훈춘시의 문물관리소장 이정몽 선생이 많은 도움을 주었다

일본에서는 동경에서는 지금은 고인이 된 박경식 교수가 많은 도움을 주었다. 삼가 이 자리를 빌어 명복을 빈다. 그리고 가나가와縣의 樋口雄一 선생은 헌신적으로 필자를 도와 연구가 가능하도록 하였다. 그 외에도 상아미코 댐의 역사를 조사하는 하시모토 씨의 도움을 받았고 민단중앙본부의 여기성 민생국장, 山田昭次 교수의 도움을 받았다. 오사카와 고베에서는 김영달 선생, 홍상진 선생, 강재언 교수, 김경해 선생, 飛田雄一 선생, 한석희 선생이 필요한 도움을 주었다. 아이오이市에서는 김청일 선생이 안내를 맡아주었다. 히로시마에서는 다키오 에이지 선생, 야마다 선생, 마사키 선생, 우쯔미 선생이 필요한 안내를 맡아주었다. 시모노세키에서는 히로사키 선생이 안내를 맡아주었다. 고꾸라에서는 김봉진 교수와 배동록 선생의 도움을 받았다. 구주의 탄광지대 안내에는 김광열 선생이 많은 도움을 주었고 그후에도 필자를 방문하여 필요한 교정을 안내하여 주었다. 나가사키에서는 구보다 다츠로 선생, 〈長崎在日朝鮮人의 人權을 지키는 會〉의 다카자네 교수의 안내를 받았다.

러시아에서는 하바로프스크의 이산가족회장 이주학 선생, 유즈노사할린스크의 장윤기 노인회장, 유즈노사할린스크 사범대의 김순희 교수,『새고려신문』안춘대 사장과 배영숙 기자, 한인협회 회장 김부조 선생, 9호중학교의 신숙자 교장, 코르사코프시 이순복 회장을 비롯한 한인협회의 임원, 김도영 노인협회 회장과 많은 노인들, 사할린주 이산가족회 이주학 회장, 미즈호마을 방문을 안내해준 임관개 선생, 가미시스카의 변덕만 선생, 블라디보스톡

6

의 이석곤 총영사, 박정원 부총영사, 우스리스크시에서 통역으로 수고해준 Tatiana Nam, 고려인 재생기금의 김 텔미르 선생, 파르티잔스크의 김 블라디미르 회장, 하바로프스크의 송희현 선생이 필요한 안내를 해주고, 정보를 제공하고 필요한 경우 통역을 하여주었다.

마리아나 군도 및 마이크로네시아에서는 팔라우에서는 코로르의 이찬우 회장을 비롯한 한인회 관계자들, 특히 데칸 Hesus Belibie 씨가 앙가우르 섬과 펠레리우 섬을 안내하여 주었다. Ngatpang 지역의 안내를 맡아준 Techtong Rebluud 선생, 오키야마 도요미 선생의 도움도 잊기 어렵다. 괌에서는 총영사, 박경일 선생, A.P.의 기자였던 Palomo 선생과 그 친구 Juan E.Garcia, 괌 대의 김덕신 교수가 도움을 주었다. 사이판에서는 사이판 시장이 많은 배려를 해주었고 손경수 회장을 비롯한 한인회 관계자들과 M.D.Muna와 그의 형 J.Muna, Tudella 여사, 보하 씨, 티니안의 전경운 선생의 도움을 받았다.

보훈 관계로 프랑스를 방문하였을 때에는 프랑스 보훈부의 Inspecteur générale인 Chalvron 선생, 보훈병원의 Picard 중령의 자세한 안내를 받을 수 있었다. 또한 프랑스 한국대사관의 영사를 비롯한 직원들의 도움을 받았다.

현지에서 많은 도움을 받음과 아울러 본서에 수록된 논문을 집필함에 있어서는 같이 공동연구를 하며 토론하였던 서울대학의 정인섭 교수, 수원대의 박환 교수, 부산영산대의 최영호 교수에게 감사함을 표한다. 또 자료의 수집에 있어서 도움을 주었던 양태진 선생에게도 감사를 표하며 보고서를 만들 당시에 편집에 많은 수고를 하여준 국가기록연구원의 정혜경 선생, 정부기록 보존소의 김형국 선생에게도 감사를 표한다. 또 같이 어려움을 감당하며 조사를 함께 하였던 해외희생동포추념사업회의 이용택 회장, 태평양전쟁희생자 유족회의 양순임 회장, 중소이산가족회의 이두훈 회장, 경향신문사의 이종탁 기자, 최우규 기자, 김석구 기자, 권석천 기자, 권호욱 기자, 서화동 기자, 이상훈 기자, 박만규 기자, 민족사관 고등학교의 엄동일 선생, 보건복지부의 노연홍 선생, 조진희 선생, 최성기 선생, 이철수 선생에게 이 자리를 빌려 고마움을 전한다. 그리고 이 자리에서 미처 언급하지 못하였지만 그 이상의 수 많은 분들의 도움과 증언을 통하여 본 연구가 가능하였던 것임을 다시 한 번 밝히고 싶다.

아무쪼록 본서가 국가를 위하여 희생하였던 사람들과 그 가족들에게 그리고 보훈을 위하여 노력하는 사람들에게 조금이나마 위안이 되었으면 하는 작은 바람을 가진다. 본서의 제1장~제3장 그리고 제6장~제10장은 1995년 보건복지부와 경향신문의 용역과제로 수행하였던 것이고 제4장은 1997년 한국개발연구원의 용역과제로 수행하였던 논문이며 제5장은 1997년 보훈처의 학술회의에서 발표되었던 논문이다. 본 연구가 가능하도록 경제적으로 지원한 보건복지부, 보훈처, 경향신문사, 파스퇴르 유업의 관계된 여러분들에게 심심한 사의를 표한다. 또한 본 연구를 수행하고 출판하도록 도움을 준 한국정신문화연구원의 관계자들에게도 감사드린다. 특히 원 보고서를 수정 보완하여 단행본으로 출간하도록 허락하여 주고 도움을 준 보건복지부, 보훈처, 경향신문사 및 한국개발연구원의 관계자들에게 심심한 사의를 표한다. 또한 어려운 시기에 학술서의 간행을 선뜻 맡아준 국학자료원의 정찬용 사장, 김성달 편집장에게도 심심한 사의를 표한다.

위에 언급한 모든 분들에 대한 감사를 결코 다 갚을 수는 없지만 단지 감사하는 마음의 일단이나마 전달되었으며 하는 것이 작은 소망이다.

2001. 8
청계산 기슭 서재에서
권희영

목 차

제1부

해외의 한인 희생과 보훈문화

제1장 해외 한인 희생의 개요*

　한국과 일본은 역사적으로 오랜 기간동안 상호 교류하는 가운데 서로에게 깊이 영향을 주었다. 한일간의 문화적 교류에 관한 역사적 기록은 일본 최고의 문헌에서부터 나타나며 모든 상황을 종합하여 볼 때 한일간에 일찍부터 정치, 경제, 문화적인 관계가 이루어지고 있었다는 것은 의심할 여지가 없는 사실이다. 그런데 역사적으로 어떠한 국가도 흥망성쇠가 있는 것과 마찬가지로 양국간의 관계도 마찬가지의 역사적인 경험을 하였다. 고대 한국과 일본의 관계처럼 한국의 영향력이 일본에 대하여 압도적인 때도 있었고 또한 근대에 들어와서 일본이 메이지유신(明治維新)을 한 이후에 일본의 영향력이 한국에 압도적인 때도 있었다.

　그러나 19세기 말에서 20세기 초에 들어와서 한국과 일본은 양국의 역사상 가장 악화된 관계로 치닫게 되었다. 일본이 한국보다 한 발 앞서서 메이지유신(明治維新)을 단행한 결과 일본은 중세국가의 틀을 벗어나

---

* 본 장은 필자가 연구책임자가 되어 1995년도에 보건복지부의 용역을 받아 수행한 과제인 "해외 희생자 유해 현황조사 사업보고서"(한국정신문화연구원, 1995)의 머리말을 수록한 것이다. 이 보고서에서 필자는 러시아, 최영호 박사와 정인섭 박사는 일본, 박환 교수는 중국을 담당하여 연구하였다. 자세한 사항은 위 보고서를 참고.

서 근대국가로의 진입을 조속히 이루는 데 성공하였다. 그러나 한국은 전통을 고수하려는 세력의 완강함으로 인하여 일본보다 뒤늦게 개항을 함으로써 근대국가로의 진입에 한 걸음 뒤쳐지게 되었다.

근대국가로의 출발에 있어서 한국이 일본보다 한 걸음 뒤떨어진 사실은 일본으로 하여금 한국에 대하여 넘볼 수 있는 기회를 제공하였다. 일본은 19세기 말 서양의 열강들이 제국주의적 경쟁에 휘말려 있을 때 자기 자신이 제국주의 국가의 일원이 되기 위하여 한국을 침략하기로 하였다. 일본은 기회가 있을 때마다 한국으로 진출하여 한국의 내정에 간섭하고 한국을 그의 영향권에 포섭시키며 궁극적으로 한국을 그들이 꿈꾸는 제국의 영토에 포함시키려고 노력하여 왔다. 몇 가지 간단한 예만을 들더라도 1894년에는 갑오동학농민의 봉기를 기화로 하여 군대를 출동시켜 한국에서의 자생적인 개혁운동을 피로 진압하였으며, 그 후로도 일본의 이러한 태도에는 변함이 없었다. 일본은 드디어 1905년에는 을사보호조약을 체결하여 한국을 보호국으로 하였다. 그런데 이 보호조약은 사실은 법적으로 성립할 수 없는 기만적인 조약이었다. 나아가서 일본은 1910년 한일합방을 통하여 한국을 자국의 식민지로 하였다.

1910년의 합방이 한민족의 의사에 반하여 강제적으로 이루어진 것은 말할 것도 없거니와 일본과 한국은 이를 계기로 하여 역사상 가장 불행한 시기를 맞게 되었다. 한국 민족은 일본인의 지배를 결코 받아들일 수 없었으며 따라서 한국 민족은 무장 투쟁을 포함한 각종의 수단으로 이에 저항하였다. 그러나 이미 근대국가로 장성해 버린 일본의 무력을 감당할 수가 없었다. 따라서 일본은 한국민들의 저항에도 불구하고 사실상 한국민을 지배하게 되었다. 그리고 조선총독부를 설치하고 한국인들의 기본적인 정치적 자유를 박탈한 위에 경제적인 권리도 잠식하였고 한국의 각종 경제적인 부를 그들의 목표인 군사 대국을 위하여 동원하기 시작하였다.

한국민들의 저항은 일제 시기 전 기간에 걸쳐 지속적이고 반복적으로 이루어졌다. 1919년에는 수백만의 인원이 항거한 3·1운동이 있었으며 상해에 임시정부를 수립하였고 그 이후로도 6·10만세 사건이나 기타 해외에서의 정치적 군사적 투쟁을 통하여 한국민이 결코 일본의 지배를 받을 의사가 없음을 분명하게 표시하였다. 그러나 일본은 제국주의의 열병에 휩싸여 있었다. 일본은 소수의 군벌과 관료가 주도하는 군사 대국화를 통하여 일본 시민들을 불행에 빠뜨렸을 뿐만 아니라 일본이 지배하고 있는 식민지의 한민족에게는 훨씬 더 큰 고통과 불행을 초래하였다.

그렇지만 일본은 내부적으로 민주적인 자유주의적인 질서를 회복하지 못하고 1930년대부터는 본격적인 전쟁에 빠져들게 되었다. 1931년에는 만주사변을 일으키고 이어서 동북 삼성을 중국으로부터 분할하여 그들의 괴뢰정권인 만주국을 수립하였지만 그들의 침략 야욕은 이에서 중지되지 않았다. 1937년에는 드디어 중국과 전면적인 전쟁을 일으켜 대륙 침략을 감행하였으며, 1941년에는 미국의 진주만을 폭격하여 미국과의 전쟁을 일으켰다. 일본군은 대륙으로 진출하고 한편으로는 남방의 태평양까지 진출하여 군국주의 일본의 위세를 과시하려 하였다.

그러나 이와 같은 일본 군국주의의 '영광'은 일본 시민 수백만을 포함하여 한국, 대만, 중국, 그리고 기타 일본이 지배하고 있던 여러 지역의 여러 민족들과 시민들의 고통과 희생을 전제로 하여 이루어진 것이었다. 일본 군국주의는 히틀러의 나찌즘, 무솔리니의 파시즘과 손을 잡고 인류에 대한 범죄를 감행하였다. 광적인 분위기에 빠져 있었던 일본은 인간 생체 실험을 자행하는가 하면, 강제노동 수용소의 형태로 강제 징용을 실시하여 노동자를 혹사하기도 하고, 젊은 여성들을 군대 위안부로 강제 징발하여 아무런 책임도 지지 않고 무참하게 살해하는 등 온갖 반인류적 범죄를 저질렀다. 이러한 점에서 일본 군국주의의 영광은 결코 일본의 영광이 될 수가 없었다. 일본 군국주의의 영광은 일본의 치욕이며 동시에 인류에 대한 반인도적 범죄로서 영원히 기록될 수밖에 없는 역사적 사건이었던 것이다.

본 보고서는 이같이 일본 제국주의의 반인도적 강점 기간 동안에 한국을 제외한 해외에서 희생된 한인들의 상황을 종합적으로 파악하기 위하여 금년 1년간의 연구를 종합한 것이다. 본 조사의 목적은 해외의 한인 희생자를 파악하고 아직까지 방치되어 있는 무연고 유해를 본국으로 송환하기 위한 것이었지만 이와 같은 작업을 하기 위한 전제로서 우선 역사적으로 희생자의 발생에 대한 연구를 진행할 수밖에 없었다.

그렇지만 과연 해외에서 한인들이 어느 정도 희생당하였고 나아가서 희생사실이 어느 정도 밝혀져 있으며 구체적으로 어느 장소에 얼마만큼 한인들이 매장되어 있는가 하는 정황을 우리가 정확하게 추정하지 못한다면 이는 마치 아무런 장비 없이 밀림을 들어가는 일이나 마찬가지가 될 것이다. 따라서 사업대상의 범위를 파악하기 위하여 급선무는 과연 어느 정도의 인원이 희생되었으며 어느 정도가 그 유해로서 남아있는가를 밝히는 일이 될 것이다.

이 가운데에서 희생자의 수를 파악하는 작업은 주로 문헌연구에 많이 의존하여야 하는 작업이기 때문에 본 사업의 제1차년도에 시행하여야 할 사업이라고 생각하였다. 그리고 다음으로 진행할 일은 구체적으로 어느 장소에 얼마만큼의 유해가 존재하여 이들의 유해가 어떠한 이유로 존재하게 되었는가를 각론적으로 연구하는 일이라고 할 수 있는데 이는 제2차 년도부터 본격적으로 진행하여야 할 일이라고 보며 이러한 연구가 진행됨과 동시에 부분적으로 송환 가능한 유해를 송환하는 작업이 필요하다고 생각하였다.

　이러한 사업안을 가지고 제1차 년도인 1995년에는 연구자들의 연구 초점을 희생자의 수를 추정하는데 맞추기로 하였다. 그 이유는 무엇보다도 희생된 한인들의 수를 정확하게 추산하는 것이 사업계획과 범위를 확정하는데 무엇보다도 긴요하다고 판단되었기 때문이다. 그리하여 우리는 연구영역을 국가별로 구분하여 사망자들의 숫자를 각종의 문헌자료, 현지조사, 증언 등의 방법을 동원하여 확정하려고 하였다. 그렇지만 일제시기에 희생당한 한인들의 통계를 정확하게 추정한다는 것은 至難한 일이 될 수밖에 없었다. 그 이유는 무엇보다도 이러한 희생에 대한 정확한 통계 자체가 우선 결여되었다는 데에 있다. 따라서 우리는 자연사로 간주할 수 없는 모든 사망에 대하여 각 사건들을 수집하고 그 수집된 사건에서 여러 형태로 제시되고 있는 희생자 수 혹은 추정된 희생자 수를 집적하여 나갈 수밖에 없었다. 또한 통계 수치에 대하여서도 각 연구자들간에 엇갈리는 부분이 적지 않았다는 점을 밝힐 수밖에 없다. 따라서 희생자들의 수를 어떻게 잡느냐 하는 것은 연구자들이 가장 고심하였던 부분이기도 하였다. 그러나 우리는 무리를 피하기 위하여 대체로 보아서 희생자의 범위가 단일 수치로 확정되기 어려운 경우에 추정될 수 있는 최대치와 최소치의 중간을 우리의 추정치로 설정하였음을 밝힌다. 따라서 본 연구가 제시한 추정치는 절대적인 신뢰를 두어야 하는 부분이 아니라 차후로 연구를 진행해 나가거나 정책을 집행하는 데 있어서 무리 없이 일을 추진하기 위한 근거 수치로서의 의미를 가진다고 볼 수 있을 것이다. 향후 더 많이 자료가 공개되고 더 연구가 진행된다면 우리가 제시한 수치가 좀 더 정확한 모습을 띄게 되기를 우리 연구자들은 희망하고 있다.

　우리의 연구 결과를 요약하자면 다음과 같다.

일본의 한국강점과 그 뒤를 이은 식민지 지배로 인하여 한국인들이 해외에서 얼마나 희생되었는가 하는 문제를 초점으로 한 본 보고서는 일본의 한국식민지지배의 일단을 살펴보았다. 4인의 연구자들이 각기 지역을 셋으로 구분하고 연구 테마를 넷으로 나누어서 연구를 진행하였고 이제 그 연구를 종합하여 볼 차례이다.

우선 일본지역에서는 한인들의 희생을 전시동원체제의 강제연행으로 인한 희생자와 기타 식민지 지배로 인하여 빚어진 희생자로 구분하여 연구를 진행하였다. 최영호 박사가 진행한 연구에 따르면 일제시기로부터 한국의 정부가 수립되기 이전인 1948년까지 일본의 한국지배 및 그로 인하여 연유된 한국인의 일본지역에서의 희생자를 48,897명으로 추정하였다. 그리고 연구가 아직 충분히 진행되지 않은 상태임을 감안할 때 추정치는 더욱 늘어날 수 있다고 보고 약 5만 명 정도의 추정수치를 제시하였다. 이와 함께 한인희생자가 다수 발생한 사유로 볼 때 제일 그 비율이 높은 것은 히로시마와 나가사끼에 투하된 원폭으로 인한 희생이며 다음으로는 관동대진재를 들 수 있고, 그 다음은 공습폭격에 의한 사고, 일본인에 의한 살해, 재해사고, 고문사나 옥사, 안전사고라고 할 수 있다. 결국 이 연구를 통하여 일본의 군국주의 체제와 일본의 한국지배라는 사실로 인하여 한국인의 피해가 발생하였음을 알 수 있다.

다음으로 전시동원체제 하에서의 한인희생을 조사한 정인섭 교수는 전시동원으로 인한 한인들의 희생을 종합적으로 일별하면서 군인과 군속의 군사동원부문에 있어서의 한인희생자가 6만 5천 명에서 9만 1천 명 사이에서 발생하였을 것으로 추정하였다. 그 다음으로 일본군의 성적 위안을 위하여 동원된 강제종군위안부는 그 희생자가 8만 명에서 20만 명 사이로 추정된다고 하였고 노무동원으로 인한 희생자의 경우는 노무동원의 규모를 72만 5천 명 선에 보다 많은 신뢰를 두면서 이들 가운데 발생한 희생자에 대하여 역시 27,200명에서 72,000명 사이로 추정을 하고 있다. 이처럼 연구자들이 희생자의 수에 대하여 정확한 추정을 하는 데 곤란을 느끼는 이유는 그만큼 정확한 수를 알기 위한 통계가 부족하다는 사실에서 발생되는 것으로 현 단계에서는 확실한 숫자를 제시하기보다는 대략 범위를 파악한다는 점에서 연구를 종합할 수밖에 없다고 판단된다. 어쨌든 정교수의 연구결과를 종합하면 일본군의 강제동원으로 인한 희생자는 최소한 17만 2천 200명에서 최대한 36만 3천 명이라는 수치가 나온다. 종합하는 입장에서는 일단 최대치와 최소치의 중간을 취할 수밖에 없는 바, 이 경우 26만 7600명의 추정치가 나온다. 이 숫자를 정교수가 연구결과 추정한 강제동원체제로 인한 한인희생자라고 말할 수 있을 것이다.

다음으로는 러시아 지역에서 발생한 한인희생이다. 이 지역은 현재의 러시아령을 기준으로 한 것이지만 일제시기에는 남부사할린과 치시마가 일본의 지배하에 있었기 때문에 일본의 지배로 인한 직접적 희생과, 대륙이나 북부사할린, 그리고 관동군포로와 같이 일본의 지배와 소련의 지배가 복합적으로 작용하여 발생한 희생자도 존재하는 것이 특징이다. 권희영 교수는 아무튼 일제시기의 현 러시아지역에서의 한인희생자의 수를 2만 5천 명으로 추정하였다. 이 희생자의 수도 아직은 좀 더 보완을 요한다고 보기는 하지만 대략 이 근처의 수에서 한인희생자의 수가 확정될 수 있다고 본 것이다. 한인들의 희생은 러시아 한인 최대의 비극으로 말할 수 있는 1937년 강제이주를 무엇보다 첫 번째로 꼽을 수 있다. 이로 인하여 약 1만 6,500명의 희생당하였다고 보며 그 다음으로 주요하게 희생자를 발생하게 한 사건은 1917~1922년의 내전 및 1928~1930년의 강제이주, 관동군포로, 남부사할린에서의 희생 등을 들 수가 있다. 이 중에서 강제이주를 제외하면 한인들의 희생은 주로 일본의 지배와 소련

전체주의 체제의 지배라는 두 사실이 복합적으로 작용한 결과라는 것을 알게 된다.

마지막으로는 중국지역의 한인희생이다. 이 지역을 연구한 박환 교수에 의하면 한인들의 희생은 모두 87,264명으로 추정될 수 있다고 보았고 한인들의 희생숫자가 이를 상회할 수 있는 것으로 내다보았다. 따라서 이 숫자를 일단은 박환 교수가 잠정적으로 확정한 숫자라고 말할 수 있다. 다음에 그 내용을 볼 때 중국지역에서 최대로 희생자가 발생한 경우를 보면 1931년 만주사변 이후에 반일운동으로 인하여 군인 및 민간인이 일본군에 의하여 희생당한 경우가 65,871명으로 최대라고 말할 수 있으며 그 뒤를 이어서 탄광 등에서 희생된 경우, 경신참변, 국민당정부에 의하여 희생된 경우, 일본군의 군인 군속으로 전사한 경우 등을 말할 수 있다. 중국 경우에는 그 희생자가 사실상 거의 일본에 의하여 발생된 것이지 중국 자체에 의하여 희생된 경우는 그리 많은 편이라고 볼 수가 없다. 이는 이 지역을 사실상 일본이 지배하고 있었다는 사실에서 연유되는 것이다. 그런데 박 교수의 연구에서 일본의 군인, 군속으로 희생된 경우는 강제동원체제로 인한 희생자이므로 이 숫자가 이중으로 등록되는 것을 막기 위해 이를 뺀다고 하여도 85,864명이 된다.

이같이 네 사람의 연구결과를 모두 종합하면 다음과 같다.

> 일본지역 : 50,000명
> 일본지역 전시동원으로 인한 희생자 : 267,600명
> 러시아지역 희생자 : 25,000명
> 중국지역 희생자 : 85,864명
> 계 : 428,464명

이 숫자는 대략적인 추계치이므로 천 단위에서 반올림하는 것이 타당

하다고 판단된다. 따라서 한인들이 일제시기와 해방 직후 대한민국정부가 수립되기까지 해외에서 희생당한 수는 약 43만 명에 이른다고 우리는 말할 수 있다. 그런데 위와 같이 각 연구자들이 조사한 지역연구에서 일제시기에 일본제국이 지배하였던 태평양지역의 경우는 명시적으로 포함이 되지 않았다. 그러나 기본적으로 동남아나 태평양지역에서 사망한 한인들의 경우 군인, 군속, 종군위안부의 경우에는 정교수가 파악한 수 속에 포함된다고 말할 수 있으므로 전체사망자 수에 당연히 그들의 수가 포함되어 있다고 말할 수 있다. 단지 태평양지역에서 민간인이 희생당한 경우는 본 연구에서는 빠져있다고 할 수 있다. 왜냐하면 사이판, 티니안 섬 등에 농업이민이나 기타 사유로 이민한 한인들의 경우 많은 희생을 당한 것이 사실이기 때문이다. 이 분야에 대한 연구는 최 박사의 연구가 이를 포함해야 하지만 이 부분은 빠져있다. 단지 이를 필자가 파악하는 바에 의하면 농업이민을 포함한 한인들의 대부분은 사이판, 티니안, 팔라우에 있었으며 그 중 희생자가 많이 발생한 한 사이판과 티니안의 경우에 민간인 사망자를 3,168명으로 추정하였다(본서 제10장). 팔라우에 거주한 민간인은 그 규모가 훨씬 적었을 것으로 추정되기 때문에 결국 태평양 지역에서의 민간인 희생자 수는 많이 잡아도 4천 명 정도는 넘지 않을 것으로 생각된다. 그렇다면 이 수를 상기 수에 더한다고 하더라도 전체 추정치인 43만 명에는 변함이 없음을 알게된다. 따라서 우리는 일제시기 일본이 지배하였던 전 지역 그리고 한인들이 집단적으로 거주하던 러시아와 중국을 포함한 지역에서의 한인희생자가 43만 명 정도였다고 추정한다.

이미 앞서의 연구에서도 많은 연구자들이 누차 지적한 바대로 각 연구자들이 추정한 수치는 연구자들이 절대적으로 신뢰를 요구할 수 있는 수치가 아니다. 이미 언급한 대로 현재 주어진 자료를 바탕으로 하여 무리하지 않게 사망자의 숫자를 추정하는 과정에서 대체로 보아 최대치와 최소치의 중간을 추정하여 확정한 수치인 것이다. 따라서 본 보고서에서 추정한 수치를 진실로 이해하기보다는 앞으로 진실을 추구하기 위한 참고치로서 혹은 비교의 기준이 되는 기준치로서 이 수치가 이용되었으면 하고 바란다. 그래야 학문적으로 진실을 규명하는 데 도움이 될 것이기 때문이다.

여하튼 본 조사를 통하여 우리는 일본제국주의가 한국인들에게 강요한 희생이 여러 가지 형태로 다양하였으며 한국인들에게 준 희생도 다대하였지만 역사적으로 볼 때 그 희생의 최대원인은 두말할 것도 없이 일본의 무력에 의한 한국지배, 그리고 일본군국주의체제이다. 우리가 역사를 미래를 위한 지혜의 샘으로 활용하기 위하여는 이러한 사실을 직시하고 평화적으로 미래를 건설하는 일이 무엇인가 하는 것을 다시 생각해볼 시기이다. 왜냐하면 일본에서는 군국주의가 패망한지 50년이 지난 오늘날까지도 수시로 군국주의를 정당화하는 발언이 되풀이되고 있기 때문이다.

한편 43만에 달하는 희생자가 발생하였음에도 불구하고 이 희생자들의 유해를 파악하고 이들의 영령을 위무하고 혹은 이들의 유해를 본국으로 봉환한 실적은 극히 미미하다. 일본이 조금이나마 책임을 지고 한국에 인도한 유해는 군인, 군속의 경우에 한한 것으로 8,824주에 불과하며 현재 1,147주의 경우는 佑天寺에 보관하고 있다. 한편 민간인에 의하여 한국의 망향의 동산에 인도된 유해는 2,350위에 불과하다. 이렇게 볼 때 희생된 자들에 비하여 그 소재가 파악되어 있거나 안치되어 있는 유해는 극소수에 불과하다는 사실을 알게 된다. 물론 희생자들의 희생경위와 명부 등을 상세히 파악하고 그들에 대한 위령사업을 시행한다는 것은 말처럼 쉬운 일은 아니다. 거기에는 많은 노력이 필요하며 자금도 필요하다. 그러고서도 관련된 자료의 부족으로 도저히 상황을 파악할 수 없는 경우도 발생할 것이다. 그러나 문제는 사업의 어려움이 아니다. 이러한 희생자 문제에 대하여 최대의 가해자였던 일본 정부가 과연 이 문제에 대하여 얼마만큼의 책임을 느끼고 이 문제를 조사하기 위하여 진지한 노력을 기울였는가 하는 것이 문제이다. 이 점에 있어서 일본정부는 아무리 비난을 들어도 할 수 있는 말이 없을 것이다. 그러나 일본이 국제사회에서 성인으로서의 자세를 갖추기 위하여서는 이 문제를 회피할 수 없다고 생각한다. 다음으로 한국정부와 한국사회도 해방 50년이 지난 지금까지도 이 문제에 대하여 이토록 소홀했었다는 데 대한 비난을 면키 어렵다. 이 문제는 희생자들이나 유가족만의 문제가 아니고 한국민족의 문제이기 때문이다. 우리는 민족사를 올바로 정립시키기 위한 차원에서도 이 문제를 바로 짚어나가고 정확하게 조사하고 희생자에 대한 대책을 세워야 하는 것이다. 본 보고서가 이러한 문제의 정확한 해결을 위한 출발점으로서의 역할을 하게 되었으면 하는 것이 연구책임자로서 가지는 최종적인 희망이다.

제2장 열계시거 러시아에서의 한인희생

1. 머리말

러시아는 1860년 북경조약을 통하여 연해주 지방을 영유하게 되고 이후로 한반도와 국경을 접하게 된다. 한반도 특히 함경도 지방의 농민들은 궁핍을 면하기 위하여 1863년부터 연해주로 이동하게 된다. 연해주로 이동하는 농민들의 수는 시간이 갈수록 늘어나서 대략 1910년 정도가 되면 공식 통계로 5만 이상의 한인이 거주하게 되었으며 실수는 그 이상이었을 것으로 추정된다. 한인들의 강제 이주가 이루어지는 1937년에는 대략 18만의 한인이 극동 지방에 거주하고 있었다고 한다.

연해주에 거주한 한인들은 입적자와 비입적자로 구분될 수 있는데 입적 한인은 토지 분여 등의 혜택을 받았으며 1914년경의 통계에서 전체 한인의 약 30%가 입적하였다. 한인들은 대개 농사에 종사하거나 금광 등의 광산 노동자로 일하던가 아니면 어업에 종사하던가 하는 등의 일을 담당하였다. 러시아인과 한인의 인종적 차별은 뚜렷하였으며 비입적 한인의 권리는 신장되기 어려웠다.

한국은 1910년에 일본에 합병되었다. 그리고 이로부터 일본의 식민 통치가 시작되었으며 이로 인하여 국외로의 해외이민의 수는 더욱 증가하게 되었다. 특히 연해주의 경우는 비교적 토지가 광활하여 개척의 가능성이 높았으며 일찍부터 많은 지사들이 건너가서 터전을 잡고 있었기 때문에 상대적으로 많은 한인들이 이 지역으로 이주하게 되었다. 특히 강 하나를 건너면 바로 도달할 수 있는 지리적인 이점이 무엇보다도 큰 역할을 하였다. 따라서 연해주의 한인들의 수는 지속적으로 증가하였다.

그러나 러시아는 그 자체로 낙원의 땅은 아니었다. 러시아인들은 한인들의 노동력을 수탈하고 박해하는 일도 있었으며 러시아 자체의 정세 변동은 한인으로 하여금 많은 희생을 감당하게 하였다. 더구나 1917년에는 러시아에서 혁명이 발생하여 사회주의 정권이 성립하게 되었다. 이와 함께 한인들의 고통과 희생은 더욱 커지게 되었다. 러시아의 낙후성은 사회주의 이데올로기와 함께 러시아를 소련이라는 전체주의 체제로 변모시켰다. 그리고 이 전체주의화된 소련에서 한인들은 온갖 정치적, 사회적 박해를 당하게 되었고 이로 인한 희생자도 다수 발생하게 되었다.

또한 일본은 러일전쟁을 통하여 사할린 남부를 획득하게 되었고 여기에 산업 개발이 진행됨에 따라서 많은 한인들이 이주하여 오게 되었다. 일제는 이 사할린의 부족한 노동력을 해결하기 위하여 1939년부터는 한반도의 한인들을 강제 연행하였으므로 1939년부터는 한인들의 수가 급속히 증가하게 되었다. 이 사할린의 한인들은 다코헤야(監獄部屋)같은 제도나 가혹한 대우 등으로 하여 많은 고통과 희생을 당하게 되었으며 일본이 물러나고 소련이 지배하게 된 이후로는 소비에트 정권으로부터도 시달리게 되었다.

이제 다음에 러시아 지역에서의 한인 희생의 역사를 간략하게 정리하고 어느 정도의 한인들이 1910년에서 1948년 사이에 희생되었는가 하는 것을 살펴보기로 하자.

2. 대륙 및 북부 사할린에서의 희생자의 발생

러시아에 있어서 한인의 희생은 주로 정치적 변화에 의하여 발생하였다. 러시아에서는 1917년의 볼셰비키 혁명으로 사회주의 정권이 들어섰고 스탈린의 전체주의 체제가 지배하였기 때문에 혁명의 와중에서 그리고 체제의 탄압으로 희생된 한인들의 수가 압도적으로 많았다.

1) 1910~1922년의 희생자

러시아에서 1910년 무렵에는 적어도 5만 명 이상의 한인들이 거주하고 있었다. 한인들은 이 당시 3분의 2 이상이 무입적 한인들이었기 때문에 러시아인으로서의 권리를 가질 수가 없었으며 대부분 러시아인 지주 밑에서 소작을 하거나 혹은 노동을 하였다. 한인들은 이러한 상태에서 사회적으로도 러시아인들로부터 박해를 받아서 애써 농사를 지은 후에는 러시아인들로부터 약탈을 당하는 경우가 종종 있었으며 이러한 과정에서 살해를 당하는 경우도 종종 있었다고 한다. 페소츠키의 이러한 말을[1] 그대로 우리가 받아들인다면 사회적으로 이러한 희생이 수십 명에서 수백 명 정도는 발생하지 않았을까 하는 생각을 가질 수 있다. 또한 한인들이 러시아의 금광이나 탄광 등에서 작업을 하였기 때문에 한인들이 이러한 작업 중에 재해로 사망하였을 가능성도 생각할 수 있다. 그러

---

1) 졸고, 「한민족의 노령이주사연구(1863~1917)」, 『국사관논총』 41, 1993.

나 혁명 이전 한인들이 당한 희생을 사실에 가깝게 추정하는 일은 현재로서는 관련 자료의 부재 때문에 불가능하다. 이 문제에 대하여는 관련 자료를 계속하여 추적하는 노력이 필요하다.

러시아에서 1917년까지 한인들 사이에 발생된 희생의 원인 중의 하나로 또 제1차 세계대전을 들 수 있다. 이 당시 러시아의 한인들은 국적을 취득한 한인들의 경우에 연합국인 러시아의 징병령에 의하여 러시아군으로서 전쟁에 참여하였다. 한인들에게도 전쟁은 많은 영향을 미쳤다. 우선 러시아 정부는 전쟁으로 인해 한인들을 징집할 필요가 있었고 이러한 이유로 인하여 귀화 한인들을 징집하였을 뿐 아니라 비귀화 한인들에게도 입적을 장려하여 징집을 하려 했다. 한인들로서 19~47세까지의 러시아 국적을 가졌던 장정들은 모두 징집당하였다. 이리하여 혁명 전까지 한인들은 약 4,000명이 징집당했고 그 중에는 장교도 150명 정도가 있었다. 그러나 이 전쟁에 참여한 한인들 중 얼마만큼이 전사하였는지에 대하여는 아직 알 수가 없다. 여기에 대하여는 자세한 통계가 없기 때문이다. 여하튼 이러한 전쟁에의 참여가 어느 정도의 사상자를 초래했을 것이라고 짐작할 수 있다.

1917년 러시아 전제정은 붕괴되고 볼셰비키가 지배하는 공산 독재가 시행되었다. 그러나 공산 정권은 즉각적으로 권력을 장악하지는 못하였고 1922년까지 만 5년간에 걸친 내전을 치러야만 하였다. 이러한 내전 중에 많은 한인들이 희생되었다. 약간의 예외를 제외하고서 한인들은 주로 적군에 가담하여 활동하였다. 이러한 이유는 일본으로부터 국권을 상실 당한 처지에서 새로이 등장한 러시아의 볼셰비키 정부가 한인들의 독립과 권리 신장을 약속하였기 때문이다. 다음에 개괄적인 것만을 소개한다.

* 1918년 김 알렉산드라 처형. 김 알렉산드라는 노령 지방에서 처음으로 사회주의에 가담한 한인 여성이다. 그는 한인 사회당을 조직하여 활동하였는데 혁명운동에 종사하다가 칼믜코프 군에게 체포되어 처형당하였다.
* 1920년 4월 4일~5일, 4월 참변. 日軍은 적색 정부를 전복하기 위하여 1920년 4월 4~5일에 걸쳐서 연해주 일대에서 일대 무력 쿠데타를 단행하여 많은 적색 인사들을 붙잡아서 처형하였다. 이때에 일본은 한인 독립운동 세력을 철저히 뿌리 뽑으려 하였다. 수많은 한인들이 체포되고 고문을 당하고 죽게 되었다.

이 사건은 일본이 니콜라예프스크사건을 구실로 하여 일으킨 것이다. 그러나 그것은 어디까지나 구실이며 무엇보다도 연해주에서 볼셰비키가 재집권한 이후 일본군이 이러한 사태를 역전시키려 한데서 그러한 참변을 일으킨 것이다. 어쨌든 한인들이 다수 거주하고 있었던 신한촌 일대에서는 이러한 참변이 어떠한 양상을 가지고 전개되었는지를 살펴보기로 하자.

『在外鮮人關係綴』에 의하면 블라디보스토크 신한촌에서는 5일 새벽 4시 반에 블라디보스토크 헌병 분대 헌병 7명이 보병 1개 중대의 후원으로 신한촌을 기습하여 가택을 수색하고 혐의자 53명을 체포했다고 했다. 그리고 다시 오전 11시에 시장을 수색하여 5명을 체포하고 다시 6일에 신한촌을 수색하여 5명을 체포했다. 일본군들은 총과 기관총으로 무장을 하고 마을을 포위했다. 그들은 한인시보 편집진이 있었던 한민학교에 총을 쏘았다. 이 무렵 한민학교는 1919년 3월에 거류민회가 해산된 이래 시에서 경영을 하고 있었으며 제28소학교로 불렸고 그 안에는 31여학교 및 교회 부속의 일요학교가 동시에 있었다. 또 1920년 1월의 볼셰비키의 권력 재장악 이후에는 볼셰비키 군에게 건물의 일부를 양도해 주고 있었는데 이 학교 안에는 또한 50인의 한인 수비대가 있었다. 이들 모두는 무장해제 당한 후 체포되었다. 마을에 있는 많은 한인들이 두드려 맞고 체포되었다. 최종적으로 일본군은 한민학교 내에 사람을 가두고 방화하였다. 또한 그들은 떠나면서 모든 상점과 집들을 약탈했다. 한인들은 블라디보스토크에 있는 외국 영사들에게 도움을 요청했지만 그들은 단지 러시아 기관에 게양된 일본기를 내릴 것을 권고했을 뿐이다. 그러나 일본군은 이에 만족하지 않고 4월 21일에도 재차 신한촌을 수색하여 항일인사 8명을 구금했다. 이는 새로이 설립된 거류민회에 일대 타격을 주고 친일화하기 위한 것이었다. 신한촌에서 만도 300명 정도의 한인들이 살해당했다고 본다.[2]

한인들에 대한 공격과 그에 따른 희생은 블라디보스토크에만 국한된 것은 아니었다. 하바로프스크에서는 러시아 혁명군 중에 한인 약 80명이 참가하여 일본군과 교전했는 바 그 중에 50명이나 전사하였으며 약 30명은 하바로프스크를 탈출하여 이만에 도착한 후에 다시 한인의병부대를 규합했으며 그 수는 6월경에는 500에까지 이르기도 했다. 하바로프스크에서는 항일 인사 10명을 4월 7일 체포했다가 2,000여 한인 주민들의 항의 후에 6월 5일경에 가서 석방하기도 했다.

니콜스크-우수리스크에서는 연해주 및 프리아무르주 근로자대회가 열리고 있는 중이었는데 그 대표들은 체포되었고 그 중에서 한인 대표 崔才亨, 金利稷, 嚴周珌, 黃景燮, 이근수 등이 있었고 이들은 모두 사형당했다. 이들은 모두 쟁쟁한 유지이며 항일 운동가였다. 최재형은(당 62세) 러시아 해군 소위, 경무관 부속 통역관을 지냈으며 니콜스크-우수리스크시의 시장까지 역임한 대표적 유지였고, 나아가서 대한국민의회의 적극적 인사였으며 상해 임시정부의 재무총장으로 추대되기도 했다. 또 1919년 1월 한인 대표를 2명 파리 강화 회의에 파견시킬 때 그는 5만원

2) 졸고,「한인사회당연구」,『한국사학』11, 1990.

을 모금하여 건네주기도 하였으며 혁명 이후에는 러시아 적군에게 물자를 공급하는 등 적극적 反日本人士였다. 김이직(당 50세)은 한일 합병에 분개하여 니콜스크-우수리스크시로 이주했으며 동시의 권업회, 의국청년회의 재정을 담당하고 문창범과 함께 배일 사상의 고취에 진력했다. 3·1운동 당시에는 격문을 제작하여 살포하였고 그 이후에도 빨치산의 모집, 무기의 구입, 독립운동 의연금을 모집하고 일본군의 내정을 탐지하여 혁명군에 그 기밀을 제공했다고 한다. 엄주필은(당 44세) 니콜스크-우수리스크시 권업회서기, 만국청년회장, 한족중앙회부회장을 역임하고 당시에는 빨치산의 수송 업무를 분담하고 있었다. 황경섭(당 42세)은 한족회 설립시에 그 위원이 되었으며 자기의 재정으로 빨치산의 식량 및 총기 구입에 요하는 비용의 대부분을 지출하고 또 혁명군에도 다액의 금액을 제공했다는 것이다. 한편 문창범은 이때 위기를 피해서 블라고베센스크로 갈 수가 있었다. 그 날짜는 6월 6일이었다.

슈코토보, 스파스크, 포시에트 등에서도 모두 교전이 있었으며 많은 한인들이 희생당했다. 정확한 숫자를 추정하기는 곤란하지만 4월 참변으로 인하여 한인들이 5백 명 정도 희생당했을 것이라고 추정하는 것은 무리가 아닐 것이다.3)

* 1921. 10. 올가항 전투. 올가항을 지키던 고려중대가 러시아 백군 800여 명에게 포위를 당하고 모두 22명이 전사하였다. 이 전투에서 고려중대는 적을 90여 명 사살하였다. 이 때 사망한 군인들은 올가항 묘지에 그 무덤이 있다. 기타 전사한 사람들의 명단은 다음과 같다. 중대장 신용걸, 제2소대장 김식, 김양호, 김병식, 리봉춘, 채 미하일, 김락현, 신봉재, 정운, 김금룡, 김수운, 김계립, 김상락. 올가항에서의 전투는 1922년 4월에 다시 벌어지게 되는데

3) M.I.Gubelman, *Bor'ba za sovetskii Dal'nyi Vostok : 1918~1922*, Moskva, 1958.

한창걸, 박경철이 지휘하여 수일만에 백군을 격퇴하고 올가항을 점령하였다. 이 전투에서는 김성범이 전사하였다.

* 1921. 6. 자유시 사변. 한인들의 군사조직이 이르쿠츠크파와 상해파로 갈리어 서 정쟁을 벌이다가 적군에 의하여 무장해제 당하였는데 이 가운데서 한인군 인들 중에 사망 36명, 행방불명이 59명 발생하였다.

* 1921. 12. 이만 전투. 46명 사망. 우수리 일대는 백군이 차지하고 이만은 적군 이 차지하고 대치하는 상황이었다. 1921년 12월에 한운용 중대가 이만으로 이동하였다. 한운용 중대가 모로봉까지 원정하여 적을 격파하고 이만 정거장 으로 돌아왔으나 이때 이만은 이미 백군에 손에 넘어가 있었다. 한운용 중대 는 적과 교전을 피할 수 없었고 한운용이 지휘하는 고려 2중대원은 마춘걸 1 인을 제외하고 모두 46명 전원이 사망하였다.[4]

* 1921. 12. 23. 인 정거장 전투. 인정거장에서 백군이 습격을 하여 12시간 동안 전투를 하여 한인 군인 수백 명이 사상되었다고 한다. 이때에 장원준, 조봉옥 2명이 사망하였다.

* 1922. 2. 볼로차예프카 전투. 이 전투는 적군이 일본군과 백군에 대하여 전세 를 전환시키고 내전을 종식시키는 데 결정적인 기여를 한 전쟁인데 이 전투에 서는 한인들을 앞세워서 전투를 진행하였다 한다. 물론 한인들의 용감성을 높이 샀다고는 하지만 적의 철통같은 방어진을 돌파하기 위하여 수많은 한인 들이 희생되었다. 어떤 사람들은 이 전투에서의 한인 희생자를 4천 명까지로 본다. 그러나 실제로는 그보다 적은 숫자가 참여하였으리라고 본다. 『십월혁 명 십주년과 쏘베트고려민족』에 의하면[5] 이 전투에서 희생된 인원이 6백여 명이라고 하였다. 아마도 이 희생자의 대부분이 한인 군인들이었을 것이라고 는 추측할 수 있을 것이다. 한인들이 선봉대 역할을 하였기 때문이다.

이같이 정리하여 보면 위에 열거된 사건과 전투를 통하여서도 적어도 1,500명 정도의 한인들이 내전의 와중에서 희생되었다고 할 수 있다. 그

---

4) 사망자 이름은 다음과 같다. 윤동선, 주병록, 한진천, 김학호, 김형권, 하익현, 김덕은, 최봉주, 김윤원, 박배근, 신대형, 김룡문, 엄주순, 엄관호, 김성도, 김관 덕, 김영순, 서창락, 량만섭, 김정옥, 리세현, 윤상원, 강위, 김락규, 렴길주, 리 봉춘, 최홍룡, 조봉옥, 김룡순, 최진팔, 최형민, 김춘호, 리봉조, 김봉순 등.
5) 1927년 블라디보스토크에서 출간.

러나 위의 열거된 사건들은 주요한 사건들만 열거한 것으로 1917~1922년까지 거의 백 개에 가까운 한인 무장 부대가 조직되어서 활동을 하였고 그 수도 5천 명 이상이었다는 것을 감안한다면 크고 작은 전투와 일본의 토벌을 통하여 추가로 500명 정도의 희생을 추정하는 것은 무리가 아닐 것이다. 따라서 혁명과 내전 기간 중의 한인의 사망자를 약 2천 명 정도로 추정하고자 한다.

2) 1923년이래 소비에트화와 강제 이주를 둘러싼 희생자

1922년 10월 일본군이 시베리아로부터의 철군을 완료함으로써 극동 지방은 본격적으로 소비에트화 작업이 진행되었다. 그러나 이 와중에서 한인 무장 단체들은 강제로 해산을 면치 못하였으며 이러한 과정에서 약간의 희생이 발생했을 가능성이 있다.

특히 1925년 1월의 러일협약 성립 이후에는 민족주의에 입각한 한인 혁명 단체는 많은 탄압을 받게 되었다. 연해주 내에서 허용되었던 무장 한인 조직들도 이때부터는 본격적인 탄압을 당하게 되었다. 1925년 1월 2일에 추풍 지방에 있던 한인과 중국인의 무장단 40명은 니콜스크-우수리스크 주재의 적군 50명에 의해 토벌 당하여 그 일단이 東寧縣 방면에 돌입하였고 1월 6일에는 니콜스크-우수리스크의 적군 50명이 고려 혁명군 10명이 잠복한 가옥을 포위하여 가옥을 소각하고 수 명을 총살하기도 했고 1월 13일 동녕현에 돌입했던 한인 20명이 노령에 잠입하려 하다가 추풍 주둔 적군 30명이 이를 토벌하여 9명이 사살되고 3명이 체포되기도 했다. 또 같은 1월에 김 이리마루 일파의 고려 혁명군이 스파스카야 지방에 잠복하다가 적군의 포위를 받아 중국령으로 도망했고 1월 22일 무장불령선인 15명이 노령으로부터 구축되어 혼춘縣 草帽頂子

지방에 잠입하기도 했다.6) 이러한 상황에 대하여 아직은 충분히 조사가 진행된 상황이 아니기 때문에 정확한 희생자를 밝히기는 어렵지만 적어도 이러한 과정에서 수십 명이 희생당하였을 것이라는 추측을 할 수는 있을 것이다.

그러나 정작 1920년대의 중요한 희생은 위와 같은 무장 단체의 해산 과정에서가 아니라 소비에트의 비인도적인 한인 차별로 인한 강제 이주 정책에서 발생하게 된다. 소련은 한인들이 한국과 가까운 국경 지대에 존재하는 것을 바람직하게 생각하지 않았다. 따라서 한인들을 될 수 있는 대로 국경 지대로부터 멀리 떨어진 지방으로 이주시키려 하였다. 1923년에 러시아 공산당은 이러한 계획을 실천에 옮기려 하였으나 아직은 조건이 좋지 않았고 한인 지도자들의 격렬한 항의도 있어서 계획은 유보되었다. 그러다가 1926년도에 들어가 연해주의 토지 분여 문제가 첨예화되자 한인들의 이주 문제는 다시금 강력하게 제기되었다.

1926년 12월 6일 전연방소비에트집행위원회(VTsIK)간부회는 한인들의 정착 및 토지문제와 관련하여 다음과 같은 결정을 하였다. ① 한인들을 더 이상은 우수리에서 하바로프스크 이남 구역에 정착시키지 않겠다는 것, ② 이 지역에 살고 있는 한인들 중 토지를 확보하지 못한 사람은 모두 북위 48도 5의 이북 하바로프스크 구역과 블라고베셴스크 구역으로 이주시킨다는 것, ③ 한인들에 의해 경작되는 토지를 정리하기 위해 3년의 기한을 둔다는 것, ④ 한인 이민들로부터 자유로워진 땅은 중앙 러시아의 이민들로 채운다는 것이다. 이러한 결정은 1927년 1월 28일 러시아 연방(RSFSR)의 인민위원회(Sovnarkom)에서의 결정으로 확인되었다. 그와 함께 이러한 결정을 효과적으로 실행하기 위해 이주 대상으로

6) 『朝鮮統治史料』, 8권, 122면.

되어 있는 한인들에게는 한인－러시아인 혼성 콜호즈를 편성하는 것과 한인에게 토지를 임대하는 것을 금지시켰다. 토지가 없는 한인들은 그 대신 하바로프스구역의 쿠르다리아(Kur-Daria), 비자노비르(Bidzhano-bir) 구역 그리고 아무르 지역의 우르미이스크(Urmiisk) 구역으로 보내기로 하였다. 이 구역으로 보내는 수에 대하여 러시아 관헌은 다음과 같은 계산을 하였다. 블라디보스톡 구역의 농가를 19,536가구 106,835명으로 파악하였는데 이중 외국인(주로 한인)을 54%로 파악하였다. 소비에트 당국은 토지를 가지지 못한 한인들을 모두 구역 밖으로 이주시켜야 한다고 보았다. 대략 이러한 고려 아래 5개년 계획에서는 블라디보스톡 구역의 한인 15만 1,200명 중에서 약 10만 명을 구역 밖으로 이주시키려고 하였다. 이 계획에 의하여 이미 1929년에 1,229명의 이주가 집행되었고 이어서 1930년에 5천 명, 1931년 19,297명, 1932년 28,619명, 1933년 33,614명을 이주시키기로 되어 있었다.

소비에트 러시아 정부는 한인들을 블라디보스톡으로부터 추방하려는 계획에는 적극적이었지만 새로이 이주할 구역에 한인들이 정착할 수 있도록 하는 준비에는 소홀하였다. 한인들을 이주시키기로 예정되어 있는 쿠르다르기아(Kurdargia), 신디아(Sindia) 구역에 대한 토지의 정비는 1927년 여름에 가서야 시작이 되었으며 가을이 되자 곧 중단되었고 1929년에 가서야 작업이 재개되었다. 결국 제대로 준비도 되지 않은 땅을 새로운 한인들을 맞을 땅으로 준비하여야만 하였다. 결국 1927~1928년에 1,000명을 이주시키려는 계획은 실패하였다. 1928~1929년에 1,297명을 이주시켰는데 이는 계획된 수치의 3분의 1에 불과한 것이었다. 1930년에는 1,625명을 이주시켰는데 그 중 1,455명은 하바로프스크 구역으로 170명은 카자흐스탄으로 보내어졌다. 1931년에는 계획은 실제로 이루어지지 못하였다. 이주는 이주에 필요한 모든 준비가 소홀하여 그리고 한인들의 저항 때문에 적극적으로 추진되기는 곤란하였지만 이에 대하여 전러공산당 극동위원회는 계획의 부진을 사보타지로 그리고 철의 당기를 위반하는 것으로 실제에 있어서의 우익반대주의라고 평가하였다. 그리고 한인들을 강제로 이주시키는 것에 대해 주저하였던 사람들을 당에서 추방하였다.

　그러나 실제로 이 시기에 강제이주 당한 사람들의 처지는 대단히 곤혹스러운 것이었다. 하바로프스크 구역의 쿠르다르기아와 신디아에 이주한 한인들에 대하여 1930년 6월에서 7월에 걸쳐 경찰(OGPU)이 한 보고에 의하면 한인들의 상황은 극도로 열악한 것이었다. 60가구로 조직된 농업 아르첼 '수찬'은 토지가 준비되지 않아서 2와 2분의 1헥타르밖에는 파종을 하지 못하였다. 그중 11가구는 다른 곳으로 도망을 쳤다. 이 곳에는 농민들만 이주된 것이 아니라 어부, 製材工 등 강제로 와서 농업을 할 수 없는 사람들이 많았다. 600명으로 조직된 말리노프카 근처의 아르첼 '젬례델리에(Zemledelie)'는 우물 하나도 가지지 못하고 소택지의 물을 이용해야만 하였다. 이리하여 3월부터 6월까지 16명의 아이가 숨졌다. 의료 지원은 거의 없었으며 이 기간 중 오직 하루만 의사가 잠시 왔다가 가 버렸다. 예브게네프카 근처에 있는 아르첼 '라스셀렌치(Rasselentsy)'는 255명으로 구성되어 있는데 畜力이 부족하여 오직 70헥타르에만 파종을 하였다. 토지만이 문제가 아니라 주거지조차도 마련되지 않았다. 겨울에 눈 위에 임시로 집을 지은 이들은 봄이 되어 그들이 거주하는 곳이 바위 위 그리고 소택지 위임을 알게 되었다. 이러한 상황에서 우물을 팔 수가 없으므로 그들은 소택지의 물을 마실 수밖에 없었고 이는 아이들에게 큰 타격을 주어 3월부터 5월까지 한 달간에 아이 46명이 사망하였다. 상황은 신디아 구역도 마찬가지여서 초기 두 달 사이에 46명이 사망하였다고 보고하고 있다.[7]

이러한 문제점에도 불구하고 공산당은 계속하여 한인 강제이주정책을 강행하고 독려하였으며 이를 반이민적 쿨락 선동과의 투쟁으로 파악하였다. 그러다가 1931년 2월 20일에 가서야 이 계획은 중지되기에 이른다. 이미 지적한 바와 같이 소련 정부는 전혀 한인들을 이주시킬 준비를 하지 못한 상태였기 때문에 이러한 상태에서 계획을 계속 집행하는 것이 어려웠으며 또한 현지의 러시아인들도 경제적인 관점에서 한인들의 노동력을 이용하기를 원했던 것이다. 그리하여 1928~30년의 강제 이주는 소규모의 이주로 끝내게 되었다. 그러나 이것은 그후에 이루어질 강제 이주의 전조로서 소련 공산당과 정부의 의지를 보여주기에 충분한 것이었다.

이같이 하여 1920~30년대의 강제 이주 과정을 통하여 희생된 한인들은 최소한 수백 명에 이르는 것으로 판단된다. 위에서 제시된 예는 이주자의 약 3분의 1의 사례이며 조사 기간도 2~4달간에 그치는 것이다. 따라서 1928~1930년에 강제 이주된 수가 약 3천 명이므로 위에서 언급한 사망자수만 해도 100명이 넘는다는 것을 감안하면 이주자들 가운데 최소한 3백 명은 사망하였을·것이라는 추측을 할 수가 있다. 무엇보다도 희생자 중에는 유아가 절대적인 다수를 차지하였다. 강제 이주로 인한 비극을 약한 어린이들이 먼저 당하게 되었던 것이다.

3) 1937년 강제 이주를 전후한 시기의 희생자

1920년대 말에서 1930년대 초에 걸쳐 소비에트 정부는 한인들의 강제

---

7) A.Kuzin, Dal'nevostochnyie Koreitsy : Zhizn' i Tragedia Sud'by, Iuzhnosakhalinsk : "LIK", 1993, pp.69~72.

이주를 완벽하게 집행할 수가 없었다. 아직 전반적인 강제 이주를 실시할 여건은 충분치 않았기 때문이다. 1937년에 들어가서 중일전쟁이 발생하고 전쟁 분위기가 고조되자 소련 정부는 한인들을 극동에서 추방시킬 명분을 찾아내었다. 그 명분은 명백한 증거에서가 아니라 단지 한인들이 국경 지대에서 일본의 스파이 노릇을 하고 있다는 막연한 의심에서 찾아졌다. 실제로 이와 같은 혐의를 가지고 수없이 많은 한인들이 1930년대에 소련의 경찰-보안 기구에 의하여 탄압을 당하였다. 물론이 시기에 소련의 권력자들이 의심을 한 것은 한인뿐만은 아니었다. 한인에 대해서뿐만 아니라 사회 전체적으로 1933~1939년까지는 숙청의 시기였다. 적어도 4~5백만 많게는 1천만 이상이 체포당하였고 그중 10%는 총살 등을 당하였다. 오로지 1939년의 전쟁만이 숙청의 파고를 멈추게 하였다.

먼저 1937년의 강제 이주에 대하여 살펴보기로 하자. 1937년 강제 이주는 소련 정부가 소련 내의 소수 민족들에 대하여 행한 민족 총체적인 강제 이주의 첫 번째 예를 구성한다. 이미 앞서 언급하였듯이 부분적으로 강제 이주는 행하여지고 있었지만 민족 전체를 강제 이주의 대상으로 생각하고 집행한 것은 한인의 경우가 처음이다.

이 강제 이주는 물론 소련이 한민족을 연해주에서 추방하려고 하는 오랜 노력의 결과로서 나타난 것이지 1937년에만 돌출적으로 나타난 것은 아니다. 아직까지 공개된 문서만으로 볼 때 1937년의 강제 이주가 결정된 의사 과정을 살펴볼 수는 없다. 그러나 강제 이주의 집행 과정에 대하여는 문서가 공개되어 있으므로 충분히 그 과정을 알 수 있게 되었다. 강제 이주의 공식적인 목적은 "극동 지방에 일본 정보원들이 침투하는 것을 차단하기 위한 것"이었으며 이러한 목적 하에 강제 이주가 공식으로 결정된 것은 1937년 8월 21일 스탈린과 몰로토프가 서명함으로서 시작되었다. 당초의 계획은 1938년 1월 1일까지 이주 계획을 완성시키려는 것이었지만 이주 책임이 당시의 내무인민위원인 예조프에게 전달되면서 이주 계획을 10월 하순까지 완료할 수 있도록 조정되었다. 실제적인 이주는 11월 1일에 완료되었다. 이같이 급속하게 이주를 서두른 것은 무엇 때문일까? 그것은 기간이 길어지면 저항도 거세어질 것이고 아울러 신정착지에서의 농업도 차질을 빚을 것으로 예상했기 때문이라고 추측된다.

이때에 한인은 10월 25일까지 124대의 열차에 36,442가구 171,781명이 이주되었으며 이러한 상태에서도 캄차트카, 오호츠크 등지에 약 700의 한인이 남아 있었고 이들은 11월 1일자 열차로 이송되었으므로 모두 17만 2,481명 정도가 강제 이주를 당한 것이다.

강제 이주의 잔학성에 대하여 이미 많은 증언들이 있고 그에 따른 비인도적인 처우와 희생에 대해서도 언급이 있었다. 그러나 얼마만큼의 인원이 희생되었는가에 대한 정확한 숫자 파악은 아직까지도 곤란한 상태라고 말할 수 있다. 이에 대하여는 현재로서는 추정만이 가능할 뿐이다. 이 당시 아직 행정적인 정비가 제대로 되어 있지 않은 상태에서 유아의 사망이 대부분을 차지하는 상황에서 모든 사망자가 완벽하게 어딘가에 등록되었으리라고 기대하는 것은 무리이며 따라서 사망자들의 완전한 확인은 영원히 해결할 수 없는 문제인 것으로 보인다. 단지 몇 가지 근거들을 가지고 우리는 상황을 추측할 수 있을 뿐이다.

그러면 이 기간 중 한인들이 얼마나 많은 희생을 당하였는가? 리슈코프의 회상대로 한인의 강제이주 중 처형당한 사람들은 2,500명에 이른다고 하였다. 쿠진의 연구에 의하면 사할린에서 희생당한 한인만도 200명에 가깝다. 이 같은 수치는 정치적으로 희생된 수치만을 의미하는 것이지 기타 강제 이주로 인한 영향까지 고려한 수치는 아닌 것이다. 많은

증인들이 언급하듯 강제 이주의 최대의 희생자는 어린아이였다고 말할
수 있다. 어린아이들은 아무런 시설이나 위생 조건을 갖추지 못한 채 강
제 이주의 과정에서 누구보다도 먼저 죽어 갔다. 약 18만이 공식적인 강
제 이주의 숫자라고 한다면 여기에서 발생한 희생은 얼마나 될 것인가?

이 문제에 대하여 카자흐스탄의 경우에 있어서의 1938~1939년 사이
의 사망률에 대한 연구가 있으므로 이를 가지고 추정하여 보기로 하자.
다음의 표는 Kim G.D., Men D.V.에 의하여 작성된 것이다.[8]

〈표 1〉 카자흐스탄에서의 한인들의 인구 비율(1938~1939, 천분율)

비율	1938	1939
출생률	50.3	53.9
사망률	41.5	27
유아사망률	203.8	118
결혼율	5.3	5.3
이혼율	0.7	1.1

우리는 일단 이 통계를 가지고 강제 이주의 희생자에 대한 접근을 시
도할 수밖에 없다. 강제이주시에 약 18만이 이주되었다. 그런데 1938년
도의 사망률이 비상하게 높은 것은 물론 강제 이주의 불리한 여건 때문
에 발생한 것이다. 카자흐스탄에서의 사망자 천분율은 1938년의 경우에
18.3, 1939년에 16.3이라고 한다. 그렇다면 강제이주 때문에 발생한 추가
비율은 1938년에 23.2(41.5~18.3) 1939년에 10.7(27~16.3)이라고 할 수가
있다. 그렇다면 강제 이주로 인한 추가 희생자는 1938년에 4,176명, 1939
년에 1,926명이다. 우리는 강제 이주가 1937년도에 이루어졌기 때문에
1937년도의 희생자가 1938년도에 발생한 사망자를 초과하여 발생하였
을 것이라고 말할 수 있다. 그렇다면 1938년도 사망자를 2배수하고 거기

8) Kim G.D., Men D.V., *Istoria i Kul'tura Koreitsev Kazakhstana*, Alma-Ata, 1995, p.21

에 1939년도 사망자를 더한다면 1937년 강제 이주로 인한 직접적인 사망자를 얻을 수 있을 것이다. 이 같은 계산에 의하면 1937~1939년 사이에 강제 이주로 인한 사망자는 최소 10,278명이 된다.

한편 다른 방법으로 계산하여 그것을 1928~1930년의 강제 이주와 대비하여 보면 대략적인 수치가 나올 수 있을 것으로 판단된다. 양 사건이 모둔 준비되지 않은 강제 이주였고, 가혹한 조건은 여러 가지 증언들을 통해서 볼 때 상당히 유사하므로 비슷한 정도의 희생자가 나왔을 것이라고도 생각할 수 있다. 그러할 경우 1937년 강제 이주는 적어도 1928~1930년 강제이주시의 희생자의 60배의 사망자가 나왔을 것이다. 그렇다면 1만 8천 명 정도의 희생자가 발생하였을 것이라고 생각할 수 있다. 이를 위의 경우와 대비한다면 위의 수치와 어느 정도 접근한다고 말할 수 있다.

결국 한인 강제 이주의 희생자는 정치적 희생자에다 사회적 희생자를 더해야 하므로 1937년 강제 이주는 대략 정치적 희생자 2천 5백 명 정도에 사회적으로 발생한 희생자가 1만 명에서 1만 8천 명 정도로 생각되므로 약 1만 3천 명에서 2만 명 사이의 한인들의 목숨을 앗아갔다고 잠정적으로 평가할 수 있다. 이 수치의 평균을 잡아서 대략 1만 6천 5백 명 정도의 수치를 추정할 수가 있다고 본다.

4) 1939~1945년 사이의 희생자

이 시기의 희생자는 특별히 전쟁에 참가하여 희생된 경우는 드물다. 카자흐스탄과 우즈베키스탄에 거주하는 한인들은 징집 대상에서 제외되었으며 기타의 지역에 살고 있는 한인들만 징집되었다. 그러나 거의 대부분의 한인들이 이 시기에는 거주지를 제한 당하여 이 두 지역에 거주하고 있었기 때문에 징집으로 인한 희생자는 많이 발생하지 않았다고 할 수 있다. 예외적으로 알렉산드르 민, 스테판 천 같은 경우가 있기는 하다.

또한 전쟁은 숙청의 파고를 멈추게 하는 역할도 하였다. 그러나 전쟁이 종료된 후 숙청은 다시 시작되었다. 소련은 한인들 사이에서 일군의 스파이, 반혁명 분자, 반소비에트 분자를 찾아내기 위하여 계속적으로 한인들을 심문하고 살해하였다. 따라서 이 경우에 상당수의 한인들이 사망하였으리라는 추측을 할 수 있다.

3. 남부 사할린(카라후토) 및 千島列島에서의 한인 희생

1) 1910~1938년 사할린의 한인

사할린은 러일전쟁을 계기로 하여 남부 사할린이 일본의 영토로 편입되었다. 이 무렵에도 이미 약간의 한인이 사할린에 거주하기는 하였으나 그 뒤에 한인 인구는 늘지도 않았으며 특이한 사항이 없었다. 그러다가 1917년 무렵부터 한인들의 수가 사할린에 급격히 늘기 시작하였다. 다음의 <표 2>를 참고하여 보자.

이렇게 하여 한인 노동자의 수는 점차 증가하여 갔는데, 이들 중 최다수를 차지하는 것은 노동자였다. 1926년 6월의 통계에서 일용 노동자는 825명, 벌목공은 408인, 운송부 123인, 농부 251인, 작부 222인, 갱부 171인이었다. 이들 중 노동자의 임금은 일당 1원 80전에서 3원이었다. 일본 경찰은 한인들의 노동력이 극도로 이동성이 심하다고 하였다. 예컨대 가와가미 광업소에서 수백 명을 모집하면 몇 달 후에는 백 명밖에 남지 않는다고 하였다.9) 이는 두말할 필요가 없이 탄광 등에서의 한인들의

---

9) 林えいだい, 『證言-樺太朝鮮人虐殺事件』, 1991, 98면.

노동조건이 극히 열악하기 때문이었다.

<표 2> 남부 사할린 한인 인구

년도	호수	남	여	계
1905	11호			33명
1917~1919[10]				
1920				500이상
1921[11]	68	444	23	467
1922[12]	76	577	39	616
1923[13]	117	1257	207	1464
1924[14]	170	1522	305	1827
1925[15]	380	2660	873	3533
1926	512	3310	1077	4387

자료 : 「樺太在留朝鮮人一般」(樺太廳警察部, 1927 ; 『在日朝鮮人史硏究』 제8호, 1981, 84면, 97~98면, 100면)

이들 한인들을 지역별로 살펴보자. 먼저 大泊방면이다(현 코르사코프). 이 항구에 있어서의 한인들은 주로 토공, 積聚인부, 산부 등 노동자이며 요리집 영업 관계자들도 있다. 노동자들은 1923년부터 증가하기 시작하여 최근(1927) 해안 매립 공사 및 철도의 부설 등의 공사에 따라 급속히 증가하였다. 이 지역에 이주하는 사람들은 연해주에서 일군의 철퇴를 따라 北樺太를 경유하여 이주한 사람, 그리고 일본 및 북해도 등을 전전하다가 樺太의 호황 소식을 듣고 오는 사람이 있으며 근래에 들

10) 1917년에 三井(미쯔이) 광산 가와가미 광업소에서 조선에서 110명의 갱부를 모집하고 1918~1919년에도 2백 수십 명을 모집하였다.
11) 연해주, 북사할린으로부터 이주자가 증가하였다.
12) 극동임업조합의 사업축소로 백 수십 명이 이주하였다.
13) 소련의 외국인 구축정책으로 오호츠크에서 이백여 명이 이주하였으며 사마르카 등지에서도 다수가 이주하였다.
14) 북화태 및 북해도에서 다수가 이주하였다.
15) 북화태에서의 철병에 따라 730명이 이주하였고, 연해주, 북해도에서도 이주하였다.

어서 직접 본적지에서 온 사람들도 있다고 하였다. 요리집은 1922년 박달수라는 사람이 北樺太 알렉산드로프스크 항에서 가족을 동반하고 와서 시작하였으며 1923년 이래 동업자들이 속속 남하하였다. 요리점에 속하는 작부는 일정한 기한이 지나면 한국으로 돌아갔으며 이를 보충하기 위하여 업자들은 한국에서 다시 작부를 모집하였다. 1927년 현재 오오도마리 마치의 한인 수는 204인인데 그 중 노동자는 59인, 요리옥 업자는 9인, 작부 70인, 기타 66인에 달하였다고 한다.

豊原(현 유즈노사할린스크)에는 1915년경 벌목공 수명이 있었으나 1917년 천상 탄광이 조선에서 110명을 모집하여 온 이래 그 수가 증가하여 1923년 한인 수는 수백에 달하였으나 東知取가 급속히 발전하여 그쪽으로 노동력이 이동하여 1927년 4월경에는 263인 정도에 불과하다고 하였다.

眞岡(현 홀름스크) 방면에는 매년 50명 정도가 도래하였으나 그리 오래가지 못하고 다른 지역으로 떠나 버려서 1926년 12월 말 현재 88명 정도가 있으며 그 대부분은 토공으로 종사하고 있다고 하였다. 한편 이 지역에 1916~1926년까지 도래한 한인들의 전주소지를 보면 북해도에서 온 자가 208명 연해주에서 온자가 23명 그리고 조선에서 온 자가 335명으로 되어 있다.

本斗(현 베렐리스크) 방면에는 구 노령 시대에 연해주에서 北樺太로 이주하였다가 점차 남하하였다고 한다. 결빙기에 연해주에서 北樺太로 들어갔다가 해빙기에 점차 남하한 것이다. 1919년부터 한인들이 증가하기 시작하였는데 목재 및 토목공사 때문이었다. 1923년에는 연해주에서 박병일이라는 사람이 연해주 한인을 이끌고 와서 일시에 그의 아래에 백 수십 명이 있었다고 한다. 1927년 6월 현재 한인수는 239명이다.

迫居(현 토마리) 방면에는 1904~1905년경 한인들이 점점이 살다가

아 이동하였지만 일명 다코헤야(監獄部屋)로 불리는 가혹한 노동조건을 견디지 못하여 탈주하는 사건도 출현하였다. 이 다코헤야에서의 노동조건은 아주 견디기 힘든 것으로 일본 경찰서의 한 문서에서는 다코헤야의 특징을 다음과 같이 열거하고 있다.

① 외출의 자유 금지. 야간은 숙사에 당번을 붙여서 감시하고 밖에는 자물쇠를 채우는 경우도 옛날에는 있었다고 한다.
② 노무자의 소지품을 영치함.
③ 서신의 왕복 기타 통신의 자유를 제한함.
④ 소위 봉두 혹은 간부라 칭하는 감독자가 다수 있어서 노무자 5~10인당 1인을 사용한다.
⑤ 작업 현장에서는 소위 봉두 혹은 간부라 칭하는 감독자는 곤봉이나 기타의 흉기를 휴대하고 노무자의 신체에 먹으로 칠을 하여 그의 작업 상황을 자세히 감독하고 혹은 높은 장소에서 감시한다.
⑥ 작업 중에는 체력, 질병, 부상 등의 여하한 고려도 하지 않고 적절한 휴식도 주지 않으며 거의 기절할 정도에 이르기까지 장시간 혹사한다.
⑦ 음식물은 영양의 여하를 고려하지 않고 조미한 것을 지급한다.
⑧ 부상이나 질병을 당한 자에게는 거의 치료를 행하지 않는다.
⑨ 만일 태만하다고 인정되는 자 혹은 도주를 기도하는 자가 있을 시에는 잔학하게, 볼 수 없을 정도의 폭행을 가하여 이를 징계함과 동시에 일반 노무자에게 시위한다.
⑩ 노무자에 대한 대차 계산은 애매하다.[16]

2) 강제 연행 시기의 사할린 한인 희생

사할린에 한인들이 강제 연행되기 시작한 것은 주로 南樺太에서의 석

---

16) 「樺太在留朝鮮人一般」(화태청경찰부, 1927 ; 『재일조선인사연구』 제8호, 1981. 6.

탄의 증산이라는 정책 목표와 관련이 있다. 일본은 일찍이 樺太의 석탄에 주목을 하였다. 일본은 1940년 말까지 약 23.5억 톤의 석탄 매장을 확인하고 있었다. 그러나 樺太廳은 광대한 봉쇄 탄전을 지정하여 수용의 확대 및 유력 기업의 진출 등의 조건이 정비될 때까지 석탄 자원을 온존하려 하였다.

樺太에서의 석탄 개발이 본격화된 것은 1913년 이래 펄프, 제지 공업이 진출하면서부터이다. 펄프, 제지 산업, 그리고 그에 관련된 난방, 발전, 철도 등의 수요에 대처하기 위하여 그 동안은 석탄을 수입하던 것을 1928년 봉쇄 탄전의 일부를 채굴 허가하여줌으로써 석탄 개발은 본격화되었다. 그러나 樺太의 석탄 생산량이 소비량을 능가하게 된 것은 1933년부터의 일이라고 한다.[17] 樺太에서 석탄을 증산해야 할 필요성 때문에 자연히 여기에는 노동자를 지속적으로 공급해 주어야 할 필요가 생기게 되었다.

그런데 樺太의 경우에는 노동력 확보에 있어서 특수한 문제를 안고 있었다. 樺太는 일본이 영유하면서 러시아인은 거의 모두가 본국으로 송환되었고 현지에는 소수의 아이누, 오로코, 기리야크 등의 북방 소수 민족이 거주하고 있었고 따라서 樺太개발에 필요한 대부분의 노동력은 일본 본토로부터 나올 수밖에 없었다. 개발기의 樺太에서의 노동은 한정된 기간 동안에 집중적으로 격렬한 노동을 필요로 하였다. 그러므로 노동자를 장기간 확보하고 정주 시키는 일은 어려운 일이었다. 그래서 노동자들도 동북과 북해도의 농촌, 어촌에서의 출가자가 많았고 따라서 안정성도 결여하고 있었다. 이로 인하여 싼 노동력을 장기간 강제적으로 확보하는 다코헤야 등의 강제노동 제도도 도입하게 되었다.[18]

---

17) 『舊日本植民地經濟統計』, 106면.

이러한 조건하에 당연히 한인 노동력도 등장하게 되었다. 한인들은 주로 노동자와 영세 상인들로서 1930년 전반까지는 조선으로부터 직접, 혹은 내지나 북해도에 이주했다가 임금이 좋은 경우를 찾아 樺太로 도항한 경우였다. 일본 내지의 한인 노동자들이 주로 한국 남부 출신인데 비하여 樺太의 경우에는 조선 북부에서 만주나 연해주를 거쳐 도래한 북부 출신자가 상당수 있었다. 그리고 樺太의 경우에는 남자들의 비중이 압도적으로 높았다. 한인들의 경우 1920년대에서 1940년대까지 남자들의 비율이 대개 70%선 전후였다. 또한 한인들은 1920년대에는 일반 노무자와 영세 자영업이 대부분이었으나 1930년대부터는 석탄 노동자가 다수를 이루게 되었다.

〈표 3〉 樺太의 한인 인구

연도	호	인구
1925	456호	3206인
1930	1162	5360
1935	1403	7053
1941	2883	19768
1943	3828	25766

자료 :『舊日本植民地經濟統計』, 109면.

한인 노동자들은 장시간 노동, 저임금 등으로 사고 사망률이 일본인보다도 높았고 질병도 자주 발생하였고 임금도 강제저금 당하였으며 징용 기간도 일방적으로 연장되었다. 이러한 상황에서 일제는 1939년부터는 한인들을 강제 연행하기 시작하였다. 정상적인 인구 유입만으로는 전쟁으로 인하여 발생하게 된 부족한 노동력을 보충할 수가 없게 되었기 때문이다. 1939년 이후 사할린의 한인 노무자의 상황은 다음 표와 같다.

18)『舊日本植民地經濟統計』, 109면.

<표 4> 1939년 이후 사할린의 한인 노무자 동원

	1939	1940	1941	1942	1943	1944	1945
동원계획수		8500	1200	6500	3300		
석탄	2578	1311	800	3985	1835		
금속	190						
토건공장 및 기타	533	1294	651	1960	976		
계	3301	2605	1451	5945	2811		

자료: 『在日本朝鮮人の概況』(法務部特別審査局, 1949; 『戰後報償問題資料輯』2輯, 1991)

　　남부 사할린에 한인들을 강제 연행함으로 인하여 1943~1944년경까지는 한인들의 수가 지속적으로 증가하였다. 그러다 1944년부터는 새로운 상황이 발생하게 된다. 일본 정부는 미군의 진격에 따라 일본 해에 미국 잠수함이 출몰하여 樺太로부터의 석탄채취선의 운항이 거의 불가능한 상황이 되자 樺太島 內의 탄전의 3분의 2를 폐쇄시키는 조치를 취하게 된다. 1944년 8월 11일 각의 결정 「樺太及釧路ニ於ケル炭鑛勤勞者, 資材等ノ扱速轉換ニ關スル件」의 실시 요강에 의하여 南樺太의 가행 26탄광 중 헤수취 이북(서해안탄전북부지구)의 14탄광 전부를 정리하고 이어서 생긴 잉여 노동력 9,000인(일본인 6,000인, 한인 3,000인)과 생산 자재를 본국 九州와 常磐의 각 탄광에 긴급 배치하려는 대규모 계획이 이루어졌다. 藤原銀 군수 대신은 樺太의 탄전을 폐쇄하는 대신에 그 노동력과 시설을 군수산업지대에 가장 가까운 福島縣의 常磐, 福岡縣의 축풍, 長崎縣의 기호, 고도, 단도, 北海道의 夕張탄광 등에 집중적으로 배치하기로 결정하였다. 이는 8월 25일~9월 말까지 긴급히 실행되었다. 이로 인하여 서북부 지역 갱부 7,354인, 운반부 1,950인, 간부 347인이 배치를 받게 되었다. 배치는 三井, 日鐵계 탄광으로부터는 축풍, 지만, 삼지, 석장으로 三菱계 탄광은 長崎縣의 기호, 고도, 단도로 가게 되었다. 그뿐만 아니라 군부의 요청에 의하여 다수의 한인은 千島 열도의 비행장 건설에 동원되었고 비행장 공사가 끝난 후에도 다시 樺太의 내연, 천상탄광 및 국경의 진지 구축 공사에 동원되었다. 하야시는 내지의 탄광과 천도를 합하여 약 2만 명이 배치되었을 것이라는 추측을 하고 있다.[19]

한인 광원수는 이리하여 1944년 7월 말 6,120인에서 9월 말에는 3,000인 전후로 반감되었다. 이 때에 한인 가족은 일부를 제외하고는 거의 전부가 광원 주택에 남게 되었기 때문에 그 후 인양되지 못하고 이산가족이 되게 되었다.

한편 전시의 강제 연행으로 인하여 남사할린에 한인들의 수가 어느 정도나 되었는지의 문제를 살펴보기로 하자.

현재까지 사할린에 대한 종합적 연행 통계로 많이 이용되는 <표 4>의 자료에 의하면 사할린으로의 강제 연행은 16,113명이다. 여기에 제시된 숫자는 물론 노무 동원 계획에 의한 연행자이기 때문에 자유로 도항한 사람 및 그의 가족은 여기에 포함되지 않는다고 보아야 할 것이다.

강제연행되기 이전의 한인들의 수는 한편 1920년에 934명, 1934년 3월에 5,813명이었다.[20] 또한 <표 3>에서 보듯 1935년에 7,053명이었다. 정확하지는 않아도 자유 노동자의 도항이나 가족의 이주 등으로 인하여 1934~1935년 사이의 증가분처럼 1935~1938년 사이에 인구가 연평균 약 1천 명 정도씩 증가하였다고 한다면 남사할린에 거주하게 된 사람은 대략 1938년에는 1만 명 정도라고 추측할 수 있을 것이다. 1939년에는 강제연행이 시작되었고 따라서 노동력도 부족하게 되었으므로 증가 속도가 그다지 높지 못하였을 것이다.

일단 1938년의 한인과 강제연행된 수를 단순 합계하면 2만 7천 명에 이른다. 그런데 1939~1944년 사이에도 자유로 사할린으로 건너오는 사

---

19) 林えいだい, 『證言－樺太朝鮮人虐殺事件』, 1991, 141면.
20) A.Kuzin, *Dal'nevostochnye Koreitsy*, 1993, p.198.

람도 있었을 것이다. 이 사이에 연평균 1천 명은 결코 넘지 못하였을 것이라고 생각한다. 그렇다면 이 사이에 약 5천 명 정도가 증가하였다고 보고 한인들의 총수는 疏開가 시작되기 전 약 3만 2천 명 정도였다고 생각할 수 있다. 이 중에서 3천 명이 소개에 의하여 일본으로 건너갔다면 남은 인원은 2만 9천 정도가 된다. 이 정도의 숫자가 종전 직전의 한인들의 수의 최대치로 생각될 수 있다.

그런데 1945년 9월 29일 볼셰비키당 중앙위원회에 행한 보고에 의하면 한인들의 수는 23,498명으로 되어 있다. 이중 남자는 15,356명, 여자는 8,142명이었다. 따라서 소련 측의 통계가 사할린 한인들의 숫자를 지나치게 적게 잡지 않았는가 하는 의문이 들 수가 있다. 그러나 소련 측에서 일부러 통계를 적게 잡았다고 보기는 어렵다. 한인들의 수가 적게 잡힌 것은 한인들이 희생되었기 때문일 가능성이 있다. 이른바 다코헤야에서 많은 사람들이 희생되었다. 또한 일부의 한인들은 소련군이 진주하기 전에 일본으로 도항한 사람도 있었을 것이다.

한인들은 또한 해방을 전후하여 희생되었다. 해방을 전후한 시기의 희생은 일본군이 소련군의 공격에 의해 패주하는 중에 의용전투대와 같이 전쟁의 공포 분위기에서 한인들을 소련군의 스파이로서 생각하여 만일 한인들을 죽이지 않으면 한인들로부터 공격을 받을 것이라는 일본인들의 강박관념에 의해 많은 한인들이 살해되었다. 다음 이 같은 상황에서 희생당한 한인들의 사건들을 간략하게 설명하기로 한다.

① 가미시스카(上敷香, 현 Leonidovo)한인 학살 사건 : 소련군이 8월 9일 국경을 넘어 국경에서 상수향으로 들어오기 직전 8월 18일 일본 경찰은 유치소에 있던 50인의 일본인을 내보내고 간수가 한인을 1인씩 경찰서로 불러내어 경찰관과 헌병이 사살하였다. 그리고 사체는 목조의 경

찰서와 유치소에 가솔린을 부어 방화하였다. 후에 소련군이 上敷香을 접수하였을 때 소련군은 검게 그을린 사체를 보았다. 이 사건은 소련군의 진주를 앞두고 일본 경찰이 그 동안 극도로 학대하던 한인들이 혹시 소련군과 내통하여 자신들의 생명과 재산을 위태롭게 하지 않을까 하는 강박적 피해 의식에서 저질러진 사건이었다. 당시 일본인들 사이에서는 한인이 소련과 내통한다는 유언비어가 퍼져있었다고 한다.[21] 이 사건의 희생자에 대한 수에 있어서는 17명이라는 설에서 40명이라는 설까지 다소 차이가 있다.[22] 이 사건에서는 요행으로 한 명이 생명을 부지하여 탈출에 성공하였다. 그는 죽은 시체더미에 섞여 있다가 석유를 뿌리는 것을 보게 되었고 불을 지르려는 것을 알게 되어서 경찰서의 화장실 변기통을 통하여 탈출에 성공하였다고 한다. 이 사람은 이름을 나가야마라고 하였으며 후에 북조선으로 건너갔다고 한다.[23]

② 소련군이 침공해 올 때 上敷香 명호온천 가까운 농장에서 7명이 귀가 중 경비를 서던 의용 전투대원에 모두 스파이라고 하여 죽창으로 살해당하고 일본도로 목이 베어지는 일이 있었다고 한다. 일본 의용 전투대원은 "너희들 반도인은 모두 스파이다!"라고 하며 한인 7명을 살해하였다고 한다.[24]

③ 시스카(敷香, 현 포로나이스크) 한인 6인이 일본인에 살해되었다.

④ 大泊(현 코르사코프) 한인이 소련병사와 소련산림감시원에 의하여

---

21) 『每日新聞』, 1990. 9.
22) 박경식은 『강제연행』(100면)에서 17명이라고 하였으며 林えいだい는 『淸算されない昭和－朝鮮人强制連行の記錄』(岩波)에서 20명 혹은 30명이라고 하였고 高木은 18명이라고 하였다. 변덕만씨는(1995년 여행보고서 2) 40명이라고 하였다.
23) 본 보고서의 「해외여행보고서 2」 참조.
24) 林えいだい, 『證言－樺太朝鮮人虐殺事件』, 1991, 40면.

살해되었다.[25]

⑤ Poziarskoe(일제시기의 미즈호(瑞穗) 마을)45년 8월 20~22일 사이에 마을에 살고있던 일본 청년들 18명이 한국인은 일본이 패전한 것을 좋아하고 있으며 일본인에게 보복할 가능성이 있다고 하여 27인을 학살하였다. 학살 후 마을 뒷산에 풀로 덮어두었는데 소련이 진주한 후 1946년 7월에 발굴하였다. 지하 30센티미터에서 사체를 발굴하였는데 부패가 심하게 일어나서 피살자의 정확한 신원은 밝혀지지 않았다. 이 사건의 기록은 KGB가 가지고 있는데 살해자는 1947년 2월 소련 블라디보스토크에서 사형이 집행되었다. 주모자 모리시타 야스오는 사형 당하지 않았다.[26]

⑥ 븨코프탄광(구 나이부찌(內淵) 탄광 혹은 나이호로(內幌) 탄광). 강제연행된 한인들은 나이부찌 독신자 1,000명, 가족동반사택 500명, 자고르스코예(니시 나이부찌) 독신료 500명, 가족 동반자 200명, 븨코프에 군대훈련생 200명 등 약 2,500명이 있었다고 하며 이 탄광에서는 낙반 사고로 사망하거나, 전차에 치어 죽기도 했고, 폭파작업 미숙으로 폭약이 터져서 죽고, 병에 걸려 죽고, 영양실조로 죽고, 일본인 감독의 매를 맞아 죽기도 했으며 이 곳에서는 1945년 7월말~8월 초 사이에 한인들을 탄광 제2채탄굴로 공습 대피를 핑계하여 집합시켜 출입구를 폭파하여 질식사하도록 계획을 세웠으나 일본인 예비역 중위 노지마(野島)라는 사람이 한인 탄광 노동자에게 집단암살계획을 알려주어 참살을 모면했다고 한다.

⑦ 국경 지대에서의 한인 살해. 임판개 씨가 김길선이라는 노인의 증

25) 高木健一, 『サハリンと日本の戰後責任』, 凱風社, 1990, 57면.
26) 林えいだい, 앞의 책, 260~290면.

언(현재는 사망, 증언 당시는 60세)을 듣고서 유해 조사단이 사할린에 출장을 갔을 때 한 증언이다. 당시 사할린의 일소국경지대에는 모두 1만여 명의 한인들이 작업을 하고 있었는데 일본인들은 한인들로 하여금 개인호를 파게 한 다음 이들을 죽여 버리고 덮어 버렸으며 단지 2명만이 살아남았다는 말을 해주었다. 보다 구체적으로는 어떤 장소에서는 7명이 살해 현장을 피해 도망을 쳤다. 이들은 며칠 동안을 숲 속에서 지내다가 굶주림과 목마름으로 견딜 수가 없어서 죽음을 각오하고 시냇물 가로 나와서 정신없이 물을 마셨는데, 보니 그들이 마신 시내물은 이미 핏빛을 띄고 있었다. 이들이 깜짝 놀라서 일어서니 그 순간에 총격을 받게 되었다. 일행 중 4명은 즉석에서 죽었고 1명은 부상을 당하였으나 일행의 부담이 될까봐 자살을 선택하였고 오직 두 명이 살아남았다는 것이다.

이 증언에서 전쟁의 공포로 인하여 일본인들이 한인들을 무차별로 학살하였을 가능성은 충분히 있으므로 국경 지대의 모든 한인들이 살해당한 것은 아니라도 상당수가 김길선 씨의 증언대로 살해당하였을 가능성은 있다고 보아야 할 것이다.

⑧ 전쟁 중 폭격에 의한 사망. 필자가 조사한 바에 의하면 한인들은 소련 비행기가 일군을 제압하기 위하여 감행한 폭격 중에 상당수가 사망하였다. 소련군 비행기가 유즈노사할린스크 기차역을 폭격하였으며 이때에 많은 사람들이 죽었다는 것을 변덕만 씨는 증언하였다.

⑨ 기타 고국에 돌아갈 전망이 없게 된 것을 비관하여 자살한 자도 많았다고 한다. 코르사코프에서 한국 혹은 일본으로의 밀항을 기도하다가 실종된 가능성도 있다. 많은 사람들이 코르사코르에서의 한인들의 밀항이 있었다는 것을 말해 주었다. 붙잡힌 사람도 있었으며 성공했을 것으로 추정된 사람도 있다. 한편 항해 중 사망한 사람들도 있을 것이다.

그렇지만 이에 대한 조사가 없는 실정이므로 이에 대하여 더 상세한 조사가 필요하다고 본다.

⑩ 한인 집단 학살. 해방 후 한인 폭동의 기미가 있다고 하여 수백의 한인을 갱내에 집합시켜 입구를 막고 다이나마이트를 폭발시켜 학살했다고 한다.27)

⑪ 살해 계획 혹은 미확인 사실 : 野田에서 일본인들이 한인들을 냉동고에 얼려 죽여 바다에 투척했다는 사건에 대하여 긍정자와 부정자가 있다.28) 기타 한인들 살해 계획으로 현재 확보된 증언으로 마카로프와 유지노사할린스크에서의 일이다. 마카로프에서는 도망하던 한인들을 영화관에 몰아넣고서 여자와 아이를 포함하여 전기스위치를 넣어서 죽이려는 계획도 있었는데 소련군의 진주가 빨리서 그 뜻을 이루지 못하였다고 한다(변덕만씨의 증언). 또한 유즈노사할린스크에서도 학교에다 한인들을 몰아넣고서 죽이려고 하였으나 소련군의 진주가 빨리 이루어져서 뜻을 이루지 못하였다고 하는 증언을 하였다(변덕만 씨의 증언). 한인들은 이러한 계획을 소문으로 들었기 때문에 산으로 도망한 사람도 많았다.29)

3) 해방 이후 사할린의 한인 희생

해방 이후 한인들의 희생이란 무엇을 의미하는가? 그것은 일본군에 의한 피해가 아니라 소련 권력에 의한 피해를 의미하는 것이다. 소련군의 사할린 진주는 한인들을 일본에 의한 살해 위협으로부터 구출하였음

27) 박경식, 『조선인 강제연행의 기록』, 100면.
28) 林えいだい, 앞의 책, 234면.
29) 본 보고서 해외출장조사보고서 참조.

은 물론이다. 많은 증언들이 이 사실에 대하여 언급하고 있다. 전쟁으로 인한 공포로 일본인들이 충동적으로 한인들을 살해한 경우가 적지 않기 때문에 조속한 소련군의 진주는 일본인들의 살해 계획을 좌절시키는 결과를 가져왔다.

그러나 일본인들이 물러간 후 소련에 의한 소비에트 정권의 등장은 한인들에게 진정한 해방을 의미하지 않았다. 한인들이 일본에 의해 식민지 지배를 받았고 따라서 한인들이 전반적으로 가지고 있는 일본에 대한 적대감에도 불구하고 소련 권력은 한인들, 특별히 사할린의 한인들을 불신하였다. 소련은 한인들을 귀국시키지도 않고 일본 정부는 한국인을 송환할 책임을 회피하였다.

일제시대 강제 징용되었던 한인은 소련군이 사할린을 지배하면서 고국에 돌아오지 못하게 되었다. 1946년 11월 27일 인양에 관한 미소잠정협정이 체결되지만 인양대상은 일본인뿐이었다. 일본인 인양은 1949년 7월 23일 白龍丸이 函館에 입항함으로써 종료되었다. 그러나 한인의 인양은 이루어지지 않았다. 이러한 상태에서 1952년 4월 28일 샌프란시스코 평화조약이 체결되었다. 이를 기점으로 하여 사할린의 한인은 일본 국적을 상실하게 되었다. 그와 함께 일본은 포츠담 선언을 근거로 주장하여 인양의 책임을 면하려고 하였다.

1956년 10월 19일에 日蘇공동선언이 발표되었다. 이번에는 일본인 처를 가진 한국-한인의 인양이 가능하게 되었다. 1957년 여름 오비르(내무성민경서, 출입국관리사무소)에 "무국적자에게 출국 허가를 준다"는 공고문이 붙었다가 한인 수백 명이 갑자기 일시에 신청을 하는 바람에 공고문을 떼고 출국신청접수를 중지하였던 일도 있었다. 1957년 8월~1959년 9월, 7차에 걸쳐 766인의 일본인 처 및 1,541인의 한인 夫 및 남편이 귀환하였다. 그 후에도 일본은 협상을 계속하여 150명의 일본인 처

및 그 동반자 300인을 인양하였다. 1988년까지 4만 3천 명의 한인에 대하여는 어떠한 조처도 취해지지 않았다.

해방은 곧 이데올로기가 대립하는 냉전의 세계로 이어지게 되었고 소련은 남한 출신이 절대적인 다수를 형성하는 사할린 한인 사회를 고운 눈으로 볼 수가 없었다. 그리하여 사할린의 한인들을 통제하기 위한 장치가 강구되었다.

그것은 대륙으로부터 즉 중앙아시아로부터 한인들을 불러들여 이들로 하여금 사할린 한인들을 감시하는 경찰이나 보안 기구의 역할을 맡기는 것이었다. 많은 사할린 한인들은 이렇게 감시를 받고 아무런 증거도 없이 재판을 받거나 또는 희생당하였다. 따라서 사할린의 한인들은 현지 징용을 당하였고 해방을 맞이하고서도 고국으로 귀국도 하지 못한 상태에서 이제는 소비에트 정권의 의심으로 말미암아 반국가적 반혁명적인 죄를 뒤집어쓰고 고초를 당하지 않으면 안되게 되었다.

1930년대에서부터 1950년대에까지 이렇게 정치적으로 희생된 사할린 한인의 수는 쿠진이 제시한 리스트에서 만도 200명에 가깝다.

카라후토에서의 한인 희생은 동원에 의한 희생자, 전쟁시의 사망자 등을 감안할 때 약 1천 명 정도는 잡을 수 있지 않을까 생각된다. 노동에 의한 희생자는 박경식씨의 추정대로 北海道나 사할린의 노동조건이 비슷하였다는 점을 감안한다면 석탄산의 경우 사망률 2.1%를 잡는다면 징용된 인원 1만 6천 명에 대하여 약 330명의 사망자가 나온다. 여기에 자유 노동자의 경우에 사망률은 그보다 낮을 것이므로 노동자를 약 3천 명으로 잡고 일본인 사망률과 한인 사망률의 중간인 1.4%를 잡으면 약 42명이 나온다. 대략 4백 명이 노동으로 인한 희생자로 추정된다. 그 외에 전쟁 중에 일본인들의 무자비한 학살로 인한 사망자를 잡으면 이를 적어도 3백 명 정도 보아야 하지 않을까 생각한다. 게다가 정치적으로 희생당한 한인들을 또한 잡으면 대략 1천여 명을 남사할린에서의 한인의 희생으로 보아야 할 것이다.

4) 천도 열도에서의 한인 희생

천도 열도도 南樺太와 마찬가지로 일제하에는 일본의 지배 하에 있다가 해방 후에 소련의 영토로 귀속된 지역이고 이 지역에도 한인이 동원되었으므로 본 절에서 살펴보기로 한다.

천도 열도는 원래 아이누 등의 원주민이 살다가 18~19세기에 들어와서 일본과 러시아가 서로 분쟁을 하게 되었다. 그러다가 1855년 12월 21일에 德川幕府와 러시아와의 사이에 「日本國露西俄國通互條約」이 체결되어 우루쯔부도(得無島) 이북은 러시아령 그 이남은 일본령이 되었다. 明治維新 후인 1875년에는 다시 「樺太千島交換條約」이 체결되어서 일본은 南樺太의 영유권을 방기하고 대신 得無島 이북의 千島열도를 차지하게 되었다. 이래 千島열도는 일본령이 되었는데 제2차세계대전 말기에 일본은 千島 열도를 군사기지화하였다. 1940년 미일간의 긴장이 고조되자 일본군은 북千島의 방위를 목적으로 千島요새사령부를 설치하고 이래 요새화 작업을 하였다. 이후 일본은 비행장 건설, 도로 건설 등 千島 열도를 요새화하였는데 이 섬에 많은 한인들이 징용공으로 작업하였을 것으로 전해진다. 종전시까지 千島 열도에서 가혹한 노동으로 인하여 사망한 한인들의 수는 200명 정도라고 한다.[30]

---

30) 朝鮮人强制連行眞相調査團 編, 『朝鮮人强制連行强制勞動の記錄 - 北海道, 千島, 樺太編 - 』, 현대사출판회, 1975, 345면.

4. 관동군 포로 및 그의 사망자

관동군 포로 및 시베리아에서나 만주에서 소련군의 포로가 되었던 한인들 중 희생당한 사람들은 소련의 거주자가 아니었으므로 별도의 항목으로 연구되어야 한다. 이들에 관해서는 그 동안 상세한 상황을 파악할 수가 없는 형편이었으나 1995년 8월 15일을 전후하여 이들의 명단이 확인되었으므로 이제 이들의 상황을 파악할 수가 있게 되었다.[31] 대구의 매일신문에 게재된 이 명단에는 일본 관동군에 편입되었던 한인 3,217명(사망자 145명 포함)과 해방 후 만주 시베리아 등지에서 소련에 체포된 2,917명의 한인 노무자가 포함되어 있다고 한다. 그렇지만 이 명부는 조심스럽게 다시 분류되고 연구되어야 한다. '일제 징병−구소련군 포로 명단'이라고 이름 붙여져 있는 이 명부 가운데 일제시대가 아니라 해방 후에 징용된 것으로 보이는 사람들이 많다는 것이다. 다음 예를 몇 가지 들어보자.

이름	출생지	거주지	징병체포일	사망일
삼상호	북한 황해도	아무르 구흐두이	52. 4. 17	53. 11. 28
강곤순	전라 고성		48. 12. 7	48. 12. 7
강곰동	경원	네벨스크	54. 3. 20	55. 2. 8
강기수	산청	우글레고르스크	49. 7. 4	56. 9. 4
강기수	상천	우츠네고르스크	49. 6. 14	74. 6. 14
강대윤	서울	연해주 시난차	51. 9. 22	55. 12. 6
강대희	황해 해주	블라디보스톡	49. 1. 11	59. 1. 11
자료 : 每日新聞, 95. 8. 14				

이는 게재된 명단의 앞부분에서 극히 일부만을 골라본 것이다. 이들에게 하나 공통되는 점은 이들이 징병−체포 일로 되어 있는 날자가 해

---

31) 『每日新聞』, 1995. 8. 14~18.

방 이후이며 따라서 일제시기의 징병이 아니라는 것이 확실하다는 것이다. 그렇다면 이들은 누구인가? 이들은 북한에서 출생한 자들이 대부분으로 해방 이후 북한에 이른바 파견노무자로 근무하였던 사람인 것으로 추정된다. 따라서 신문에서 보도한 명단은 이른바 관동군, 滿軍 포로 명단과 북한에서 소련으로 파견되었다가 소련에서 사망하거나 혹은 소련에 체류하다가 사망한 사람들의 명부가 뒤섞여 있는 것이다. 따라서 이들 노무자들의 명단은 당연히 분류되어 별도로 취급되어야 하는 것이다.

본 조사에서 주목하고 있는 관동군은 따라서 일단 신문보도에 의하면 3,217명이 되는 것이다. 이들 포로병들은 소련에 의하여 여러 수용소에 분산 수용되었다. 일부는 하바로프스크 근처(김일용씨), 일부는 블라고베셴스크(羅寬國씨), 일부는 세레토간(이병수씨)에 수용되었다. 하바로프스크 수용소는 산간의 오지에 마련되었고 철조망만 설치되고 숙소는 마련되지 않아서 임시로 동굴에 거주하였다고 한다. 수용소에 거주하는 동안에는 벌목노동 등의 강제노동을 하게 되었다. 영하 30~40도의 혹독한 추위 속에서 포로들은 나무에 깔려 사망하기도 하고, 영양실조에 걸려 사망하기도 하고, 혹한 때문에 1945~1946년에 걸쳐서 하바로프스크 수용소에서만 300명의 한인이 사망하였다고 한다. 세레토간 수용소도 마찬가지로 시설이 조악하여 제정시대에 유배지였던 동굴주변에 철조망을 가설한 것이었다고 한다. 세레토간에 수용된 사람들은 감자와 당근을 수확하는 노동에 종사하였다고 한다. 3~4일 동안 이 노동을 한 후 포로 1개 대대는 약 5km 정도 떨어진 밀림지역으로 가서 벌목노동을 하게 되었다. 1946년 5월말부터 포로들의 귀국에 관한 소문이 나돌았으며 세레토간에 수용되었던 부대는 오렌부르그로 이동하여 제2의 포로 수용소 생활을 하였다. 이곳의 수용인원은 약 900명이었고 그 중 한인이 약 170명이었다고 한다.

이들이 포로생활을 끝내게 된 것은 1948년 10월경이었다. 각지에 흩어져 있던 한인포로들은 하바로프스크 부근의 시베리아 포로수용소 21분소로 집결하게 되었다. 이곳이 포로들의 최후 집결지였다. 집결하여 12월 20일 나호트카 항에서 함경도 흥남으로 이동하게 된다. 흥남에 약 2개월간 수용되었다. 이는 포로들을 분류하기 위한 것이었다. 약 2,400명 정도가 귀환하였으며 출신 연고지에 따라 800여 명은 만주로, 1,000여 명은 북한에 남게 되고 약 470명의 남한 출신자들은 1949년 1월 걸어서 38선을 넘게 되었다. 북한은 철원까지만 안내를 하였고 이후 야간에 임의로 월남케 하였다. 이들은 걸어서 38선을 넘었다. 그러나 이들 역시 소련과 북한을 거쳤기 때문에 즉시 귀향되지 못하고 인천의 임시수용소에 있다가 3월이 되어서야 풀려났다. 이들은 서로 연락이 닿는 사람 46명으로 1992년 '시베리아삭풍회'를 결성하여 일본에 피해배상청구를 하였다.[32]

이들 관동군(滿軍 포함)의 희생자는 원래 포로가 된 숫자에서 귀환한 숫자를 빼면 대략적인 수치가 나온다고 본다. 따라서 800명 정도가 사망된 숫자가 아닌가 판단된다.

5. 맺음말

이상으로 우리는 일제하에 소련에서 희생된 한인들의 수를 파악하는 기본적인 목표로 하여 전기간에 걸쳐서 한인들이 희생된 중요한 사건들을 통계적으로 파악하려고 노력하여 보았다. 물론 이러한 방식의 접근

32) 본 보고서 국내출장보고서 참조.

에서 통계자료를 완벽하게 확보하고 있지 못하기 때문에 우리의 연구는 어디까지나 추정에 그칠 수밖에 없는 것이며 그러한 점에서 많은 한계를 가지고 있다고 말할 수 있다. 따라서 보다 정확한 정황, 그리고 보다 정확한 숫자를 파악하고, 나아가서는 사망자의 명단까지도 밝힐 수 있는 바를 모두 밝히기 위해서는 많은 시간이 필요하며 더 많은 자료가 계속 발굴되어야 한다고 생각된다.

  본 연구가 이러한 점에서 한계를 가지고 있음에도 불구하고 구소련에서의 한인들의 희생을 종합적으로 밝혀내려고 한 점에 있어서는 최초의 시도를 하였다고 말할 수 있다. 그리고 이러한 점에서 위의 내용을 종합하면 다음과 같다.

1910~17년 일반적 박해	수십~수백
1차세계대전(1914~17)	100정도
내전(1917~22)	2000
무장해제(23~25)	수십
1928~30 강제이주	300~1000
1937 강제이주	16,500
1939~45전쟁	수십
남사할린에서	1200?
관동군포로	800
전후 1945~1948 숙청	수백
계	대략2만5천

  러시아에서의 한인희생자는 기본적으로 3가지로 구분되어야 한다. 이미 본 연구는 소련에서의 희생을 ① 러시아 본국에서의 희생 ② 일제시대에는 일본영토였던 南樺太 및 千島열도에서의 희생 ③ 그리고 해방 후 관동군 및 군속으로서 포로가 된 경우의 세 가지 영역으로 문제를

접근하였다. 이상 세 영역의 숫자를 종합하면 2만 5천 명 정도라는 수치가 나온다. 이 정도의 수치가 아마도 추정 가능한 러시아에서의 한인희생자 수치가 아니가 생각된다. 아마 여기에서는 우리가 누락시킨 사건도 있겠지만 그래도 그 차이는 크지 않을 것이다.

물론 위의 수치는 가능한 한 통계가 나와있는 것은 통계를 활용하였고 그렇지 못한 경우에는 정황을 참작하여 추정한 수치이며 따라서 이 수치가 정확하게 산출된 수치는 아니라고 말할 수 있다. 그러나 그럼에도 불구하고 여러 정황을 고려하여 산출한 수치이기 때문에 대체로 우리가 추정한 수치 근처에서 한인희생자가 발생하였다고 생각할 수는 있다. 이제 다음의 연구는 희생자의 발생과 그 역사적 맥락에 대한 지속적인 조사를 진행하는 일일 것이다. 이러한 연구가 다시 진행된 연후에 다시 한번 연구를 종합하는 일이 필요할 것이다.

제3장 일제시기 해외 한인희생자 문제와 그 대책

1. 머리말

1910년 한국은 일제에 합병되었다. 그것은 명백히 한민족의 의사에 반한 것이기는 하지만 이때부터 한민족이 사실상의 일본의 지배를 받게 되었다는 것은 역사적인 사실이다. 이로부터 1945년 한국이 해방되기까지의 약 35년간 정치적, 사회적, 경제적으로 일제의 식민지지배라는 것이 직접적인 이유 혹은 간접적인 이유가 되어 많은 한국사람들이 희생당하였다. 1945년에서 1948년 사이에도 아직 대한민국이 성립하기 이전에 전후의 혼란상황에서 적지 않게 많은 사람들이 귀국 과정에서 사망하는 등 희생되기도 하였다.

사실 근대에 들어와서 민족이동이라고 할만큼 많은 수의 한인들은 해외로 흘러나가게 되었다. 19세기 중엽이래 시작되는 이 운동은 시베리아와 만주, 그리고 일본, 하와이를 비롯한 미주대륙에 이르기까지 한민족은 수백만의 한인들이 국외로 이주하게 되었던 것이다. 이러한 이주는 물론 자발적인 것도 있었지만 강제적인 것도 있었다. 그리고 이러한 과정에서 많은 한인들이 희생당하게 되었다.

자발적인 이주는 한인들이 보다 나은 경제적인 삶을 찾아 이주하는 것이 일반적이라고 말할 수 있으며 다음으로는 정치적인 이유로 망명하는 것이 두 번째라고 할 수 있다. 강제적인 이주라고 하는 것은 우리를 지배하게 된 다른 민족들이 그들의 정책상의 필요에 의하여 우리 한민족을 한민족의 자발적인 의사와는 관계없이 강제로 이주시킨 경우를 말한다.

이 강제이주에 대하여는 우리는 두 가지 종류의 강제이주를 알고 있다. 하나는 일본이 전쟁에서의 동원을 위하여 1939년부터 실시한 강제연행이며 다른 하나는 소련이 실시한 강제이주이다. 이러한 강제이주의 공통점은 모두가 전체주의적 이데올로기를 가지고 있는 국가에서 자행된 일이며 이 모두가 일본제국주의의 한국 식민지지배와 관련이 있었다는 점이다. 그리고 이 강제이주는 엄청난 인명손상을 초래하였음은 물론이다.

문제는 이러한 식민지지배로 인하여 발생한 희생에 대하여 과연 가해당사자인 일본은 어떠한 정책을 취해 왔으며 그 희생자들의 유해는 어떠한 상황에 놓여 있고 이에 대하여 우리는 조사사업을 어떻게 진행시켜야 하는가의 문제를 검토하여 보고자 한다.

2. 일본제국주의와 전후처리 문제

한민족이 일제의 식민지지배로부터 벗어났으나 일본과 더불어 대등한 차원에서의 관계를 가지기 위해서 새로운 차원에서의 조약을 필요로 하였다. 한국은 1948년 8월 15일 정식으로 국권을 찾아서 자유국가임이 선포되었다. 그러나 패전국인 일본의 지위가 아직 정해지지 않았기 때문에 한일간의 교섭은 진행되지 않았다. 그러다가 1951년 9월 8일 샌프

란시스코 대일 평화조약이 체결되었다. 이 조약을 기화로 하여 일본은 독립국의 지위를 찾게 된다. 이로부터 한국과 일본은 전후처리를 위한 교섭을 가지게 되었다. 1951년 10월 20일부터 예비회담을 시작하여 9년간에 걸쳐 4차례의 회담이 열렸다. 다음에 민주당이 집권하자 다시 일본과 5차 회담을 진행하였고 군사정권 하에서 6차 회담 그리고 공화당이 집권하여 7차 회담을 가지게 되어서 1965년 6월 22일 13년 8개월이라는 장기 교섭 하에 한일협정이 조인된 것이다. 물론 이 회담이 타결된 것은 아시아에서의 자유국가간의 안보협력체제를 강화하는 데 적극적으로 기여하게 되는 것이었다.

그러나 이러한 협정체결은 일제하의 피해당사자들로부터는 많은 반발을 받아 왔다. 한국의 피해자들은 피해자들의 진상규명이 철저히 이루어져야 하며 아울러서 보상 등의 문제를 새로 제기해야 한다고 믿고 있다. 이리하여 한국의 유족단체들은 보상 등의 문제를 제기하였으나 여론의 관심을 일으키는 데 그다지 성공하지 못하였다. 이 문제가 여론의 주목을 받게 되는 것은 1980년대 말 무렵에 들어가서의 일이라고 판단된다.

1987년 일본정부는 법률 105호로 「臺灣人 전몰자의 유족 등에 관한 법률」에 의해 대만인 전사상자 20만 7천 명에 대하여 1인당 200만 엔(한화 1천 1백만 원)씩을 지급키로 하였다. 한국의 경우는 전사상자 24만 2천 명이 1인당 30만 원을 받은 데 불과하였으며 대만과 같은 수준이라면 37억 달러(2조 6천억 원)를 받게 된다. 이러한 일본의 전후처리과정에서 한국의 피해자 유족들은 그들이 정부로부터 받은 보상이 너무 약소하다고 보고 이에 대해 충분한 보상을 요구하게 되었고 이와 관련된 운동을 전개하게 되었다.

이와 관련하여 먼저 일본의 교민사회가 활발하게 움직였다. 일본의 교민사회는 1988년 미국에서 '시민의 자유법'이 제정되어 제2차대전 중에 강제수용 되었던 일본계 미국인들에게 미국정부가 사죄를 함과 동시에 1인당 2만 달러의 생존자에 대한 보상금이 지불되었던 사실에 대해 크게 고무되었다.

그 이유는 일본이 전후보상에 관한 각종의 법을 제정하면서 원폭피폭자에 관한 법률을 제외하고는 국적조항에 의해 재일 한인을 배제하고 있기 때문이었다. 이리하여 일본정부의 부조리와 도의적 책임을 묻고 그에 필요한 조치를 역사적으로 법리적으로 해결하는 것을 연구하기 위하여 1989년 11월에 일본의 교민 교수와 변호사들에 의해 '전후보상문제연구회'가 조직되었다. 이들은 필요한 자료를 수집하여 자료집을 발간하는 등의 노력을 하였는데 그럼에도 불구하고 일본정부의 무성의로 인하여 큰 효과를 보지는 못하였다.

1990년에 들어와서 전후보상이라는 문제보다는 희생자의 위령과 관계된 사업을 민단이 추진하기로 하였다. 1990년 8월 민단은 일정부의 성의가 없다고 하여 독자적으로 조사위령사업을 하기로 하고 '강제연행희생동포위령사업추진위원회'를 발족키로 하였다. 유해 및 유품을 수집하여 망향의 동산에 안치하고 독립기념관에 위령탑을 건립하기로 하였으며 이를 위하여 1년에 25억 원의 예산을 책정하였다.[1]

특히 이해부터 일제시기의 한인강제연행문제에 대한 관심이 고조되었다고 볼 수 있다. 노태우대통령의 방일을 계기로 하여 한국정부는 일본정부에 대하여 일제시기 한인강제징용자 관련명부의 교부를 요청하여 1991년 8월 일본정부는 강제징용자 명부 9만 명 분을 한국에 전달하게 되었는데 이를 계기로 하여 일본에서는 강제연행문제에 대한 관심이

---

1) 『統一日報』 1990. 8. 7.

고조되어 각 지역마다 그리고 각 시마다 강제연행문제를 조사연구하는 시민단체들이 생겨나게 되었다.

물론 일본으로부터 전달받은 이 명부는 대단히 한계가 많은 것이었다. 일본의 각 都道府縣 중 16개 縣에만 해당되는 명부였으며 그나마 최소한 70여 만 이상이라는 징용자를 고려할 때 강제연행 징용자 중의 극히 일부분의 명부라는 것은 자명한 것이다. 이에 따라 한국에서는 관련된 강제 징병자의 명부 교부를 요청하게 되었는데 이는 1993년 10월 8일에 이루어졌다. 일제에 의해 강제징집된 군인 및 군속 24만여 명의 명단이 일본에 의해 한국에 인도된 것이다.[2]

한국에서도 같은 시기에 강제연행과 관련된 문제가 활발히 제기되었는데 한국에서의 문제제기는 종군위안부의 문제를 중심으로 제기되었다. 종군위안부의 문제를 호소하고 이들의 보상을 요구하는 단체들이 중심이 되어 운동을 조직하였고 이들은 1992년 1월 8월 미야자와 기이치 일본 총리의 방한을 계기로 하여 서울 종로구 중학동 주한일본대사관 앞에 前종군위안부 및 한국정신대문제대책협의회회원 등이 중심이 되어 매주 수요일 12시 시위를 가지게 되었다. 또 동시에 한인피해자들은 일본정부를 상대로 한 소송을 잇달아 제기하였다. 몇 가지 예를 들자면 원호법의 지위확인 등 소송을 1991년 1월 大阪地裁에 낸 鄭商根씨, 1992년 8월 東京地裁에 손해배상 소송을 낸 석성기, 진석일씨, 강제징용

---

2) 이 명단은 일본 후생성 지하창고에 보관되어 있었다. 1988년 12월 1.20동지회의 정기영씨는 후생성 지하창고에서 명단을 열람하게 되었는데 그는 학도병 명단 1800명만 확인하고 돌아왔다. 2년 후 1990년 7월 KBS취재팀이 명단 유무와 유골확인차 도일시 후생성은 명단이 없다고 부인하였다. 정씨가 이 사실을 아사히신문과 NHK에 공개하자 후생성은 명단 5만 명분이 있다고 발표하였다가 결국 24만 명분의 명단보관을 시인하게 되었다. 한국측은 명단의 인도를 요청하였고 일본은 1991년 5월 노태우대통령의 방일시에 이의 인도를 약속하였다. 이는 2톤 트럭 한대분이다.

에 대한 손해배상소송을 1993년 8월에 滋夏縣에 낸 姜富中씨, 한국의 구 위안부 4인이 山口地裁 下關지부에 사죄 및 2억 8천 6백만 엔 손해배상 청구소송을 낸 일 등을 들 수가 있으며, 日本鋼管, 三菱長崎造船所, 富山 縣不二越, 鹿島建設 등 기업을 상대로 하여서도 소송이 제기되었다. 그 자세한 내용을 보면 <표 1>과 같다.

그러나 이 같은 개별 소송은 일본정부가 보상문제는 한일협정으로 인 하여 일괄 타결되었으므로 개별보상은 일체 하지 않겠다는 강경한 입장 을 견지하고 있고 일본의 법원들도 같은 방법의 법리해석을 하고 있어 서 진전을 보지 못하였다. 단지 최근에 들어와서 다소 고무적인 현상이 나타나고 있다. 그것은 지난 1995년 10월 오사카지법에서 재일한인이 한일회담시 보상대상에서 제외되었기 때문에 이들에 대해 보상하지 않 는 것은 위헌의 소지가 있다는 판결이 내려졌기 때문이다. 이 때문에 일 본정부에서도 본국 즉 한국으로 귀환한 한인이나 일본으로 귀화한 한인 외에 일본의 거주자로 되어있는 한인들이 보상대상에 제외된 것을 인정 하고 이에 대한 보상을 긍정적으로 검토하기 시작하였다. 따라서 재일 한인들은 일본정부의 새로운 태도변화에 따라 보상을 받을 수 있는 가 능성이 높게 되었다.

한편 문제가 이와 같은 상태로 진행되면서 정부에서는 민족정기회복 의 차원에서 그리고 역사적 진실의 회복이 필요하다는 차원에서 유해조 사사업을 추진하게 되었다. 이는 한국의 피해자들이 주장하고 있는 전 후보상문제가 국가적인 차원에서 재론하기는 외교적인 차원에서 부담 이 가는 일이라고 하더라도 유해조사는 응당 국가적인 차원에서 이루어 져야 될 일이라는 인식을 가지게 되면서 추진되게 된 것이다. 더구나 유 해조사 및 위령사업은 사회교육적인 차원에서의 의미가 크기 때문에 이 문제를 둘러싸고 관계자들의 회의가 개최되기에 이르렀다.

〈표 1〉 일제시기 피해자 혹은 유족의 대일소송

안 건	원고 및 청구 내용	일시/장소
사할린억류	잔류자와 한국에 남은 가족을 포함한 21명이 1인당 1,000만 엔을 청구	1990. 8 東京
종군위안부	宮城縣 거주 宋神道씨가 사죄문 발표, 국회정식 사죄, 보상을 요구	1993. 4 東京
종군위안부	朴七封 등 군인군속과 가족 32명과 金學順군인군속 등 前종군위안부 3인이 1인당 2,000만 엔을 요구. 李貴粉 등 前종군위안부 6명도 추가제소.	1991. 12 東京 1992. 4 東京
종군위안부	河順女씨 등 4명이 국회와 국제연합에 공식 근로정신대 사죄를 요구. 前 위안부 2명이 각 1억 2,000만 엔을, 근로정신대원 2명이 각 3,300만 엔을 청구	1992. 12 山口
군인군속	李金珠씨 등 1,269명이 전사자 유족에게 각 강제연행 5,000만 엔, 생존자에게 3,000만 엔을 청구.	1992. 9 東京
군인군속	金景錫씨 등 14명이 厚生年金, 노동산재보험 강제연행 적용 자격의 확인과 공개사죄를 요구.	1991. 12 東京
군인군속	丁龍鎭씨 등 24명이 1인당 5,000엔과 사죄를 강제연행	1993. 2
강제연행	金順吉씨 등이 국가와 회사를 상대로 1,000만 엔과 미지불임금의 지불을 요구.	1992. 7 長崎
강제연행	李鍾淑씨 등 3명이 不二越회사에 대해 임금과 재해보상으로 각 500~1000만 엔과 사죄광고 를 게재.	1992. 9 富山
강제연행	金景錫씨가 일본鋼管에 대해 1,000만 엔과 사죄광고게재를 요구.	1991. 9 東京
장해연금	피폭자인 鄭商根씨가 전상병자전몰유족 등 원호법 수급자격 확인과 1,000만 엔 요구.	1991. 1 大阪
장해연금	군속이었던 石成基씨 등 2명이 장해연금청구 기각 처분의 취소를 청구	1991. 1 大阪
장해연금	姜富中씨가 원호법의 수급자격의 확인과 9,200만 엔을 청구.	1993. 8 大津
은 급	前지원병 金成壽씨가 恩給의 급부를 거부하고 2억 4,300만 엔을 요구.	1990. 10 東京
은 급	前군인 李昌錫씨가 은급수급의 자격 확인과 1,000만 엔을 청구.	1992. 11 京都
BC급전범	7명이 1인당 999만~5,000만 엔과 사죄요구.	1991. 11 東京
浮島丸사건	50명이 총19억 엔과 사죄를 요구.	1992. 8 京都
堤岩里사건	7명이 공식사죄와 배상의무 확인.	1991. 7 東京
上敷香사건	3명이 1인당 3,000만 엔과 사죄 요구.	1991. 8 東京
식민지지배	369명이 원상회복과 1,057,095만 엔 및 공식 사죄를 요구.	1992. 8 東京

<자료> 金英達·飛田雄一, 『1994 朝鮮人·中國人 强制連行·强制勞動資料集』神戸學生青年センタ, 1994년, 145, 162면.

1994. 12. 21 보건복지부에서 일제하 해외희생자 유해 실태조사를 위한 사업추진회의를 개최되었다. 여기에서는 복지부의 주관 하에 민간인

희생자단체 및 한국정신문화연구원이 참여하여 희생자에 대한 조사사업을 추진하기로 하고 기본안을 성립시켰다. 기본안에 의하면 일제하 희생자에 관련된 기념사업단체, 유족단체 등의 민간단체와 연구기관, 그리고 언론기관이 공동으로 사업을 하여 여론을 제고시키고 조사에 대한 정보교환 등 협력을 해나가기로 한 것이다.

이 같은 상황에서 정부가 추진하고 있는 유해조사사업은 역사적 진실규명과 유해의 송환이나 위령 같은 사업을 지속적으로 추진할 수 있도록 사업을 효과적으로 조직하고 진행시켜야 할 책임을 가지고 있다. 이제 이러한 문제를 구체적으로 어떻게 정리해야 할 것인가의 문제를 살펴보기로 하자.

3. 한인희생자 유해에 대한 대책

일본의 식민지지배 및 전후처리문제의 일환으로서 고려되어야 하는 희생자의 유해에 관하여 일본정부는 특히 한국인의 유해에 대하여 그 동안 대단히 소극적인 정책으로 일관하여 왔다. 먼저 이 유해는 두 가지 종류로 나눌 수 있다.

첫 번째는 일본의 일반적인 식민지 지배와 관련된 것으로 일본의 식민지지배로 인하여 희생당한 사람들의 유해가 상당수 있는 것이 확인되고 그 수도 연구가 진행되면 증가할 것으로 추정되지만 이에 대하여는 아직까지 효과적으로 정책적인 처리대상으로 등장해본 일이 없다. 즉 전혀 무대책이었다. 이와 관련된 유해의 송환은 민간단체 그리고 한국 정부가 관심을 가지고 처리하였다. 이와 관련하여 유해가 송환된 것은 1946년 8월 25일의 일이다. 일제에 의하여 사상범으로 일본의 관헌에 의하여 체포당하여 옥중에서 사망한 이봉창, 윤봉길, 백정기 등 9인의 유해를 일본으로부터 인도받아 서울 효창공원 내의 순국열사 비의 초석 밑에 안치시켰던 일이 있다. 이는 일본에서 강위종씨 등이 노력한 결과로 이루어진 일이다.[3) 씨는 그후에도 유해송환에 진력하기 위하여 분주히 노력한 결과 1946년이 끝나기 전에 한국인전순자유해송환회를 결성할 수가 있었다. 이러한 선구적인 노력에 이어서 독립운동자들에 대하여는 한국에서 보훈처에 의한 유해송환이 지속적으로 이루어졌지만 기타 노동자나, 농민, 일반 서민들로서 희생당한 경우에는 여지까지 어떠한 대책이 있었다고 보기는 어렵다. 단지 일본민단 등이 주관하여 1970년대 이래 유해송환이 이루어지게 된 것이다.

다음으로는 일제말기 태평양전쟁과 관련된 유해문제이다. 이 문제에 대하여는 일본이 침략전장으로 한인들을 동원하여 희생시킨 것이므로 이 부문에 대하여는 일본이 정책적으로 대처하고자 한 흔적이 어느 정도 있었다고 말할 수 있다. 이제 이 후자의 문제에 대하여 정리를 하여 보고자 한다.

일본이 전쟁수행을 위하여 한인들을 징병령, 징용령을 발동하여, 또는 현지징용을 통하여 많은 사람들을 군인 혹은 군속으로 동원하여 일제의 무의미한 전쟁의 희생자가 되게 하였다. 그뿐만 아니라 근로정신대, 종군위안부, 근로보국대 등의 각종 명목으로 국내외의 한인들을 징발하여 노동을 시키고 희생을 당하도록 하였다. 이같이 다양한 명목으로 1939년 이후 동원된 사람들을 통칭하여 강제연행이라는 범주로 파악하는 것이 일반적이다.

이들은 일본정부의 강제연행으로 인한 희생자가 분명하기 때문에 당연히 일본정부는 이들의 유해를 수습하여야 할 책임을 가지고 있다고

---

3) 竹森久朝, 「厚生省に眠る朝鮮人遺骨2083體の迷」, 『寶石』 1974, 10월호.

볼 수 있다. 여기에는 정확한 사실조사 확인 및 그에 따르는 적절한 보상이 있어야 할 것이다. 그러나 유감스럽게도 한인들의 전쟁희생자에 대하여 일본정부는 적극적인 정책을 실시한 바가 없을 뿐더러 오히려 책임을 애써 모면하려는 태도를 보이고 있다. 그리고 그러면서도 아이러니칼하게도 일부의 한인희생자들을 그들의 靖國神社에 모시고 祭를 지내고 있다.4)

그렇다면 전후에 일본정부에 의하여 보상 및 한인희생자 유해가 어떻게 처리되었는지의 문제를 살펴보기로 하자. 일본 후생성에 의하면 종전시 일본의 군인군속으로 일본 및 해외의 각 군 부대에 속해있던 한인은 모두 24만 2천 명이다. 이들은 연합군에 의해 무장을 해제당하고 카이로선언에 의하여 일본국적을 떠났다고 한다.5) 일본은 사망이 확실한 경우에는 사망처리를 하고 상황불명자에 대하여는 일본의 미귀환자와 같이 소식 조사를 행하여 생사를 확인하고 복원, 사망 등의 처리를 행하였다고 한다.6) 또 '사망자의 유족에 대하여는 사망자의 미지급 급여 및 유해의 인수 및 매장에 요하는 경비 등을 정산지급하지 않으면 안되는데, 이들 미지급 급여금 등에 대하여는 일본을 경유하여 출신지에 송환된 자에 대하여는 일본의 상륙지에서 정산지급되었지만 직접출신지에

---

4) 일본 靖國神社에 합사되어 있는 한인은 현재 2만 1181위이다. 일본국회도서관 76년발간 「靖國神社문제자료집」에 한인합사자 20636인, 대만인 27656인, (75년 10월 현)이 합사되어 있다고 하였다. 신사의 합사대상은 군인군속전몰자, 국가총동원법에 의해 기초한 징용자, 보국대원, 종군간호부, 여자근로정신대이다. 합사자중 여자는 5만7천인으로 되어 있다.(『統一日報』 92.6.13)

5) 전후보상연구회편, 『전후보상문제자료집』 4권, 1991, p.164.

6) 일본의 경우 태평양전쟁으로 죽은 군인군속은 240만위인데 53년부터 유골수집 및 현지위령사업이 시작되어 1~3차에 걸쳐 20년간에 전몰자의 반수인 122만 주를 정부예산으로 관민이 합동으로 수집 봉환. 1976년 이후에는 수시로 봉환. 지난 5년간 4,808주 수집.

송환된 자와 사망자의 유족에 대하여는 각국과 일본간의 국제법상의 절차가 마련되어있지 않았기 때문에 정산지급의 방법이 없었다'고 한다. 그리하여 일본은 1950년 정령제22호 <國外居住外國人等對債務辨濟供託特例政令>을 공포하여 구육군 관계의 조선적인 사람에 대하여는 福岡縣이, 구해군 관계의 조선적이었던 사람들에 대하여는 吳地方復院府가 여러 가지의 정산사무를 행하도록 하여 1951년부터 1954년 3월까지 법무성에 공탁하여 장래 당사국의 지급요구에 대비하도록 하였다. 이 같은 상황에서 미지급급여금 등은 한국출신자는 1965년 12월 18일 한일평화조약에서 "재산 및 청구권에 관한 문제의 해결 및 경제협력에 관한 일본국과 대한민국 간의 협정" 제2조에 의하여 양국간 및 국내간의 청구권은 소멸되었다고 하였다.

다음 희생자문제에 대하여는 한국정부가 1971년 1월 대일민간청구권 신고에 관한 법률을 공포하여 일본에 의하여 군인군속으로 소집 및 징용된 자에 대한 명부의 교부를 요청하였다. 이에 일본정부는 1971년 9월 4일 21,919명이 등재된 <舊日本軍在籍朝鮮出身者死亡者年名簿>를 한국정부에 송부하였다.

한편 유해송환의 문제에 있어서는 전쟁 중에는 일정한 루트를 통하여 유해가 전달되었다. 중국대륙에서 사망한 경우는 상해와 대련을 거쳐서, 그 이외의 지역에서 사망한 경우에는 육군관계는 사세보 진수부에서 해군관계는 구레 진수부를 통해 부산을 경유하여 유족에게 인도되었다. 가족이 한국에 거주하고 있는 경우에는 육군관계는 본적지를 관할하는 道주병사부, 해군관계는 진해해군인사부가 담당하여 사망의 보고 및 유해의 전달을 행하였다. 전쟁이 끝난 후에는 일본육해군의 복원부가 가지고 있었던 유해는 육군관계는 福岡地方世和府(1947년 5월 이래는 福岡縣), 해군관계는 吳地方復院府가 보관하여 송환 등의 업무를 담당하고 유해를 송환하였다.

한국이 일본의 지배에서 벗어난 후 일본에서 한국으로 송환한 유해는 한일조약이 체결되기 전에 두 차례에 걸쳐서 송환되었다. 제1차는 1947년 2월 26일 연합국군총사령부의 지령에 의하여 유족이 남한에 거주하고 있는 경우에 한정하여 1948년 2월 3일자로 4,597주의 유해가 사세보항을 떠나 보고다마루편으로 한국부산으로 들어오게 되었다. 이는 임시정부에 전달되었다. 다음에 2차송환은 1948년 5월 31일의 일로 3,046주의 유해가 사세보 항을 떠나 黃金丸으로 부산으로 들어왔다. 이후 1948년 8월 4일 육군관계 936주, 해군관계 341주의 송환에 대하여 연합국군총사령부의 승인을 받았지만 송환은 이루어지지 않았다. 이래 송환은 이루어지지 않다가 평화조약 발효당시 일본이 보유한 조선적 유해는 2,328주가 되었다. 일본정부는 그후 일본인전몰자의 유해를 수집하는 과정에서 조선적의 유해도 수용되는 문제가 생겨나자 1955년 6월부터 유해송환에 대하여 일본외무성과 한국사이에 교섭이 진행되기 시작하였으나 한국의 일괄송환과 일본의 유족소유 원칙 때문에 교섭은 난항에 부딪혔다. 이 시기에 1958년 5월 16일 吳地方復院府에서 해군관계유해 874주 동년 11월 28일 福岡縣에서 육군관계유해 1,454주 계 2,328주가 후생성으로 이관되었다. 이 유해는 구해군성건물 약 10평 정도 되는 방에 안치되어 있다가 1971년 東京의 佑天寺로 옮겨지게 되었던 것이다.

유해송환문제가 다시 제기되게 된 것은 1969년에 들어가서의 일이다. 1969년 제3회 한일정기각료회의에서 한일간에 유해의 송환문제에 대하여 양해가 성립되어 유해의 개별송환이 시작된 것이다.[7] 이리하여 후생성에 보관하던 이 유해는 1181주는 송환하고 1,147주는 1971년 6월 29일

7) 일본 후생성 원호국, 「引揚과 援護 삼십년의 발걸음」, 1978.

東京都 目黑區 中目黑의 佑天寺에 예탁된 이래 지금까지 남아있게 되었다.

1971년부터 시작된 유해의 송환업무는 부산영원에 실무가 위임되었다. 법인 부산영원은 1971년 8월 21일 보사부 환경 1435~107844로 유해송환 및 봉안사업승인을 받아서 이후 유해송환사업을 벌이게 되었다. 부산영원이 그 동안 추진한 유해송환사업의 내용은 다음과 같다.

〈표 2〉 한일조약 이후 본국에 송환된 유해현황

일 자	송환된 유해
1970. 7. 1	1주[8]
1971. 3. 17	1주[9]
1971. 11. 20	246주[10]
1974. 12. 20	911주[11]
1976. 10. 28	22주[12]
총 계	1,181주

8) 일본정부가 파견한 덕적제도유골수집단장이 항공로로 서울에 도착 8월 13일 재한일본대사관에서 한국외무부입회하에 유족에 인도하였음.
9) 일본외무성 북부아시아과직원이 항공으로 서울로 봉대하여 4월 5일 재한일본대사관에서 한국외무부입회하에 유족에게 인도함.
10) 東京 黑田區 佑天寺 소재 유골을 부산영원으로 송환. 위령제 후 유족에게 인도 20일 페리호편으로 일본 下關에서 부산으로 이동. 외무성 북동아시아과 직원이 한국정부 입회하에 정기영씨에게 인도. 11월 28일 하오 1시 부산시 동구 초량동 873 金水寺에서 유족 등 500여 명이 참가한 가운데 엄수. 유골중 209위는 유족에 인도. 유족이 나타나지 않은 37위는 동래 두구동 공원묘지에 안장될 예정. 유족에게는 일본정부와 보사부가 마련한 조위금 2만원씩이 전해짐.(송환비는 일본정부와 우리 정부가 각각 1만원씩 부조하였음)
11) (육군 619주, 해군 297주, 기타6) 다른 곳에서는 911주로 기록됨. 정기영 씨. 송환비는 우리정부와 일본정부가 각기 2만원씩 보조하였음.
     일본정부의 심사를 거쳐 911주가 송환되기로 결정. 74년 12월 19일 佑天寺에서 후생성주최로 「구군인군속등유골한국봉환위령제」개최. 20일 나리타공항 출발 부산공항 도착. 일본수송책임자 山下후생정무차관이 보사부 박차관에 유골 911주를 인도.
12) 한국정부는 1975년 4월 5주 동년 7월 17주 계 22주의 인도를 요구함. 후생성주최의 위령제를 지낸후 1976년 10월 28일 나리다공항발 부산공항 도착. 일본 원호국조사과장이 보사부환경위생과장에 22주를 인도함.

<표 3> 잔여 1,147주의 통계

출신지	육군	해군	군인군속이외13)	계14)
한국	343	323	49	715
북한	317	114	1	432
계	660	437	50	1,147

그러나 유해의 송환문제는 한국 측의 난맥상을 노출시키기도 하였다. 1987년에 한일의원연맹이 주축이 되어 佑天寺의 잔여유해를 국내송환을 그만두고 고려사에 영구 봉안하려 하였으나 일본 후생성이 반대하게 되었다. 이에 야간에 유해를 고려사로 밀반출하여 위령비 준공식까지 가지는 일도 있게 되었다. 유해는 후생성의 항의로 고려사의 佑天寺로 복구하게 되었으나 이 과정에서 유해를 무단으로 분골하는 일도 일어나서 한일양국간의 신뢰관계에 흠집을 내는 일도 만들었다.

이같이 佑天寺에 보관된 태평양전쟁 희생자 유해송환문제가 말썽을 빚고 있는 동안에 일제하에 군인 군속으로 끌려가서 희생된 사람들의 유해문제뿐 아니라 일제하에서 여러 가지의 박해 및 부당한 노동 등으로 인하여 희생된 사람들에 대한 유해를 위령하고 송환하고자 하는 움직임이 국내외에서 일어나게 되었다. 징병이나 징용 이외에 노무자 등 등 각종의 명목으로 끌려가서 희생된 사람들의 넋을 기리고자 하는 이 운동은 국내에서뿐 아니라 해외의 교포들에게도 큰 반향을 일으키게 되었다. 자기 민족의 역사를 되돌아보고 그것을 기리고자 하는 운동이 민간 차원에서 일어나게 되었던 것이다.

이들 민간단체들은 해외에서 희생된 유해들을 한국으로 송환하거나

---

13) 군인군속 이외의 자는 浮島丸에 승선했다가 45년 8월 24일 무학항 밖에서 침몰 사망한 자임.
14) 정기영씨에 의하면 이후에 한국출신 육군유골 7주가 추가송환되었다고 한다.

혹은 해외현지에 기념비를 건립함으로써 우리의 아픈 과거를 되새기고 영령을 위로하는 중요한 작업을 하게 되었다. 정부에서도 이에 호응하여 망향의 동산을 천안에 설립함으로써 이러한 사업이 원만하게 이루어지도록 도움을 주었다.[15]

다음에는 일본의 민단이나 해외희생동포추념사업회 등에서 본국으로 송환한 유해들이다.

〈표 4〉 일본 등 해외에서 한국으로 송환한 유해

일 자	내 용	송환한 유해
1976. 9. 20.	佑天寺 개인보관 노무자 유해	115[16]
77. 4. 5.	가나가와縣 무명 한국인 묘	36[17]
77. 10. 16.	北海道 한인합동묘	254[18]
78. 5. 23.	북구주 무연고 노무자 유해	235[19]
79. 10. 2.	일본 가나가와縣 무연고한인 합동묘	37[20]

15) 강제징용 후 사후에라도 조국에 묻히고자 하는 재일동포들의 소망이 재일본거류민단측을 통하여 전달되어 정부의 배려로 해외동포의 사후 안식처로 조성됨
   1976년 10월 1일 망향의 동산관리소 설립(충남 천안군 소속 사업소)
   1983년 1월 1일 거류민단의 요청으로 보사부 소속기관으로 이관(대통령령 제10968호, 1982.12.30)
   설립재원 총 6억 2백만(안기부 주관으로 국민성금중 지원금 3억 8천 8백, 국비 1억 5천, 도군비 1천 4백, 재일거류민단 지원금 5천만) 현재 정원 21명으로 94년도 예산은 5억 5천 7백만원.
16) 대한민국 거류민단 중앙본부 봉환. 망향의 동산에 안치. 봉환일시는 10월 1일.
17) 일본 관동대지진 및 태평양전쟁시 사망한 가나가와縣 한인무연불묘. 가나가와 지역의 동포공동묘지. 連藤寺에 안치. 가나가와縣 민단이 추진, 비용부담. 안장형태 : 합장.
18) 北海道 무연고 한인합동묘. 北海道 지역 각 사찰에서 수집. 北海道 민단 지방본부에서 인계안장. 北海道지방본부 비용부담. 안장형태 : 합장.
19) 북구주에서 민간단체가 봉환. 목포시립 납골당에 안치.
   이는 북구주 탄광에서의 희생자로서 73년 12월 일본민간단체가 광산운영자들로부터 기부금 수령하여 목포시립묘지 납골당에 안치함.
20) 日本國神奈川縣 無緣故 한국인합동묘. 가와사키시 무명사찰에 안치보관. 서울 서강청년회의소와 일본 가나가와 청년회의소의 공동추진으로 안장. 일 가나가와 청년회의소 비용부담. 안장형태 : 합장.

80. 10. 21.	징용 강제노동 三重縣희생 무연고자묘	76[21)
81. 10. 2.	북구주전역 무연고합장묘	37[22)
82. 10. 8.	福岡縣무연고합동묘	263[23)
83. 9. 26.	山口縣 미네시 무연고한국인 합동묘	12[24)
84. 4. 4.	宮城縣 무연고한국인합동묘	52[25)
84. 5. 3·85. 4. 20·86. 5. 2	山口縣 한국인합동묘	340[26)
85. 10. 10.	長崎縣 무연고한국인합동묘	233[27)
86. 3. 16.	神奈川縣 한국인무연고 합동묘	20[28)
86. 10. 2.	北海道 한국인 무연불	473[29)
89. 4. 5.	廣島 미호 사찰 및 공동묘지	23[30)
91. 3. 25.	岡山縣 무연고한국인합장묘	19[31)
92. 5	東京 대행사 안치 북구주사망 노무자	104[32)

21) 태평양전쟁시 징용 혹은 강제노동으로 일본에 연행된 자 중 삼중縣에서 희생된 무연고자 묘. 삼중縣내 각 사찰. 민단 삼중縣 지방본부와 일한친선협의회가 협조하여 추진 및 안장. 비용부담 : 가나가와 청년회의소 삼중현 회의소. 안장형태 : 합장.

22) 日本國北九州全域無緣故 합장묘. 구주 각 사찰. 일본 북구주로타리클럽과 주일대사 협조로 추진. 비용 : 福岡縣지방본부. 안장형태 : 합장.

23) 日本國福岡縣無緣故合同墓. 복강縣 지방본부 주관으로 송환. 복강縣 각 사찰. 민단 복강縣 지방본부 경비부담. 안장형태 : 합장.

24) 日本國山口縣미네시 無緣故 한구인합동묘. 미네시 각 사찰. 제2차대전시 전몰유해. 비용 : 민단 山口縣 지방본부. 안장형태 : 합장.

25) 日本國宮城縣 無緣故한국인합동묘. 縣내 각 사찰. 미야기縣 동포 무연불 본국이장추진위원회(회장 성낙우) 비용 : 민단 미야기縣 지방본부. 안장형태 : 합장.

26) 日本國 山口縣 한국인 합동묘. 山口縣 각 사찰. 山口縣지방본부및 일한친선협회 주관 송환, 안장. 비용부담 : 산구縣 지방본부. 안장형태 : 합장.

27) 제2차 세계대전시 일본에 징용된 사망자 및 원폭희생자. 일본 장기縣 무연고한국인합동묘. 목포시 주관으로 이장. 비용부담자 : 목포시. 안장형태 : 합장. 일본의 민단 및 민간협찬회가 주관.

28) 日本國神奈縣 한국인 무연고합동묘. 縣내 각 사찰. 민단縣 지방본부 주관. 비용부담 : 일한친선협회. 안장형태 : 합장.

29) 日本國 北海島 韓國人 無緣불. 北海道 비바이시 지하탄광. 한국인위령탑건립협찬회와 北海道 지방본부가 추진. 비용 : 일한친선협회. 안장형태 : 합장.

30) 히로시마(광도)－미호(삼차)간 철도공사시 사망. 廣島 및 미호의 각 사찰과 공동묘지. 일한친선협회 회장 외 41명 추진.

31) 일본국 岡山縣 無緣故韓國人 합장묘. 강산縣 각 사찰. 岡山縣 희생동포 위령사업추진위원회 회장 외 14명 추진.

32) 부산영원은 외무부 장관의 훈령으로 일본 도쿄의 大行寺에 안치되어있던 일본 북큐슈에서 사망한 노무자 104위를 봉환. 부산시립공원묘지내 납골당 봉안이

92. 9. 16.	사가縣 한국인 무연고합동묘	22[33]
1995	현재 계	2,350위
1977	티니안 섬 한인희생자	5,000위[34]

그러나 이렇게 송환된 유해 이외에도 일본 등 해외에는 여전히 많은 한인들의 유해들이 존재한다. 다음에는 주로 신문 등의 자료 혹은 현지조사를 통하여 나타난 현재까지 알려진 미송환 유해 상황이다.

<표 5> 소재 확인된 한인 유해

소 재	확인된 한인유해
東京 佑天寺	1,140
북구주 시내 조오잔(城山)영원	135[35]
북구주 탄광지대에 산재한 40여 개의 사찰.	220[36]
北海道	40[37] 및 미확인 500[38]

부산시에 의해 거부되어 춘천의 개인 납골당에 봉안됨.
이 유골은 75.11.6 유족회가 수집하여 봉안해온 219주의 잔여유골임.(부영제 9203호)

33) 日本國 佐賀縣 韓國人無緣故 합동묘. 縣內 각 사찰. 민단 사가縣 지방본부 추진.

34) 1977년 5월 15일 송환, 망향의 동산 안치. 학교법인 영광학원(대구대학)과 해외희생동포추념사업회에서 추진. 이 숫자는 정확하지 않다. 정확한 수의 파악을 위하여는 좀 더 상세한 연구가 필요하다.

35) 이 중 87위의 이름은 밝혀져있다. 이 영원은 최창화목사가 1973.10.3일 완공한 영원.

36) 최창화 목사의 증언(동아일보 기사)

37) 국립망향의 동산관리소 윤기홍씨가 1993.7.5∼12일 일본 北海道 출장을 통하여 1938∼1943년 사이에 사망한 1920년 손의범외 39인의 희생자 위령비 및 명단을 입수하였음. 또한 동보고서에 현지 탄광지대에 한인 500여 명이 희생매몰되었다고 보고함.(「해외출장조사보고서」)

38) 北海島 43년 가을 대홍수시 미쓰비시 비바이(三菱美唄)광산의 다꼬헤야에 갇혀 있던 한인 노무자 1백 명 몰살. 산사태가 나자 일인 감시원들이 문을 잠그고 도망친 때문. 노무시 지쳐 쓰러지면 인두로 등을 지짐. 室蘭市에 거주하는 이황일 씨는 1942∼1944년에 한인 노무자 4백여 명을 해안가에 그대로 밀매장했다고 증언. 「홋카이도한국인강제연행진상조사반」의 보고서. 일본 변호사 중심.(조선일보 73.5.16)

야마구치縣 쿠야마시	100[39]
오까야마 眞城寺 민간인 유해	200[40]
마이스루(舞鶴港) 참사약	3,000[41](550)
兵庫縣 相生市 선광사 무연고불	약 60[42]
兵庫縣 兩松寺	15[43]
兵庫縣 金光寺	8[44]
兵庫縣 金藏寺	1[45]
兵庫縣 東高室묘지	1[46]
大阪市 統國寺	1[47]
廣島縣 본원사 광도별원	86[48]
廣島縣 묘덕사	1[49]
廣島縣 善福寺	22[50]
高知縣 柏島 공동묘지	1[51]
神戶市 중앙구 東福寺	50[52]
山口縣 下關 광명사	?[53]

39) 재일교포 곽씨가 송환할 예정이라 함.

40) 우리에게 주겠다던 주지의 태도가 조총련의 압력을 받은 듯 바뀌었음.

41) 75년에 생존자가 폭로. 3천 5백 명의 승객중 3천 명이 한국인. 정기영씨 사망자 6백 명의 명단을 소지. 1945년 8월 15일 이전이라서 보상받지 못함. 일본측 보도에는 550명 사망으로 되어 있다. 숫자는 후자가 맞는 것 같다.

42) 강제연행되어 播磨조선소에 근무하던 조선인 노동자의 유해. 『朝日新聞』, 1991. 8. 2일자.

43) 1939~1945년간 明延탄광에서 사망한 조선인의 유해. 金慶海외, 『鑛山と朝鮮人強制連行』, 명석서점, 1987, 81면.

44) 1939~1945년간 中瀬탄광 조선인 사망자의 유해. 김경해, 앞의 책, 87면.

45) 1939~1945년간 生野탄광 조선인 사망자 유해. 김경해, 앞의 책, 87면.

46) 1945년에 사망한 조선인 사망자의 유해. 兵庫朝鮮關係研究會, 『地下工場と朝鮮人強制連行』, 1992년, 58~59면.

47) 1945. 11. 2에 사망한 조선인 노동자 金丸泰玉의 유해. 『山陰新聞』1992. 3. 4일자.

48) 이끼섬에서 발견된 조난자. 합동으로 처리되어있음. 이끼섬에는 위령비가 있고 그 외에 다른 유골도 있다고 함.

49) 46주의 유골이 있었는데 찾아가고 1주 김대성씨 유골이 남아있다.

50) 유해를 본 조사단이 확인하였으며 아울러 27인의 명단을 처음으로 경향신문을 통하여 공개하였다.

51) 1945. 2. 5일 柏島-平山間 군용도로부설 작업현장에서 다이나마이트작업도중에 사고로 사망한 朴二柬의 유해. 朝鮮人強制連行眞相調査團, 『朝鮮人強制連行調査의 記錄』, 백서방, 1992년, 47면.

52) 1945년 神戶공습 당시 사망한 조선인의 유해. 『朝日新聞』, 1991. 10. 10일자.

53) 보관했던 유해를 망향의 동산으로 봉환하였다함.

福岡縣 북구주시 若松「若松冲遭難者」碑앞에	약 80주[54]
福岡縣 미쯔이 시멘트공장앞 공동묘지	13주
福岡縣 法光寺「朝鮮人炭坑殉亂者之碑」	약 30~60주
福岡縣 日向묘지	37주[55]
福岡縣 북구주시 三松園遍照院	29주[56]
福岡縣 鞍手郡 佛嚴寺	44주[57]
福岡縣 飯塚市 安樂寺	92주[58]
福岡縣 山田市 西照寺 万靈塔	55주[59]
長崎형무소 자리	13주
廣島縣 加計村 善德寺	27주[60]
大阪府 高槻市 阿彌陀寺	7주[61]
廣島縣 善敎寺	86주[62]
大阪府 政敎寺	4주[63]
長崎縣 賣崎島	86주[64]
鹿兒島市 외국인 납골당	20주[65]

54) 배동록씨의 증언에 의함.
55) 강제연행기간중에 사망한 조선인 무연고 유해.『社會時報』, 1990. 5. 11일자.
56) 1921. 2~1934. 9월간 大君, 若松, 高松탄광에서 근무 중 재해로 사망한 조선인의 명단. 林えいだい 편,『戰時外國人强制連行關係史料集－朝鮮人1』下, 1991년, 명석서점, 1223~1224면.
57) 1928~1941년간 사망한 조선인의의 명단. 林えいだい 편,『戰時外國人强制連行關係史料集－朝鮮人1』下, 1250~1251면.
58) 1940~1945년간 사망한 조선인 명단. 林えいだい 편,『戰時外國人强制連行關係史料集－朝鮮人1』下, 1227~1249면.
59) 三菱 上山田탄광 소속 조선인 순직자의 명단. 인명만 기재되어 있음. 林えいだい 편,『戰時外國人强制連行關係史料集－朝鮮人1』下, 1223면.
60) 1936. 6~1945. 6월간 사망한 조선인의 명단.『경향신문』, 1995. 8. 10일자.
61) 1945. 2월에 사망한 조선인 노동자와 가족들의 유해. 명단에 성명이 누락되어 있음. 朝鮮人强制連行眞相調査團, 『朝鮮人强制連行調査の記錄－大阪編』, 1993, 柏書房, 79면.
62) 1945. 9. 17 對馬島 賣崎島 앞에서 조난 침몰한 三菱중공업소속 조선인징용공의 유해. 三菱중공업한국인피폭자침몰유족회 제공 팜플렛,「현해탄은 알고 있다」중에서.
63) 川崎중공업 泉州공장에서 일하다가 사망한 조선인의 유해. 朝鮮人强制連行眞相調査團,『朝鮮人强制連行の記錄－大阪編』, 50면.
64) 1945. 9. 17, 賣崎섬앞에서 조난 침몰한 三菱중공업 소속 조선인 징용공에 대한 유해발굴조사를 일본정부 주관 아래 실시하여 수습한 유해임. 1995. 10. 25, 경북 김천시 평화동에서 실시된 三菱중공업한국인피폭자침몰유족회 회장 盧長壽씨와의 면담 내용 중에서.
65) 강제연행 시기에 鹿兒島縣에 강제연행된 조선인 노동자의 유골.『南日本新聞』

鹿兒島縣 指宿市 乘船寺	1주66)
京都府 船井郡 靑松寺	1주67)
長崎에서 원폭으로 희생된 한인	1만주68)

　다음에는 한인들의 유해를 보관하거나 그 사실을 기념하면서 세워진
기념비들이다. 물론 이 기념비들의 목록은 완전한 것이 아니고 조사가
더 진행되면 새로운 것이 추가될 수 있으며 또한 현재에도 새로이 비를
건립하는 운동이 일고 있기 때문에 새로운 것이 목록에 계속하여 추가
될 것이라고 본다.

〈표 6〉 한인 위령탑

위 치	탑 명
北海道 북쪽 끝 하마돈베츠	「韓國人殉難者慰靈碑」69)
北海道 幌加內町 朱鞠內	위령비건립예정70)
北海道 渡島관내 松前町	순난자위령비71)
北海道 禮幌市	「조암희생자의 비」72)

1991. 8. 12일자.
66) 강제연행시기에 연행되어 사망한 조선인 노동자의 유해. 『南日本新聞』, 1991.
　　8. 12일자.
67) 朝鮮人强制連行眞相調査團, 『朝鮮人强制連行調査の記錄－大阪編』, 66면.
68) 나가사키 연구자들의 증언.
69) 1941년 하마돈베츠 비행장 공사장에 강제로 끌려와 1943.11～1944.2 101명의
　　한인 노무자가 떼죽음을 당함. 19～30세. 특히 1943년 여름의 콜레라로 거의
　　다 횡사. 밝혀진 명단은 68명. 가도다 스님 角田觀山이 주관. 10월 20일 제막식
　　거행.
70) 1935～1943년간, 3천 명의 한인과 수천 명의 일인이 강제연행후 양용댐, 명우
　　선철도공사로 희생. 확인된 희생자는 204인이며 한인희생자는 그중 36인. 유체
　　의 대부분을 호반의 광현사본당에 하루 안치하였다가 다음날 근처 공동묘지부
　　근에 매장. 위패는 76년에 본당 이측에 있는 후문에서 보았다. 통일일보.
　　1993.12.9. 그 동안 16체(한인 2체)의 유해를 발굴하여 유족에게 인도함.
　　91년 10월에는 민족의 화해와 우호를 기원하는 상을 건립 제막했다. 기존의
　　순직비에는 한인에 대한 언급이 일체 없음
71) 구 국철 송전선부설공사 약 1천의 한인 동원건설. 한인희생자발생. 85년.
72) 藻岩정수장 및 조암발전소 건설공사. 1994.6.11 제막식.(시 중앙구 남 30 서10)

秋田縣 선북군 전택호정 田澤호댐	위령비 건립[73]
秋田縣 花岡광산 七ツ館	초혼비[74]
京都府 무학만 동쪽 무학시 하좌과가	「부도환 순난자추도의비」[75]
岐阜縣 各務原시 조계종 평화사	「징용희생자사죄의비」[76]
가나가와縣 조동종 良長院	「횡수하해군건축부청부공사순직자조혼비[77]
가나가와縣 상아미 꼬호댐	위령비
千葉縣 船橋市 관동대진재	조선인학살희생자비
千葉縣 八千代市 진재이국인희생자	지심공양탑
千葉縣 八千代市 고진 관음사	「위령의 종」[78]
靜岡縣 시미즈시	위령비 건립[79]
兵庫縣	초혼비[80]
兵庫縣 昭和池	위령비[81]
兵庫縣 고베전철	위령비 건립운동[82]
兵庫縣 相生市	위령비 건립운동[83]
廣島縣 광도시 평화기념공원 대안	「한국인원폭희생자위령비」[84]
山口縣 장생탄광	장생탄광순난자비[85]
福岡縣 북구주시 若松	「若松沖遭難者」[86]
福岡縣 飯塚市	「덕향추모비」[87]

약 4천 명의 노동자 동원. 사망자는 한인 5인을 포함 34인.

73) 1991년 건립 예정.
74) 1944년 5월 출수사고로 한인갱부 11인, 일인광부 11인이 매장.
75) 1978년 건립.
76) 통일일보 91.11.20.
77) 총련에서 조사한 바에 의하면 한인의 수는 51명이라고 한다.
78) 관동대진재시에 희생된 한인을 기리기 위해 한국에서 모금하여 재료 및 대공도 한국인으로 하여 완성한 종.
79) 94년에 민단과 총련이 같이 연합하여 비를 건립하였다고 한다.
80) 21명의 사망자 중 7명이 조선인. 1910년 전후의 공사.
81) 1920년대 공사 및 사망. 7명 중 4명이 조선인.
82) 1930년대 공사. 13명의 한인이 사망. 96년 건설하려고 김경해씨 등이 운동 중. 홍륭사 과거장에 13인의 이름을 기록했다 한다.
83) 하리마 조선소에 일하던 노동자 60명 정도의 유해를 안치.
84) 92년 6월 평화공원내로 이설키로 하였으나 의견대립으로 난항.
85) 1982년 사고 40주기를 맞아 건립. 1942년 2월 3일 183인 수몰. 대부분이 한인 갱부.
86) 45. 9. 17 조난당한 사람들의 위령비. 비앞에 약 80여 체가 매장되어있다함.
87) 희생된 한인 25인 일인 4인을 위한 「德香追慕碑」 1936년 1월 25일 마생 길외탄광에서 갱내 화재발생. 19~68세까지의 29인 사망사고. 1982년 지원인을 중심으로 비 건립 94년 새로운 비문을 재일하반산코리아동포이름으로 제막. 민단 총련이 공동으로 제막. 강제연행희생자 한인 25인 일인 4인 기념. 93. 12월 30

福岡縣 嘉穗郡 식파정 경상원	물고조선국인정령보제
福岡縣 法光寺	「조선인탄갱순난자비」[88]
福岡縣 田川	「한국인징용희생자위령비」[89]
福岡縣 田川市 法光寺	조선인위령비「적광」[90]
福島縣 이와끼시(감목시) 性源寺	「조선인노무희생자비」[91]
佐賀縣 杵島 西福禪寺	저도탄광순직자위령비
大分縣 日田郡 中津江村	순직자비[92]
鹿兒島縣 知覽町	「조선인특공대원의 비」[93] 건립운동
오끼나와 마부니언덕	「韓國人慰靈塔」[94]
오끼나와 嘉數고지	「靑丘之塔」[95]
오끼나와	「不和의礎」[96]
사할린 유즈노사할린스크	사할린희생사망동포위령탑[97]
사할린 레오니도보(구 가미시스카)	痛恨의碑
사할린 포자르스코예(구 미즈호)	위령비

제막식.

88) 약 30~60체 유골있다고 추정.

89) 1988. 4월 민단이 건립.

90) 1973년 건립.

91) 1950년에 건립되었다.

92) 구 주생금산의 순직자비에 한인무연불 8체가 납골하여 비에 기입. 91.4 위령비 세워짐.(조선시보 91.8.26)

93) 「특공평화회관」약 1천의 특공대 사망자 위령. 그중 11인의 한인이 있음. 「조선인특공대원의 비」를 건립하고자 하는 운동이 있음.(조일신문).

94) 縣청 소재지 나하시 남쪽 24키로미터 지점 마부니(摩分仁)언덕에 세워짐. 오끼나와에서 전쟁시 희생된 한인은 1만~1만 2천이라고 함. 마부니 언덕은 미일군의 격전지였음. 1945.3.23 미군 상륙. 6월 22일 새벽 일본 32군 사령관 우시지마(牛島滿)중장의 자결로 끝맺음. 일군사망 24만 4136명, 미군 12520인 사망. 일군측 사망자중 약 15만은 민간인(당시 인구의 약 4분의 일) 한인위령탑은 1975년 4월 9일 착공. 8.15까지 완공예정. 「대한민국대통령박정희」라는 친필. 묘역 5백평.(동아일보 1975.7.21)
한인희생자는 일본후생성 집계는 7천인. 당시 일본군에 한인군인 2천, 한인軍夫 9천, 여자근로정신대, 간호원 1천 명 이상. 대부분은 사망.

95) 오끼나와에서 희생된 한인 386위의 영을 위로하기 위해 일본인이 71년 3월 24일 제막. 옛 격전지에 세워진 이 탑은 일본민주동지회(경도시 下京區)의 松本明重회장이 주도한 것. 성금 2천7백만원을 모음. 38선부근의 돌 38개를 수집. 군인 노무자가 3천여 명 동원되어 386명 희생되었다고 봄.

96) 沖繩縣이 1993년 현재 제작하려는 기념비

97) 1989년부터 연해주 동포들이 사업추진. 92.11.14 12 : 00 시 상업자회관 옆 과장에 세워짐. 장소와 모습에 문제가 있다고 하여 이전키로 하고 이전시기는 93년 9월 이전으로 하기로 함.

우수리스크	한인빨치산전적비98)
중국 용정	「三一三反日義士陵」
중국 연길 화련리	「고혁명열사기념비」
중국 용정 어랑촌	십삼용사기념비
중국 연길	노투구 만인갱
중국 용정	龍井鎭革命烈士紀念碑
중국 용정	龍井東北解放塔
중국 화룡縣 화룡진	和龍鎭혁명열사기념비99)
팔라우 코로르섬	평화기원한국인위령비
CNMI 사이판	태평양한국인위령평화탑
CNMI 티니안	평화기원한국인위령비100)
기리바스공화국 타라우 마킨섬	한인 위령탑101)

그러나 일본으로부터의 유해의 송환은 현재 몇 가지 점에 있어서 지지부진한 상태에 놓여지게 되었다. 먼저 한국의 민간단체들은 일본이 파악하고 있는 희생자의 숫자가 지나치게 축소된 것이라는 의혹을 가질 수밖에 없었다. 일본 정부가 1949년에 펴낸 자료에서도 한인들을 군인 군속으로 징집한 인원이 364,186명이라고 밝히고 있다. 그러나 일본이 파악한 사망자는 21,919명이라고 하고 있으나 종전시 일본이 파악하고 있는 24만 2천 명이라는 재적 수와 실제 징용된 수와 차이 즉 사망이나 행방불명자인 12만 4,186명에 대하여는 어떻게 해야 할 것인가의 문제가 도출된다. 이들의 생존을 증명하지 못하는 한 이들은 당연히 사망한 것으로 간주되어야 할 것이라고 본다.

---

98) 일본군과 싸우다가 전사한 한인빨치산 240명을 기리기 위하여 구 소련정부가 세운 것이라 함.(경향신문 1995. 10. 13)
99) 1964. 10월에 건립. 中共和龍鎭委와 인민정부가 항일전쟁, 해방전쟁, 항미원조전쟁중 장렬히 희생한 혁명열사를 기리기 위해 건립.
100) 1977. 5. 15 학교법인 영광학원(대구대학)과 해외희생동포추념사업회서 추진. 비용부담자 : 학교법인 영광학원.
101) 1943년 11월 일군수비대와 미태평양함대 사이에 격전. 4일간 공방. 일본군 수비대 전멸. 약 4천 5백의 희생자 중 한인 1천 5백인. 유족회는 1992년 10월 姬路市와 大阪市를 중심으로 결성되고 동년 타라우 마킨 섬을 방문하여 위령비를 건립. 약 150주 유골 최근 발견 3분의 1은 한인일 것.

바로 이 같은 문제에서 한국의 유족단체 및 기타 전후청산문제와 관련된 민간단체는 일본으로부터의 좀 더 진실된 사실규명과 피해보상 및 유해송환을 촉구하게 되었다. 이러한 민간단체의 의견을 받아들여서 정부에서도 1995년 한국정신문화연구원에 유해현황조사사업을 위촉하게 되었다.

한편 한국정부는 한인희생자문제에 대하여 어떻게 대처하여 왔는가의 문제를 살펴보기로 하자. 한국정부는 임시정부시기에 일본으로부터의 유해를 수령하였으나 어떠한 적극적인 대책을 마련하지는 못하였던 것으로 보인다. 그러다가 1950년대에 와서 정부는 배상문제와 관련하여 사망자의 신고를 받아두었다. 그러나 이것이 바로 정책적으로 활용되지는 못하였다. 그러다가 1965년 한일국교 회담이 개최되면서 한국정부는 대일보상의 문제를 제기하여 시급한 경제건설을 목표로 일괄 타결을 하게되어 무상 3억 불을 포함한 6억 불의 경제협력으로 청구권을 포기하게 되었다. 한편 일본으로부터 수령한 이 자금으로 1974년 정부는 보상신청을 공고하였고, 신고희생자 8550명에 대하여 1인당 30만 원 총 1천만 불로 보상문제를 마감하게 되었다. 그러나 이는 보상에 관한 문제일 뿐 유해의 문제는 여전히 미제로 남게 되었다.

4. 향후의 조사사업 방향

1995년도 유해현황조사사업을 실시하면서 이 사업에 관련하여 정부의 효율적인 정책집행이 필요하다고 판단하면서 다음과 같은 문제점을 제기하고자 한다.

우선 무엇 때문에 해외희생자에 대한 유해 조사 및 궁극적인 송환이 필요한가 하는 점이다. 이 문제와 관련하여 여러 관련단체들이 활동을 하고 있는 바 그러한 단체들을 열거하면 다음과 같다.

태평양전쟁 희생자유족회
태평양전쟁 한국인희생자유족회
원폭피해자협회
1·20동지회
남풍회
해외희생동포추념사업회
중소이산가족회

사업의 필요가 제기된 것은 이들 시민단체들로부터의 압력이 계기가
되었고 이 압력에 대하여 정부의 차원에서 정당한 문제파악이 필요하다
는 인식 하에 유해현황조사사업이 이루어지고 있는 것이다.

그러나 각 단체들의 입장에는 많은 차이가 있다. 그리고 이러한 차이
는 향후 정부가 어떠한 정책을 결정하더라도 민원의 소지를 안게 될 가
능성이 대단히 높다고 판단된다. 예컨데 유해송환문제에 있어서도 어떤
단체에서는 배상문제가 해결되기 이전에는 유해송환을 하지 않겠다는
입장이다. 유해가 일본 등지에 남아있을 경우에만 효과적으로 배상문제
에 대한 압력수단으로 사용할 수 있기 때문이라는 것이 이들의 입장이
다. 반면 다른 단체에서는 유해의 즉각적인 송환을 주장하기도 한다.

그러나 유해의 송환사업에 있어서 가장 중요한 일은 유해송환 자체보
다도 송환에 관련된 조사부분이라고 할 수 있는데 이점에 현재 우리의
상황에서 가장 취약한 부문이다. 예컨데 그 동안 망향의 동산으로 민단
을 통하여 많은 유해들이 들어왔다. 그러나 어떻게 해서 희생이 발생했
고, 유해들이 남겨졌으며 어떻게 보관되어왔는가에 대한 정확한 진상규
명이 없이 단지 유해만을 아무런 조사 없이 송환하는 것은 심각한 문제

이다. 따라서 모든 유해의 송환에는 그러한 조사연구사업이 병행되어야 한다. 단지 유족들이 유해를 송환하는 경우에는 그러한 조사적 차원보다도 유족들의 의지가 우선된다고 보기 때문에 유족들이 원할 경우 우선적으로 그러한 송환이 이루어지게 할 수는 있다. 그러나 그렇다고 하더라도 조사사업은 반드시 병행되어야 한다. 그렇게 할 경우에만 이 유해조사 및 송환사업이 국민들의 민족적 의식함양에 적극적인 기여를 할 수 있을 것이다. 진상규명이 병행되지 않는 유해송환사업은 후에 가서 반드시 크게 비난을 받게 될 것이다.

그렇기에 일단 모든 정책적 판단에 앞서서 정확한 역사적 사실의 확인이 뒷받침되지 않으면 안된다고 판단된다. 그리고 이러한 사실의 파악으로부터 관련된 모든 문제를 정리해나가야 한다는 생각이다. 따라서 일제시대에 왜 해외에서 다수의 한인희생자가 발생하게 되었는가 하는 문제부터 정리를 해야 할 것이다.

일제시대에 해외에서 한인들 다수가 희생자가 된 이유는 일본이 우리를 침략하여 강점하고 주권을 박탈하였기 때문에 나온 문제이다. 근본적인 문제는 바로 여기에서부터 발생한다. 일본의 조선강점은 한인들로 하여금 해외로 나아갈 수밖에 없는 상황을 야기시켰다. 일본은 한국을 식민지로 지배하면서 토지조사사업, 임야조사사업 등 각종 식민정책을 실시하여 한국의 농민들로부터 토지를 약탈하였고 또한 한국의 청년들로 하여금 생업을 영위할 수 있는 가능성을 박탈하였다. 또한 정치적 사회적 탄압을 가함으로써 한인들로 하여금 한반도에서의 생활이 곤란한 환경을 야기하였다. 바로 이러한 상황에서 한인들의 해외이민이 이루어진 것이다.

일제하의 이러한 상황은 크게 보아 2단계로 나누어진다. 첫째는 1910년부터 1938년까지의 시기이다. 이 시기에는 한인들의 해외이민은 일본정부의 강제적 수단으로 이루어진 것이 아니다. 생활에 불리한 환경이 조성되었기 때문에 한인들이 해외이민을 떠난 경우이다. 다음에는 1939~1945년 사이의 시기이며 이 시기는 일본이 전시의 노동력부족 때문에 한인들을 모집이나 관 주선 징용 등의 형태로 강제연행을 한 경우이다. 다음 한 단계를 더 설정할 수 있는데 그것은 1945~1948년의 시기이며 이 시기에 한국은 일본의 지배로부터 벗어나기는 하였지만 아직 국권을 회복하지 못한 상태이며 이 시기에 한인이 희생된 경우 역시 일본 식민지지배와의 관련 속에서 이해할 수 있는 것이다.

우선 제1기에 있어서의 한인희생의 양상은 어떠하였는가? 이 시기에 한인들은 주로 중국, 소련, 일본으로 이주하였다. 우선 중국의 경우는 한반도에서 농토를 잃은 궁핍한 농민들이 대거 이동한 경우다. 이들은 1920년대부터 본격적으로 그 수가 증가하였으며 이들은 비록 직접 독립운동을 하지 않았다 할지라도 간접적으로 거의가 관련되어 있었다. 즉 독립운동세력에 자금을 제공하고 혹은 부역이나 정보를 제공하는 등 중국에서 활약한 독립운동단체들이 이들 한인사회의 뒷받침이 없이는 활동할 수가 없는 것이었다. 따라서 이러한 중국지역에서의 희생자가 발생하였을 경우 그것은 정당히 국권을 상실당한 한인의 희생으로 간주할 수 있는 것이다. 소련의 경우도 한인들의 입적문제는 1920년대 말에 가서야 비로소 정리되기 때문에 이들은 국권을 상실한 한인으로서 간주해야 할 것이다. 그리고 강제이주시의 희생은 비록 이들이 당한 엄청난 고통을 우리가 조사하고 그 역사를 기록하는 것은 우리의 임무이기는 하지만 이들의 국적이 기본적으로 소련이기 때문에 이들은 소련정부로부터의 보상을 받도록 해야 할 것이며 이들의 유해는 우리가 조사는 하되 수습해야 할 대상에 포함되지 않는다고 볼 수 있다. 일본에 있던 한인들의 경우는 스스로 일본의 국적을 취할 수는 없었기에 이들의 희생은 모두 한인들의 희생으로 보아야 한다.

다음으로는 본격적으로 문제가 되는 강제모집의 시기이다. 이 시기에 희생자가 발생한 것은 일본정부에 전적으로 그 책임이 있다. 일본정부는 1931년 중일전쟁을 통해 대륙의 침략을 시작한 이래 1937년에는 중일전쟁을 통하여 본격적인 침략전쟁에 나섰다. 일본의 젊은이들을 이같이 전선에 투입하면서 일본에는 이 같은 전쟁을 수행할 수 있는 노동력의 부족에 직면하게 되었다. 이 노동력의 부족을 해결하기 위하여 일본은 한인들까지도 강제로 동원하기 시작하였는데 이 가운데서 한인들은 모든 비인간적인 대우를 받았고 아울러 엄청난 희생자가 발생하였던 것이다. 여기에서는 중국이나 동남아, 태평양, 일본에 걸쳐 일본의 전 전선에서 한인희생자가 발생하였다.

다음으로는 해방 후의 일인데 해방 후에도 한인을 집단적으로 학살한 경우가 있다. 따라서 이 경우에 당연히 한인들의 유해는 조사대상에 올려야 한다. 아울러 독특하게 사할린 한인의 경우를 염두에 둘 수 있다. 사할린 한인의 경우는 일제에 의하여 강제연행된 후 여러 가지 환경적 이유로 인하여 소련에 억류된 상황이었다. 따라서 이들의 희생은 그 사망시기가 비록 1948년 이후에 발생하였다고 하더라도 그것은 아직 우리가 조사해야 할 대상이라고 판단한다.

그러면 왜 현정부가 일제시대에 이루어진 해외희생자들에 대한 조사를 진행해야 하는가? 그것은 국가의 책임이라고 생각된다. 국가는 무엇보다도 국민의 생명과 재산을 보호해야 할 책임을 지고있다. 불가피한 경우에 국민의 생명과 재산에 손상을 주었을 경우에는 당연히 거기에 따른 배상 및 보상을 하여야 할 것이다. 따라서 사실상 1910년 이래로 일본이 한국민들을 통치하고 있었던 이상 한인들이 당한 재산상의 손실이나 생명의 희생에 대하여 일본정부는 보상이나 손상의 책임을 지고 있다. 이 점은 분명한 사실이다.

그렇다면 한국정부는 일제시대에는 존재하지 않았기 때문에 한국정부가 통치할 수 없었던 상황에서 발생한 손상에 대하여 한국정부는 직접적인 책임을 가지고 있다고는 말할 수 없다. 즉 한국정부는 가해자는 아니다. 그러나 한국정부는 피해자들의 이해를 대변해야만 한다. 즉 사건의 발생 당시에는 존재하지 않았다고 하더라도 정부가 성립한 후 그의 부재중에 있었던 손상에 대해서 이들 손상을 배상받거나 보상을 받아내야 하는 입장에 있다. 이들 피해자들의 요구를 망각한다는 것은 국민으로 부터 통치권을 수탁받은 입장에서는 불가능한 것이다.

나아가서 우리 국민은 행복을 추구할 권리를 가지고 있다. 그런데 국민들 중의 일부는 일제시대에 당한 손상으로 인하여 행복추구에 있어서 심각한 손상을 당하고 있다. 따라서 이렇게 하여 초래된 손상에 대하여 우리 정부는 보상을 해야하는 것은 아니지만 보상을 받아내야 하는 책임이 있다. 그것은 정부가 국민의 대표로서의 권한을 가지고 있기 때문이다.

유해조사에 대한 정부의 책임은 이로부터 도출된다고 생각한다. 우리 역사에 있어서 정권은 여러 차례 뒤바뀌었지만 그럼에도 불구하고 대한민국은 그 역사를 통하여 국가적 연속성을 유지하고 있다. 이런 점에서라면 우리는 무엇보다도 역사적인 책임이 있다. 즉 우리의 역사를 진실하게 연구하고 그것을 정확하게 기록하여 후세에게 전할 책임이 있다. 이는 국가의 정체성, 국민의 정체성 확보를 위하여 대단히 중요한 일이다. 따라서 자신의 역사를 소중하게 생각해야 한다는 차원에서 정부는 미처 정리되지 못한 부분을 정리하여 이를 교육할 책임을 지니고 있다. 즉 공백으로 되어있는 일제 말을 비롯한 이 시기의 역사를 진실하게 조사함으로써 우리는 피해를 당한 당사자들의 민원을 풀어주는 일과 아울러 우리의 역사를 정리하는 성숙된 자세를 갖추게 되는 것이다. 물론 이 일이 단지 정부만의 책임은 아니다. 그것은 무엇보다도 정부를 성립시킨 사회의 책임이기도 하다. 즉 정부나 사회의 공동의 책임이며 이러한 책임을 자각하고 연구 및 조사를 진행시켜야 할 것으로 생각한다.

1) 유해상황조사사업에 대한 의견

유해상황조사사업은 무엇보다도 조사 및 연구의 효율성이란 측면에서 고려되어야 한다. 현재 유해의 조사사업은 한국의 연구인력만으로는 한계를 가지고 있다. 현지의 사람들의 조언과 현지조사 등이 절실히 필요한 것이기 때문에 한국에서 이 유해조사사업을 우리의 힘만으로 수행한다는 것은 불가능에 가까운 일이다. 만일 그렇게 하려면 아예 조사원을 현지에 상주시켜야만 할 것이다. 따라서 연구 및 조사의 효율성의 측면에서 볼 때 일본이나 중국 러시아 등지에서 연구하고 있는 연구자들과의 협력관계가 절대적으로 필요하다. 이들의 협조를 받고 이들의 네트워크를 활용할 수가 없다면 이 사업은 성공할 수가 없는 것이다.

단 중요한 것은 국내에서.이러한 연구 및 조사의 정보센타 역할을 수행할 수 있어야 한다는 점이다. 즉 각지에서 지방이나 도시단위로 이루어지고 있는 연구 및 조사를 우리는 전체적으로 종합할 수 있어야 하고 따라서 국내의 조사팀이 할 수 있는 역할이란 각지에서 이루어지는 연구 및 조사를 종합적으로 집적하여 의미 있는 해석을 하고 통계적으로 정리해나가는 일이다. 이러한 정보 집적적인 성격의 연구 및 해석의 연구는 지속적인 것이 무엇보다도 주요한 과제이므로 이 과제는 향후 적어도 10년 이상 계속되어야 하리라고 생각한다. 바람직하다면 모든 유해의 송환에는 유해의 발생과 송환에 따른 모든 자료들이 첨부되어야 하고 이렇게 볼 때 이 사업은 일반적인 종합정보 그리고 유해의 송환이 이루어질 때의 수시적 연구 등 2개의 영역으로 나누어 진행되는 것이 바람직하다고 볼 수 있다. 그리고 연구의 성격으로 보아서 기초조사가 완료되면 지속적인 연구를 교육부에서 지원하고 유해송환에 따르는 수시적인 연구는 보건복지부가 담당하는 것이 타당할 것이라고 판단된다. 이 같은 것은 연구 및 조사의 측면에서의 일이다. 그리고 이 연구는 일시적으로 많은 자금을 공급하기보다는 지속적인 연구의 경우 5천만~1억 원 정도의 연구비를 장기적으로 공급하는 것이 필요하다고 판단된다. 그 이유는 그럼으로써 국내에서의 연구자들을 양성 유인하는 효과를 볼 수 있기 때문이다. 지금 현재 이 문제를 연구하고 있는 관련자가 거의 없는 상황을 고려하면 연구자들이 연차적으로 늘어나도록 장려하기 위하여 매년 1천만 원 정도씩 예산을 증액하여 나가는 것이 바람직하다고 판단된다.

다음은 정부차원에서의 일이다. 정부에서는 일본정부에 공식적으로 유해조사사업에 대한 협조공문을 발송하여 일본정부의 협조를 받아야 한다. 일본에서의 유해는 특히 절의 과거장에 기록되어 있는 경우가 많다. 따라서 일본의 각 종단을 통하여 일본의 전국의 사찰들로부터 한인에 대한 유해를 조사하여 한국정부가 받아내도록 해야 한다. 물론 이 역시 간단한 일은 아니다. 과거장의 기록은 면밀하게 살펴야지만 그것이 한인인지의 여부가 명백히 드러날 것이기 때문이다. 그러나 이 작업을 통하여 상당히 많은 수의 한인 희생자 및 유해의 소재지가 분명하게 드러날 수 있을 것이다.

그 다음으로는 정부차원에서 일본정부에 대한 문서 공개의 요구이다. 현재 일본의 각지를 돌아다니면 일본정부나 지자체가 문서를 은닉하고 있다는 인상을 지울 수가 없다. 일본정부, 기업들이 문서의 공개를 하지 않고 있기 때문에 연구에 많은 장애 요인이 발생한다. 따라서 일본정부에 구체적인 문서공개를 요구해야 한다.

2) 유해송환사업에 대하여

유해송환사업에 대하여 우선 이를 일률적으로 정하기가 어렵다는 사실부터 먼저 지적해 두어야 할 것이다. 유해송환사업을 정부가 일률적으로 정하여 시행한다면 많은 문제가 발생할 것이다. 따라서 유해송환사업이나 위령사업은 다음의 몇 가지 사례를 검토하여 국별, 지역별로 사례별로 처리해야 할 경우가 많다. 그러한 판단을 위하여 다음의 사례를 제시하면서 유형을 분석하여 결론을 내리고자 한다.

우선 모든 유해는 연고와 무연고로 분류될 수 있다. 연고유해는 당연히 그 귀속권이 유족에게 있다고 판단되므로 이 유해에 대하여는 가족의 판단에 맡겨야지 이를 정부나 유족 이외의 다른 단체가 나서서 송환 등의 일을 추진해서는 안된다고 판단된다. 따라서 사업의 진행과정에서 나타나게 되는 조사의 결과 최대한 가족 등 유족들을 파악하기 위하여 노력하여야 할 것이며 이리하여 파악된 유해는 유족들에게 인도하도록 하고 무연고의 경우에는 본국송환이나 현지 위령 등의 방법을 취해야 할 것이다. 다음은 무연고의 경우에 해당하는 것이다.

(1) 사실에 대한 정확한 조사가 없는 경우

이 경우는 아무런 연고자가 없이 무연고로 방치되어 아무런 위령을 받지 못하고 있는 경우이다. 사실상 우리가 사실을 알고있음에도 불구하고 이러한 방치상태로 있는 경우는 그리 많지 않다고 본다. 유해가 무연고로 방치되어 위령을 받지 못하고 있는 경우의 대부분은 우리가 그러한 사실을 조사를 통하여 충분히 파악하지 못하였기 때문에 방치되어 있는 것이다. 따라서 이런 경우에 유해를 조속히 송환하려고 하기보다는 조사에 착수하는 것이 선행된다. 이 조사결과에 따라서 현지 위령, 유해송환 중의 하나를 택해야 할 것이다. 이 경우 조사에 따라서 유족이 나타날 가능성이 있기 때문에 새로운 사실의 발견이 즉각적인 유해의 송환으로 연결될 가능성은 일단 희박하다고 보아야 한다.

(2) 사실을 알고 있는데 유해의 송환을 현지인들이 요청하는 경우

조사를 통하여 무연고임이 확인되고 그 무연고 유해를 현지인들이 본국으로 송환하기를 요청하는 경우이다. 사할린의 경우 현재 한인들이 이러한 경우의 입장을 취한다. 사할린의 한인들은 고국으로 돌아가고 싶어하는 욕구가 강하기 때문에 사할린인들 스스로도 여건이 마련되면 한국으로 영주 귀국하겠다는 입장이며 유해의 경우도 이 경우 동시에 송환될 예정이기 때문에 사할린에서 무연고가 된 경우에는 당연히 이는 본국으로의 송환이 이루어져야 할 것이다.

그런데 여기에는 두 가지 경우가 있을 수가 있다. 첫째는 일본의 학살과 만행에 의하여 희생당한 경우가 있고 그렇지 않고 일반적으로 사망한 경우의 두 가지이다. 이 경우 전자의 경우에는 위령비 등을 세워 역사적인 교육의 현장이 될 수 있도록 해야 한다. 후자의 경우에는 격식에 맞는 절차를 거쳐서 한국으로 송환함이 마땅하리라고 판단한다.

(3) 현지인들이 계속적으로 위령을 실시하는 경우

해외희생자들 가운데는 현지인들이 사실을 조사하여 밝혀내고 현지에서 계속적으로 유해를 안치하여 송환하는 경우가 있다. 이의 대표적인 예로 효고현 아이오이시의 경우를 들 수 있다. 이는 민단과 총련이 힘을 합하여 한인의 위령비를 세우고 시가 역시 협조하여 납골당을 건립하고 있다. 이는 재일교포들의 단합의 상징으로서 큰 의미를 지님과 동시에 한일간의 협력의 상징으로서도 의미가 큰 것이다. 이러한 경우에 유해는 원칙적으로 현지에 그대로 놓아두는 것이 타당할 것이다. 이미 잘 관리되고 조사되고 위령받는 유해를 구태여 한국으로 송환할 경우 거기에는 무리수가 뒤따르게 될 것이고 현지인들의 노력을 무색하게 만드는 경우를 초래하게 될 것임이 틀림없기 때문이다.

(4) 절간 등에 유치되어 있는 유해

일본의 절 등에는 한인들의 유해가 안치되어 있는 경우가 많이 있다. 이는 뜻있는 사람들에 의하여 유해가 안치되어 있기는 하지만 우리의 입장에서 볼 때 조만간 조치를 내려야 할 부분이다. 절에서도 한인들의 유해의 계속적인 보관을 부담으로 생각하고 있기 때문에 이러한 절에 안치되어 있는 유해의 경우에는 우리는 이를 일단 본국으로 송환해야 할 대상유해로 생각한다. 그러나 이 경우에도 유족들을 찾아내려는 노력이 우선은 필요하다. 따라서 명단 등이 확인된 유해는 신문공고 등을 통하여 유족 등을 찾아내고 무연고자임이 확인된 연후에 정부에서 송환토록 함이 무리가 없을 것으로 판단된다.

아무튼 일본의 절에 안치되어 있는 유해는 무엇보다도 최우선적으로 송환의 대상으로 삼아 송환을 실시하여야 한다. 일단 본 조사단이 방문한 바가 있는 히로시마의 선덕사에 있는 27인의 유해부터 시작하여 조속한 송환을 할 수 있도록 노력하여야 할 것이다.

5. 맺음말

유해조사사업을 하면서 가장 필요한 것은 다름 아닌 정보의 공개와
힘의 결집 같은 협조적인 자세이다. 지금 한국의 각 운동단체나 유족단
체들은 나름대로 희생자를 조사하여왔다. 그것은 위령사업을 위하여서
이거나, 아니면 소송을 진행하기 위하여서나, 아니면 유해를 송환하기
위하여서이거나 간에 각 단체들은 사업과 관련하여 나름대로의 방법을
가지고 있고 정보도 가지고 있다. 그러나 이러한 정보들과 방법들이 보
다 더 효율적으로 이용되면 사업도 진척도가 빨라지고 대국적으로 보아
역사적으로 진실을 회복하여 근대사를 복원하는 작업에 크게 기여할 수
있음에도 불구하고 원활한 협조가 이루어지지 못하고 있다.

각 단체들 사이의 대립과 반목도 극복되어야 할 큰 과제이다. 각 단체
들은 서로를 경쟁적인 상대로 인식하는 것보다는 각 사업의 역할을 서
로가 맡아서 힘을 덜어주는 협력자로서 인식해야 하는데 유감스럽게도
이러한 역할분담이 이루어지지 못하고 있는 실정이다. 이와 대비하여
일본에서는 강제연행을 조사하고 연구하는 각 운동단체들 혹은 조사단
체들이 매년 1회씩 교류집회를 가지고있어서 정보교환을 촉진하고 연
대적으로 사업을 진행시키고 있음은 주목할만한 사실이다.

사실상 한인들의 강제연행문제에 있어서의 연구 및 조사의 주도권을
현재 일본이 쥐고 있다고 하여도 과언이 아니다. 아무쪼록 한국의 운동
단체나 연구그룹들은 서로 협력하여 연대를 강화하고 정보를 공유하여
전체 민족적 사업에 이바지할 수 있도록 노력하여야 할 것이라고 생각
한다.

이를 위하여는 이 문제에 관심을 가지고 있는 유족단체나, 사회단체,
연구단체 혹은 개인까지도 정기적으로 만나서 정보를 교환하고 서로 격

려하는 일본의 전국교류집회와 같은 대회를 가졌으면 어떤가 하고 생각
한다. 이러한 것들을 위한 사무국을 조직하고 협력을 강화함으로써 유
해의 조사 및 그와 관련된 사업들이 효율적으로 이루어지도록 노력하여
야 할 것이다.

제4장 프랑스의 보훈정책과 문화

1. 머리말

본고는 보훈처의 1997년도 연구계획 "국민적 정신가치 체계확립을 위한 민족정기 선양 사업방안" 의거하여 프랑스의 보훈제도 및 보훈문화를 일별하여 한국 보훈제도의 발전 및 보훈문화의 정착에 기여하고자 하는 목적으로 집필되었다.

이러한 과제를 추진함에 있어서 먼저 국민적 정신이란 것은 어떠한 것이며 민족정기라는 것이 무엇을 의미하는 지에 대하여 간략하게 정리할 필요가 있다. 이를 통하여 과제의 성격을 분명히 하고 그에 해당하는 조사를 행해야 하기 때문이다. 국민적 정신이란 무엇인가? 이는 대한민국을 조국으로 선택한 사람들이 하나의 역사적 문화적 공동체일 뿐만 아니라 운명적인 공동체로서의 스스로를 자각하고 이를 바탕으로 하여 조국인 대한민국에 충성을 다하고 사랑하고, 이 대한민국이라는 국민적 (민족적) 공동체 속에서 개인의 행복과 자유를 추구하겠다는 것을 다짐하는 정신이라고 생각할 수 있다. 무엇보다도 중요한 것은 우리 국민은 대한민국을 조국으로 선택하였다는 사실이다. 무론 절대적 다수의 국민은 이 나라에서 출생하였고 자연스럽게 이 나라 국민이 되었다. 그러나 이 자연스러움을 그대로 선택한 것은 결국 개인의 선택이다. 대한민국은 이러한 원리에 입각하여 구성되는 근대적 국가인 것이다. 이러한 점에서 생각해 볼 때 국민적 정신가치란 국민적 정체성을 확인하고 이를 유지 발전시키겠다는 정신이라고 할 수 있을 것이다. 이것이 국민적 존재의 존재됨을 확인하는 가장 기본적이요 가장 중요한 정신이라고 할 수 있을 것이다. 그렇기에 국민적 정신 가치는 무엇보다도 국민의 국민됨을 자각하는 데서 나올 수 있다고 본다. 이러한 국민적 정신 가치를 제고하는 데 있어서 가장 효율적인 수단 중의 하나가 바로 보훈 사업이라고 말할 수가 있다.

국가라고 하는 국민적 공동체도 역사적인 공동체이기 때문에 때로는 외부로부터 혹은 내부로부터의 위협을 당하게 된다. 이 같은 위협에 굴복하게 되면 국민적 공동체는 해체 당하는 운명에 처하게 된다. 따라서 국민적 정체성을 확인하고 발전시킨다는 정신은 단지 희망사항에 그쳐서는 안되고 이를 구체화할 수 있는 강력한 의지와 강력한 수단을 필요로 한다. 강력한 수단을 가져야 하기 때문에 국가는 강력한 국방력을 가져야 하는 것이고 이를 지탱할 수 있는 경제력도 가져야 한다. 그러나 그 같은 수단은 강력한 의지를 통하여 사용되어져야 한다. 국민적 정체성을 지키고 확립하겠다는 의지가 없이는 강력한 수단은 의미를 상실한 것이다. 그렇기에 국민적인 정신을 확립하고 지키겠다는 의지가 필요하게 된다. 이를 위한 가장 적절한 수단 중의 하나가 바로 보훈사업이라고 우리는 말할 수 있다. 왜냐하면 보훈사업을 통하여 국민적 활동을 조직적으로 표상하도록 함으로써 국민됨을 형성해나갈 수 있기 때문이다. 국민의 국민됨은 무엇보다도 국민이 하나됨을 자각하고, 이 하나됨의

의식을 기초로 하여 국민적 의지를 표현하는 기관인 국가에 대하여 충성을 바치고, 유사시에 기꺼이 희생할 수 있으며, 희생을 당한다고 하더라도 국가가 그 책임을 지고 희생자의 명예 및 경제적 지원, 사회적 연대 등의 문제에 대하여 손실이 없도록 함으로써 국민이 기꺼이 생사를 넘어서서 국민됨을 확신하도록 해준다는 것이 핵심이다. 보훈사업이란 바로 이 같은 과정을 구체화하는 사업인 것이다. 이 보훈 사업을 통하여 국민들의 연대감은 강화될 것이고, 희생정신은 배양될 것이며, 애국심이 고취되고, 이는 총체적으로 국가의 역량을 강화하고 국민의 발전에 기여하게 될 것이다.

민족정기란 바로 이러한 점에서 볼 때 바로 국민적 정신의 함양과 강화라고 할 수 있을 것이다. 민족정기란 구체적으로 우리 국민들을 하나의 공동체로 살아나가게 하고 응집하도록 하는 그러한 의지이다. 난관에 부딪쳐서도 국민적 공동체를 지키고 희생을 통하여서라도 정체성을 확립해나가겠다는 의지인 것이다. 일제하에 우리의 독립운동자들이 보여주었던 정신이 바로 이러한 정신이었으며 기원적으로 거슬러 올라가면 우리 나라의 오랜 역사 가운데서 발휘되었던 국가에 대한 희생정신, 국가에 대한 사랑이 바로 이러한 정신인 것이다.

우리에게 이 민족정기는 특별한 가치를 가지고 있다. 왜냐하면 근대에 일제에게 침략을 당함으로써 국가를 상실한 적이 있었기 때문이다. 그러나 이 때에 우리는 전근대적인 민족을 근대적 민족으로 전환시켜나가는 작업을 수행하면서 우리의 국가를 다시 회복하고 민족으로서의 정체성을 잃지 않고 다시금 근대적인 국민으로서의 우리의 조국을 가지게 되었던 것이다. 그렇기에 우리는 각별하게 국민적 정신으로서의 민족정기를 귀한 가치로 가지게 되었으며 이를 계속 계승하여 국민적 연대를 강화하기 위한 정책적 수단으로 삼고 있는 것이다.

사실 근대 국가들에게 있어서 이 국민적 정신의 가치는 거의 압도적인 중요성을 가지고 있다. 그리고 이 가치는 보훈사업을 통하여 가장 효과적으로 제고된다. 바로 이 같은 점을 충분히 인식할 수 있었기 때문에 선진국들은 보훈사업을 국가가 감당하여야 하는 중요한 사업으로서 인식하고 시행하여왔다. 그러나 한국은 근대화의 이행시기에 일본의 침략을 받아 일시 국가를 상실하였고 나아가서 독립을 한 이후에도 이어서 대규모 전쟁에 시달림으로써 미처 보훈제도를 갖추지 못하였다가 1961년에 들어가서 군사원호청이 창설됨으로써 비로소 보훈제도를 가지게 되었고 이는 1985년 보훈처로 개편되었다. 보훈처의 창설은 한국의 국민적 자각에 중대한 기여를 한 것이다. 그후 보훈 제도는 한국의 경제적 사회적 성장과 더불어 많은 발전을 하여왔지마는 아직도 우리는 보다 역사가 오래된 선진국들로부터 그들 제도의 보훈문화의 장단점을 잘 파악하고 우리에게 필요한 것을 받아들여 우리 나름대로의 보훈문화를 발전시킴으로써 우리의 보훈대상자들에게 직접적으로 기여함은 물론이거니와 이를 통하여 한국이 발전하고 한국민이 국민으로서 성숙하고 발전하게 하는 데 기여할 수 있으리라고 생각된다. 바로 이 같은 인식을 바탕으로 하여 본고는 프랑스의 보훈제도를 살펴보고 그의 특장을 교훈으로 하여 한국의 보훈제도 및 보훈문화를 어떻게 발전시킬 수 있을까 하는 문제의식하에 집필되는 것이다.

이를 위하여 필자는 1997년 8월 16~23일에 걸쳐서 프랑스 파리를 방문하여 한국대사관, 군사박물관, 나폴레옹기념관을 방문하고 보훈병원 및 숙소를 방문견학하였다. 프랑스보훈부(Ministère des Anciens Combattants et Victimes de la guerre)의 inspecteur générale Chalvron씨 및 보훈병원의 부감독 Picard중령을 방문하여 보훈제도에 대한 소개를 듣고 보훈병원의 의사, 간호사, 환자들을 방문하여 견학하였다. 이 과정에서 주프랑스

한국대사관의 협조를 받았다.

2. 프랑스 보훈제도의 역사적 배경과 보훈정책

면적 55만 제곱 킬로메터에 약 6천만의 인구를 가지고 있는 프랑스는 면적은 한반도의 2.5배 정도가 되지만 인구는 남북한을 합한 인구와 거의 비슷한 규모의 국가이다. 그러나 프랑스는 일찍이 근대문명을 이룩함으로써 유럽에서 강국으로서의 역할을 하여왔고 유럽 정치에 있어서 뿐만 아니라 세계정치에서도 중요한 비중을 차지하여왔던 국가이다.

프랑스는 유럽의 열강의 하나로서 유럽의 중요한 전쟁에 많은 관여를 하였을 뿐만 아니라 해외에 많은 식민지를 개척하는 과정에서 불가피하게 많은 희생자를 안게 되었다. 또 세계의 책임 있는 열강의 하나로 전쟁에 개입을 하였다. 비근한 예만 들어도 보불전쟁, 멕시코 전쟁, 인도차이나 전쟁, 1차세계대전, 2차세계대전, 한국전쟁, 걸프전 등을 들 수 있다.

이러한 이유로 인하여 프랑스는 보훈제도에 대하여 남다른 관심을 일찍부터 보였다. 국민들의 충성심을 유도하고 국가적 명예를 드높이고 국민적 단합을 이룩하는데 보훈제도가 가지는 장점을 일찍이 자각하고 있었기 때문이다.

프랑스에서는 이미 루이 14세가 늙고 불구가 된 군인들을 위하여 대규모의 보훈병원(Hôtel des Invalides)을 건설할 것을 지시하였다. 1670년의 일이었다. 따라서 유럽에서뿐 아니라 세계에서도 가장 앞선 보훈제도의 전통을 가지게 되었다. 국가가 엄청난 재원을 투자하여 보훈시설을 운영하는 데 대하여 비판의 여론도 있었지만 프랑스인들은 이를 국가적, 국민적 자긍심으로 간직하며 오늘까지 전통을 이어오고 있다. 법의 철학을 쓴 몽테스키외는 보훈병원에 대하여 다음과 같은 말을 한 적이 있다. "보훈병원은 이 땅에서 가장 존경할 만한 장소이다. 내가 만일 군주라면 세 차례의 전쟁에서 이기는 것만큼의 비중으로 이 기관을 만들었을 것이다."

이러한 전통에 따라 부상이나 퇴역한 군인들을 위한 급여제도가 일찍이 법제화되었다. 이리하여 프랑스에서는 이미 1779년부터 왕령에 의하여 퇴역군인이나 부상자들에게 급여를 지급하도록 되어 있었다. 이러한 전통은 혁명을 통하여 오히려 공고히 되었다. 1790년 제헌의회는 전사상자들에 대한 급여가 국민의 認定負債(dette de reconnaissance)라고 선언하였다. 위의 정신들은 1831년 처음으로 법제화한다. 퇴역군인, 전상군인에 대한 급여가 처음으로 법으로 체계화된다. 이 법은 그 골격을 1919년까지 유지하였다. 1919년에는 퇴역자들에 대한 법과 전사상자들에 대한 법이 구분되어서 후자들을 위한 법이 만들어진다. 이는 국민의 전사상자에 대한 연대적 지원의 의미가 강하게 나타난 것이었다. 1947년부터는 문제가 있을 때마다 입법의 수단이 아닌 정령의 방법으로 계속 법전화하기로 하여 계속 법전을 보완하여 오고 있다.

현재 프랑스에서 보훈업무를 담당하는 정부 부서는 그 동안 몇 차례의 변동이 있어서 한때는 국방부에 속한 청으로서 존재한 적도 있지만 현재는 부로 독립이 되어 프랑스의 보훈부는 Ministère des Anciens Combattants et Victimes de Guerre라고 불리운다. 우리말로 하자면 <구전사 및 전쟁희생자부>라고 하여야 할 것이다. 이러한 점에서 프랑스의 보훈부는 우리와 유사한 기능을 가지고 있다. 이 보훈부에는 구전사 및 전쟁희생자 사무소(Office national des Anciens Combattans et Victimes de guerre, O.N.A.C.)가 부속 기관으로 설치되어 있다. 이 기구는 장관이 의장으로 있는 행정위원회를 두고 있으며 사무총장이 관리하고 있다. 이 기구는 전국적으로 100개의 지부, 10개의 재활직업학교, 15개의 양로원을 관리운영하고 있다.

보훈부에 속해 있는 다른 기구는 Hôtel Nationale des Invalides라고 불리우는데 이는 일종의 국립보훈병원이라고 불리울 수 있는 것이다. 이는 의료진을 갖추고 입원 및 수용대상자들을 수용하여 치료 및 거주토록 하는 기관이다. 여기는 사무총장의 지휘아래 수석의사가 관리를 하고 있다.

지금현재 프랑스의 보훈처 예산은 약 300억 프랑(약 4조 5천억)으로 문화성의 3배, 외무성의 5배가 될 정도로 그 규모가 막강하다. 보훈부의 예산규모는 대략 과학기술부의 예산과 비슷하며 프랑스의 부처 중 8번째의 예산을 확보하고 있다.

이 같은 보훈부의 지원을 받는 인원은 현재 약 400만 명 이상에 이르고 있다. 다음의 유형의 사람들이 이러한 혜택을 받고있다.

- 상이군인
- 구전사
- 레지스탕스의 의용군
- 군인연금이나 시민희생자연금을 받을 사람의 미망인으로 다른 연금을 선택하
  지 않았을 경우
- '프랑스를 위하여 죽은' 군인이나 민간인의 선조
- 국가에서 후견하는 미성년고아 및 전쟁 고아
- 강제이주되거나 감금되었던 사람
- 구 전쟁포로
- 라인주나 모젤주에서 점령시 저항하였던 애국자들
- 병역기피자(점령시에 독일군의 징집에 대해)
- 사실상의 합병에 대해 저항한 애국자
- 전쟁의 민간인 희생자
- 적국에 혹은 적에 의해 합병된 프랑스령에서 노역에 강제된자
- 북아프리카에서 군인들과 보충병을 위하여 만들어진 국가인정 자격자들

－1982년 1월 1일 이후 테러리즘희생자로 전쟁의 민간인희생의 자격을 가진자
－전사증의 자격자, 혹은 상이군인 및 전쟁희생자 연금법전의 수혜자의 미망인

이들 보훈 수혜대상자들을 살펴보면 군인으로서 희생당한 사람들뿐
만 아니라 민간인 희생자들에 대하여도 광범위한 보훈수혜를 부여하고
있다는 점이 특징이다. 프랑스를 위하여 저항한 시민들, 전쟁에 의하여
희생된 민간인들이 모두 수혜 대상인 것이다. 이는 프랑스가 보훈 대상
을 국민적 정체성의 유지와 확보에 관련된 사업으로서 사고하고 있기
때문인 것이다. 특히 레지스탕스가 강조되고, 프랑스를 위하여 죽은 사
람이란 범주나 프랑스의 적의 정책에 저항하다 희생당한 사람들이 모두
범주에 포함되는 것은 바로 이를 의미하는 것이다. 프랑스는 보훈제도
를 단순히 퇴역군인이나 부상군인에 대한 복지의 차원에서 시행하고 있
는 것이 아니라 국민적 정신가치의 제고라는 차원에서 행하고 있다는
것을 알게 되는 것이다. 이점이 우리로서도 특별히 고려해야 할 사항인
바 국가의 명령을 수행하다가 혹은 국가를 위한 애국심에서 희생당하거
나 고통을 당한 사람들에게 民軍을 막론하고 국가가 보훈 대상으로 생
각하려는 노력이 필요하다고 하겠다.
이들은 연금수혜 등 다양한 혜택을 제공받고 있다. 이들이 받고 있는
혜택을 범주화하면 다음과 같다.

• 사회적 지원 : 이는 수혜자들이 연대에 기초하여 지원을 받도록 하는 것이다.
• 행정적 지원 : 여기에는 사회보장(의료보험, 가족수당, 노인연금 등), 사회부
  조(긴급 의료지원 등), 노인대책(자택 보호제도, 살림보조, 면세, 양노원
  등), 고용(장애자 의무고용, 실업수당, 연대기금, 직업복귀, 재교육 등), 상
  이연금(미망인, 선조, 고아연금, 무료의료지원, 상이인증명서 등), 주택, 세
  금의 문제를 관장한다.
• 개별적인 사회적 지원 : 여기에는 자금지원, 긴급구조, 의료혜택, 생활부조

등이 해당된다.
- 특별한 사회적 지원 : 이는 국가후견 고아에 대한 특별한 교육, 생활정착을 위한 지원을 포함한다. 여기는 직업정착자금이 지원되며, 또 필요한 경우에 가족수당이나 교육부 장학금에 추가해서 지원을 한다. 어린이에 대한 지원, 치료지원, 휴가비지원, 학비지원, 첫 고용 지원 등이 그것이다.
- 집단적 사회적 지원 : 이는 주로 직업교육을 의미한다.
- 연대적 사명 : 기타 테로에 의한 피해자들에 대한 연대를 표시하는 작업, 장기간 실업상태에 잇는 구전사들에 대한 지원, 56세 이상 된 구전사들에게 최소수입이 가능하도록 하는 특별연대 등이다.

이를 통하여 알 수 있듯 프랑스에서는 일단 국가를 위하여 전쟁에 참여하였거나 국가적 전쟁 혹은 테로리즘으로 인하여 그 피해를 입었을 경우에는 국가가 그 사실을 명예로운 사실로서 인정하고 그에 대하여 물질적으로 충분한 혜택을 베풀기를 주저하지 않는다. 중요한 것은 우선 공로에 대한 충분한 인정이다. 그리고 그 다음으로 그에 대한 경제적인 지원을 해주는 것이다. 또한 사회적으로 복귀할 수 있도록 훈련을 지원해주는 일과 사회적 연대감이 발휘되도록 하는 일이다. 이는 부상자들의 명예존중과 정상적인 사회생활을 할 수 있도록 경제적 사회적 지원을 제공함을 의미한다. 즉 보훈 대상자들에게 정신적 신체적으로 사람을 건강하게 살 수 있도록 배려한다는 것이다. 이러한 정신을 가장 잘 나타내는 것이 1952년 제정된 보훈법전 제1조이다. 여기에는 이 사실이 다음과 같이 표현되어 있다. "프랑스공화국은 조국의 안전을 보증한 퇴역 용사 및 전쟁희생자들에 대하여 그들과 그들 가족에 대하여 경의를 표한다. 공화국은 현 법전의 조항에 의거하여 다음의 사람들에게 회복의 권리를 선언하고 결정한다. 1. 육해공군, 국내의 프랑스 병력의 성원, 레지스탕스의 성원, 강제이주자, 정치적 수감자, 전쟁으로 인하여 불구가 된 점령기병역기피자 2. 프랑스를 위하여 죽은 사람들의 미망인, 고아, 조상들."

프랑스에 있어서의 보훈제도를 나타내는 가장 대표적인 기관은 Hotel Nationale des Invalides라고 불리우는 기관이다. 이는 우리 식으로 말하자면 보훈병원 혹은 보훈의 집이라고 하여야 할 것이다. 여기에는 현재 약 90여 명이 항시 거주하고 있는데 이들을 위하여 완벽한 의료시설이 가동되고 있다. 외과내과 같은 과목이나 정신과 같은 과목은 말할 것도 없고 재활교육, 오락시설 등 환자들의 일상생활이 마치 가정에 있으면서 보호를 받는 것과 같은 느낌을 가지도록 일종의 실버타운 역할을 하고 있다. 각 지방에도 보훈 대상자들이 사용할 수 있는 Maison de retraite(양로원)이 재향군인회에 의하여 관리되고 있다. 이러한 시설들을 이용하는 것은 완전히 무료이며 무료라는 것과 아울러 이들 시설을 사용하는 사람들이 인간적으로 존중을 받고 있다는 느낌을 가지도록 세심한 배려를 하고 있음이 특징이다. 한마디로 하여 이들을 존중하고 있는 것이다. 바로 이를 배경으로 하여 프랑스인들의 애국심도 고취될 수 있는 것이다.

프랑스의 보훈사업은 국민을 형성해나가는 데에 있어서도 중요한 수단으로 자리잡고 있다. 특히 보훈 대상자들에게 사회가 보여주어야 하는 연대를 강화함으로써 보훈사업이 긍정적으로 인식되도록 하는 데 많은 힘을 기울이고 있다. 바로 이 같은 일을 위하여 결정적으로 중요한 것이 보훈 제도뿐만 아니라 교육과 문화라고 할 수 있는 바 이를 다음에 살펴보도록 한다.

3. 보훈문화 및 교육

프랑스 보훈문화의 특징은 한마디로 요약한다면 국민들로 하여금 군인들과 전쟁희생자들이 국가에 공헌하였고 따라서 이들이 국민의 이름으로 인정받고 적절한 보호를 향유할 수 있는 권리를 가지고 있다는 것을 인정하며 이들에 대한 지원을 국민적인 합의 위에서 진행시키고 있다고 말할 수가 있다. 프랑스의 보훈 문화와 교육은 바로 이러한 이념을 구체적으로 집행하기 위한 시책을 구체화하는 가운데서 나타나고 있다고 할 수 있다.

이를 우리는 구체적으로 기억의 정치(la politique du memoire)라고 할 수 있을 것이다. 기억이라는 것은 보훈문화에 있어서는 핵심적인 개념이다. 만일 어떠한 전투가 있었고 어떠한 희생이 있었는지 사회적으로 기억되지 않는다면 이에 대한 구체적인 사회적 에너지와 관심을 받게 할 수가 없기 때문이다. 따라서 궁극적으로 기억에 대한 요청은 보훈 업무의 정당성을 확보하고 유지시키기 위하여 결정적으로 필요한 개념이라고 할 수가 있다.

이를 위하여 프랑스가 채택하고 있는 수단은 다음의 몇 가지로 정리될 수 있다.

1) 기념물의 제작 및 명명정책

보훈의 관념을 구체화시키고 국민들로부터 필요한 심적 지원을 획득하기 위하여는 보훈을 상징하는 제작물들이 가시적인 형태로 국민들에게 보여져야만 한다. 물론 보훈적 기념물의 제작은 제작 자체의 목적을 가지고 있는 것은 아니다. 즉 단지 예술적인 미적인 가치를 추구하는 것이 목적이 아니라는 것이다. 그러나 미적인 감각을 불러일으킬 수 있는 기념물들이 공공장소 혹은 기타 필요한 장소에 제작되어서 시민들의 관람의 대상이 될 수 있다면 기념물들은 효과적으로 보훈적 가치를 고양시키는데 기여할 수 있을 것이다. 크게는 건축물로부터 작게는 거리의 작은 명패에 이르기까지 보훈의 관념을 환기시킬 수 있는 상징물은 한

이 없다. 이러한 상징물들의 체계적인 제작, 전시, 관리는 따라서 보훈 정책의 대상이 된다. 프랑스의 특징은 이러한 보훈 기념물들을 아주 효과적으로 제작하고 유지하는 데에 있다. 예컨대 국가적인 전쟁의 희생자들은 그 이름이 체계적으로 기억된다. 파리의 보훈병원에 그 이름이 게시되는 경우도 있으며 또한 일반 병사들도 향리마다 희생자들의 명단을 기록한 제단이 기념물로 건축되어 있다. 또한 거리에서 희생당한 시민이나, 혹은 폭격으로 인한 희생이나 바로 그 현장에 그 사실을 기념할 수 있는 팻말이 붙어 있다. 전쟁에서 특히 애국심을 발휘한 사람들에 대하여는 정치나 문화의 영웅과 마찬가지로 동상이 제작되어 적절한 장소에 배치되고 있음은 두말할 필요가 없는 사실이다. 이같이 크던, 작던 보훈을 환기시킬 수 있는 수단이 기념물의 제작으로 이루어지고 이것이 시민들의 기억을 환기시키고, 청소년들을 교육시키고, 공동의 의식을 수행할 수 있는 장소가 되어야 한다. 이러한 현황을 파악하고 유지관리하기 위하여 체계적으로 보훈지도를 작성할 필요가 있다고 본다. 이 보훈지도는 보훈 기념물의 공간적 배치를 위한 중요한 자료로서 활용될 수 있을 것이다. 또한 각종 교육이나 행사를 위한 자료로서도 활용될 수 있을 것이다.

프랑스가 채택하고 있는 주요한 보훈 정책의 하나는 또한 거리, 공원, 광장, 역 등의 각종 명칭을 명명하는 데서 보훈적인 가치가 제고될 수 있는 정책을 구사하는 것이다. 여기에 가장 핵심적인 가치로 등장하는 것은 조국이다. 어느 나라나 마찬가지로 조국이라는 관념은 근대적인 산물이다. 프랑스에서도 중세 말부터 조국이라는 관념이 생겨나기 시작하였고 특히 18세기부터는 조국이라는 관념은 프랑스를 지탱하는 중심적인 이념이 되었다. 이같이 조국이라는 관념과 더불어 거리의 이름을 프랑스의 위대한 인물 명으로 명명하는 안도 일찍부터 제고되었다.

Henri IV세 시기 1600년에 Grand-Voyer de France였던 Sully는 이러한 생각을 가지고 파리의 거리 명을 왕국의 위대한 인물들의 이름으로 명명할 것을 생각하였다. 그러나 그의 생각이 구체화되게 된 것은 그로부터 1세기 반이 지나서 1779년 Odeon 광장을 명명함으로써 시작되었다. 광장 주변에 꼬르네이유, 라신느, 몰리에르, 볼테르, 등등 중세적인 명명법과는 다른 근대적 명명법이 생겨난 것이다. 이 거리의 명명은 공동체의 집단적 기억이라는 측면을 강하게 가지고 있는 것이다. 이로부터 파리의 거리 명들은 조국을 빛낸 위대한 인물들로 명명되었다. 예술가, 군인, 정치가 등등. 그리고 이러한 명명법은 지방의 도시들로 번져나갔다.

이와 같은 정책이 체계적으로 추진된 결과 현재 프랑스에서는 보훈 대상으로 기억될 수 있는 그리고 애국심을 환기시킬 수 있는 많은 인물과 사건들이 거리나 광장의 이름으로 등장하였다. 이는 자연스럽게 국민들에게 애국심을 환기시켜 줄 것이며 따라서 보훈문화의 정착에 획기적으로 기여하고 있는 것으로 판단된다. 뿐만 아니라 프랑스의 거리에 2차세계대전 중 프랑스가 일시 독일의 점령 하에 놓여 있었을 때 드골이 프랑스 국민에게 한 호소문 같은 것도 몇 군데 거리에서 확인되었다. 이 같은 다양한 방법으로 자연스럽게 국민들에게 보훈문화를 정착시키려는 프랑스의 정책은 참고할 여지가 많은 것으로 판단된다.

2) 각종의 기념행사를 통한 보훈적 가치의 제고

다음으로 프랑스는 각종의 기념행사를 통하여 보훈적 가치를 제고시키고 있다. 프랑스가 관여한 모든 전쟁은 기억의 대상이 된다. 승리한 전쟁이건 패배한 전쟁이건 이는 국가가 수행한 주권적 행위이며 국민들은 승리를 통해서 뿐만 아니라 실패를 통하여서도 배워야 하기 때문이다. 물론 그 가운데서도 국민들의 애국적인 의식을 환기시킬 수 있는 전쟁이 주요한 기념의 대상이 됨은 당연한 사실이라고 할 수 있을 것이다. 그러한 의미에서 11월 8일이나, 5월 8일(이차세계대전에서 독일이 연합군에게 항복한 날) 같은 날은 특별한 기념의 대상이 되며 이러한 기념행사는 국가적인 단위로서도 행해질 뿐만 아니라 각 지방자치단체에서도 행해진다. 예컨대 전쟁 중 특별한 전투가 있었던 도시나 지역에서는 그들 나름대로 행사를 가진다. 이와 같은 전쟁과 관련된 애국적 행사가 프랑스에서는 약 30~40종이 된다고 한다. 이러한 행사는 물론 보훈부가 지원을 하고 있으며 이를 적절하게 관리하는 일은 주요한 보훈정책의 대상이 된다.

이러한 보훈행사는 단지 몇몇 정부인사나 유지들만이 참여하는 의례적인 행사가 아니라 그야말로 주민들이 참여하는 일종의 축제로 행사의 성격을 유지하는 것이 바람직하며 프랑스에서는 바로 이 같은 방법으로 행사의 국민적 의미를 부각시키고 있다. 즉 좁은 의미에서의 국가적인 행사를 보다 대중적인 국민적 행사로 만들어서 보훈의식을 확산시키는 일이 아주 중요한 과제라고 판단된다.

3) 장지의 유지 및 관리

당연한 일이지만 국가를 위하여 사망한 사람들은 국가의 책임 하에 조국에 묻힐 권리를 가지고 있다. 희생자가 사랑한 조국의 품에 안식을 찾는 것은 당연한 일이기 때문이다. 이를 위하여 프랑스의 보훈부는 전국에 걸쳐서 보훈대상자들이 묻힐 장지를 유지 관리하고 있다. 물론 프랑스를 위해 사망한 사람의 경우에 이 경비는 전액 국가가 부담하게 된다.

국민이 국가를 위하여 희생되었을 때 국가로부터 필요한 보조를 생전에는 받았다가 사망할 때에는 국가가 유지 관리하는 무덤에 묻히게 된다는 것은 국민으로서는 명예인 동시에 국가로서도 이는 자랑스러운 일이 된다. 보훈부가 관리하는 보훈대상 인원을 위한 장지의 유지 및 관리는 이러한 중요성을 가지고 있다.

이러한 점을 고려한다면 현재 우리나라의 경우 각 부처별로 별도로 관리되고 있는 장지를 보훈에 관련된 장지는 일괄적으로 보훈처에서 관리하게 하는 방안도 고려함직하다. 현재 우리나라에서 국립묘지는 국방부에서, 지방산재묘역은 건교부나 지자체에서 관리하고 있으며, 4·19 묘지만을 보훈처에서 관리하는 실정이다.

4) 청소년 및 학생들에 대한 교육

보훈정책이 가장 역점을 두어야 할 부분 중의 하나는 바로 후세들의 교육이다. 국민의 희생이 조국을 유지하고 지키기 위한 희생으로서의 의미가 살아나기 위하여는 이것이 다음 세대의 마음을 움직여야 하며 따라서 이를 위한 교육이 필수적이다. 적극적인 의미에서의 주입식 교육이건 아니면 간접적인 방법으로의 교육이건 그 방법은 차치하고서 후세들의 교육은 아주 중요한 보훈정책의 대상이 되는 것이다.

바로 이 같은 교육의 효과를 최대한 제고시키는 방법이 무엇인가를 생각해보아야 한다. 프랑스에서는 이 같은 목적을 달성하기 위한 방법으로 우선 (1) 학교 교육을 통하여 (2) 작문대회와 같은 교육적인 행사를 통하여 그리고 (3) 전시회를 통하여 (4) 박물관 같은 것 등의 건립과 견학을 통하여 그 목적을 달성하고 있다.

우선 학교 교육에서는 다양한 방법으로 보훈적 가치를 제고시키는 교육이 이루어질 수 있지만 특히 문학이나, 역사 지리 같은 과목은 가장

직접적이고도 효과적으로 이 목적을 이룰 수 있는 연관성이 높은 과목
이라고 할 수 있다.

또한 프랑스의 초중등학교에서는 보훈적인 주제를 가지고 매년 작문
대회가 실시된다. 이는 학생들로 하여금 보훈적인 주제에 집중적으로
관심을 가지는 계기를 제공하여 줄 것이며 이를 통하여 교육의 목적이
이루어진다고 할 수 있다. 대체로 프랑스에서는 레지스탕스를 주제로
하는 작문이 많이 채택되었다고 한다. 이는 어려운 시기에 영웅적인 저
항을 수행한 그 가치를 제고시킴으로써 애국심과 용기 등 긍정적인 가
치를 이끌어내려는 보훈부의 정책과 직접으로 관련된다. 보훈부는 국가
와 국민에게 필요한 가치가 무엇인가를 의식할 수 있어야 하는 것이다.

특히 학교에서의 전시회같은 행사는 학생들로 하여금 주제를 깊이 탐
구하게 하고 집단적인 토론과 활동을 통하여 보훈문화를 정착시키는 데
아주 중요한 역할을 할 것으로 기대된다.

마지막으로 단지 학교에 국한된 것은 아니지만 전쟁을 통하여 평화의
이념을 심어줄 수 있는 차원에서의 평화기념관 같은 것은 보훈적 가치
를 제공하는 데 아주 중요한 수단이 된다. 프랑스에 있는 Caen의 평화기
념관뿐만 아니라 파리의 전쟁기념관도 결국은 보훈을 통하여 평화를 지
키고자 하는 의지, 그리고 평화를 지키기 위하여는 전쟁에서 승리하여
야 한다는 애국적이고 현실적인 교육을 보여주는 데 성공할 수 있어야
하고 이를 위하여 프랑스는 애국적 기억의 창고로서의 박물관을 십분
잘 활용하고 있는 것이다.

4. 정책제안 및 맺음말

프랑스의 보훈 정책 및 보훈 문화를 통하여 우리가 우리의 보훈정책

및 보훈문화를 발전시키고자 할 때 우리는 다음과 같은 점을 생각해 볼 여지가 있다. 우선 한국은 보훈정책의 역사가 일천하다. 1961년에 들어와서 보훈업무가 비로소 정부의 업무로 되었다. 이는 프랑스 등 선진국의 역사에 비추어보면 아주 일천한 역사를 가지고 있음을 금시 알 수 있다. 그러나 그럼에도 불구하고 한국은 60년대 이래의 경제성장으로 인하여 보훈사업을 급속하게 발전시킬 수가 있었다. 따라서 현재 한국은 보훈대상자들에게 결코 만족스럽지는 못할 지라도 한국의 경제사정에 비추어 볼 때 비교적 적절한 경제적인 지원을 제공하고 있는 것으로 판단된다. 그러나 21세기를 눈앞에 둔 현 시점에서 볼 때 보훈사업의 급속한 성장에도 불구하고 우리는 아직 좀 더 체계적으로 보훈 사업을 생각하고 사업의 질을 제고해야 할 필요성을 가지고 있다고 판단된다. 이러한 문제의식 하에 다음과 같은 점에서 보훈업부의 개선이 이루어지는 것이 바람직하다고 판단된다.

1) 보훈사업에 대한 문화적 식견의 접근이 좀 더 강화되어야 한다고 판단된다. 현재 보훈사업을 위하여 정부가 취하고 있는 접근은 "민족정기"와 "애국심"이라는 두 단어로 요약될 수 있다고 본다. 이중 민족정기는 주로 독립운동의 정신을 계승하자는 측면이며 애국심은 국민적 충성을 고취하는 것으로 판단된다. 그러나 이러한 가치 이외에 "국민적 연대"의 가치를 제고할 필요가 있다고 판단된다. 보훈의 대상자들에게만 국한된 보훈업무가 아니라 전 국민을 대상으로 하는 보훈업무이고 국민이면 잠정적으로 누구나 보훈수혜를 받을 수 있는 가능성이 있다는 점에서 이 점은 분명히 할 필요가 있다. 보훈업무가 원활하게 이루어지고 보훈이 단순히 보훈대상자들에 대한 수혜가 아니라 국가 및 국민의 이들에 대한 의무의 일부라고 하는 점을 감안한다면 우리는 국민들로부터 보훈업무의 당위성을 충분히 공감하고 인정할 수 있도록 하는 대책을

강구하여야 한다. 이는 국가 및 국민이 보훈 대상자들에 대해 가지고 있는 "認定의 負債"라고 하는 측면에서 접근되어야 할 것으로 본다. 국가를 위한 전쟁에서 희생된 자, 혹은 국가를 위하여 희생된 자는 바로 우리 국가를 지키기 위하여 나의 죽음을 대신한 자이며 나의 희생을 대신한자이기 때문에, 이 행위는 당사자가 가지는 의무인 동시에 나머지 국민들도 동시에 가지고 있는 의무이며 따라서 보훈대상자가 당하고 있는 어려움에 대하여 국민들 역시 부채를 지고 있다는 발상에서 나오는 것이다. 따라서 국민들은 기꺼이 보훈대상자들의 공과 희생을 인정하고 이들에게 연대감을 보여주어야 한다는 것이다. 이것이 바로 국민적 연대인 것이다. 이 국민적 연대를 통하여서 보훈업무는 국민적인 것이 되고 긍정적인 인식을 바탕으로 하여 발전해나갈 수 있을 것으로 본다. 우리 나라의 경우에 이 국민적 연대의 감정이 일반 국민들 사이에서 다소 미흡한 것은 사실이다. 그렇기에 어떻게 국민적 연대의 감정을 발전시켜서 보훈업무를 본 궤도에 올려놓을까 하는 것에 더 집중적으로 관심을 가질 필요가 있다.

프랑스의 경우를 볼 때 보훈부가 보다 높은 안목으로 문화적 감각을 가지고 사업을 하고 있다는 것을 알게 된다. 보훈업무는 단지 예산을 투입하는 것으로만 끝나는 일이 아니다. 예산의 투입은 거기에 해당하는 효과를 기대하여야 하는데 경제적으로 보훈를 해주는 일은 경제적으로 어느 정도 수준에 올라서면 비교적 쉽게 할 수 있는 일이다. 그러나 그 때에 중요한 점은 보훈대상자들을 단지 경제적 지원의 대상으로만 파악하는 것이 아니라 이들의 국가에 대한 헌신을 밑거름으로 삼아서 다시금 이들에 대한 지원이 국가에 대한 충성심과 애국심을 불러일으키도록 활용되어야 한다는 점이다. 이점이 바로 보훈정책의 의미가 있는 것이다.

보훈정책을 단지 복지적인 차원에서가 아니라 국가이데올로기를 재생산하고 통치하는 측면에서 보아야 하는 이유가 여기에 있다. 국민들은 보훈대상자들이 국가에 의하여 충분한 배려를 받고 사회에 의하여 존경을 받는다는 것을 알면 보다 더 국가에 대한 충성심을 가지게 될 것이고 유사시에 필요한 애국심을 발휘하게 될 것이다. 그리고 바로 이러한 과정을 통하여 평시에도 국민적 연대감이 강하게 일어날 수 있다. 바로 이러한 점에 유의하여 보훈정책을 집행하여야 할 것이다.

2) 앞서 말한 국민적 연대를 강화하기 위하여 보다 구체적으로는 우리는 상징물에 대한 보다 체계적이고 치밀한 접근이 필요하다고 판단된다. 먼저 상황을 파악하기 위하여 전국에 걸쳐 보훈지도를 작성할 필요가 있다고 본다. 그리고 이 조사된 자료를 바탕으로 하여 기념물의 배치나 행사 등을 체계적으로 배치하는 방안을 강구해 보아야 한다. 여기에서 중요한 것은 바로 이러한 작업들이 조사를 전제로 하는 치밀한 준비를 바탕으로 하여 이루어져야 하지만 이것이 국민적 공감대를 가지고 국민의 참여 하에 이루어지도록 하여야 한다는 것이다. 이 점이 간과된다면 아무도 거들떠보지 않는 조형물, 상징물이 되기 쉬우며 이럴 경우에는 상징물은 국민의 애국심을 자극하고 민족정기를 선양하는 것이라기보다는 권력의 상징물이 되어버려서 별 다른 효용을 발휘하지 못할 것이다. 다시 말해 상징물은 국민이 사랑할 수 있는 상징물이 되어야 한다는 것이다. 공산국가에서 독재자들의 동상을 아무리 크게 만들고 선전해보았자 체제가 붕괴함에 따라 부서지는 것을 우리가 타산지적으로 삼아야 한다. 상징물의 안착을 단지 행정적으로 사무적으로 처리해서는 안될 필요성이 여기에 있다. 또한 여기에서 주목해야 하는 것은 전시적인 면에 치우치지 않도록 주의해야 한다는 것이다. 사실상 전시라는 것은 유혹받기 쉬운 함정이다. 자신의 업무를 드러내어서 타인들로부터

각광을 받는 다는 것은 자신의 일의 가치를 인정받는 일로서 누구나 희망하는 사항이기 때문이다. 그러나 이러한 유혹에 빠져서는 내실 없이 공허한 상징물만을 남발하기가 쉽다.

3) 이제 마지막으로 생각해 보아야 할 문제가 있다. 이 문제란 시간의 경과와 더불어 생겨나게 되는 문제이다. 프랑스에서도 현재 상황의 변화가 일어나고 있다. 이 상황의 변화는 크게 보아서 두 가지이다. 첫째는 비시정부의 희생자들에 대한 대책문제이고 두 번째는 유럽통합의 문제와 맞물리면서 보훈정책이 수정당해야 하는 입장에 놓이게 되었다는 점이다. 이 점을 구체적으로 살펴보도록 하자.

프랑스는 2차세계대전의 와중에서 독일의 침공에 의하여 국토의 일부가 점령당하고 일부는 1940~44년 사이에 비시에 친독정부를 둔 상태가 되었다. 이 비시정부는 독일과 협력하면서 프랑스인들에 대해 통치를 하였다. 비시정부는 반유태인정책을 집행하였기 때문에 많은 유태인들이 비시정부에 의하여 체포되어 독일군의 손에 넘겨졌다. 프랑스 역사의 암흑으로 간주되는 이 비시정부의 통치행위에 대하여 레지스탕스를 중심으로 하여 권력을 장악한 드골정부는 이 비시정부의 통치행위를 전면적으로 거부하였다. 비시정부는 프랑스의 역사에서 지워져버렸던 것이다. 바로 이 같은 레지스탕스의 정통성확보를 배경으로 하여 프랑스는 전후에 전승국으로서의 역할을 수행할 수가 있었다. 만일 비시정부가 부정되지 않는다면 프랑스의 전승국으로서의 지위는 불가능하였을 것이다.

그러나 여기에서 문제가 발생한다. 프랑스가 비시정부를 역사에서 보류하여 둠으로써 비시정부의 통치하에 희생당한 사람들을 과연 어떻게 처리해야 할 것인가의 문제가 있게 되는 것이다. 전통적으로 프랑스는 이에 대하여 기본적으로는 책임이 없다는 태도를 취하여왔다. 비시정부는 프랑스라는 국가의 정체성을 구성하는 요소로 간주되지 않았기 때문이다. 그러나 미테랑 대통령, 시락 대통령은 최근에 이 문제에 언급하면서 프랑스가 비시정부의 통치행위로 인한 피해자들에 대해 책임이 있다는 것을 인정하기 시작하였다. 비시정부가 어두운 과거이기는 하지만 그것 역시 프랑스의 과거의 일부분이며 이러한 상황에서 이 때 피해 당한 사람들이 아무런 구제의 길을 받을 방법이 없다는 것은 정의롭지 못한 행위로 간주된다는 인식이 생겨나고 있기 때문이다. 그러나 정의의 차원에서 이 문제를 접근한다고 하더라도 해결해야 할 과제는 만만치가 않다. 비시정부 하에 많은 유태인들이 체포되어 독일군의 강제수용소로 넘겨졌다는 것은 주지의 사실이고 이들에게 보상을 해주어야 한다고 할 때 그 재원도 문제려니와 그 사회적 반향도 결코 만만치 않을 것이다. 여하튼 이 문제에 대처하기 위해 기본적으로는 프랑스는 이들에 대하여 보상해주는 방향으로 일단 방향을 잡아가고 있는 듯이 보이며 이것이 과연 구체적으로 어떠한 법적 제도적 장치를 통하여 실현될는지는 주목을 요하는 일이라고 하겠다.

프랑스가 처해있는 이러한 문제는 또한 한국으로서도 비슷한 문제를 생각하게 만든다. 우리로서는 일제의 식민지를 경험한 상태에서 일제의 지배가 초래한 행위로 인하여 당한 피해 특히 일제가 전쟁을 치르면서 한국인들을 강제연행하여 징용, 징병 등으로 동원한 사실을 가지고 있다. 이러한 행위가 일본정부에 의하여 저질러졌기 때문에 일본이 정부적인 차원에서 보상책임을 져야하는 것은 당연하지만 그렇다고 하여도 한국정부는 무관하다고 할 수 있을 것인가? 국가를 지키고 국민들의 생명과 재산을 보호하는 것은 국가의 기본적인 임무가 아닌가? 한국정부가 조선의 역사적 계승자라고 하는 것을 감안한다면 일제의 식민지라는 것을 겪은 데 대하여 국가를 지키지 못한 우리 조선(대한제국)에게 책임의 일단이 있는 것이며 이를 계승한 대한민국도 그 책임을 역시 나누어 가지고 있다고 보아야한다. 물론 이는 실정법적인 책임이 아니라 도덕적인 책임이라고 하겠다. 바로 이러한 문제들과 관련하여 민간인 희생자의 문제도 그것이 국가적인, 애국적인 일과 관련되었을 때 이를 보훈 업무의 하나로서 감당하는 방안을 적극적으로 고려해볼 필요가 있다고 본다.

한 가지 마지막으로 생각해보아야 할 문제는 프랑스가 유럽통합에 직면하여 보훈정책의 손질이 불가피하게 될 가능성이 있다는 점이다. 이는 우리와 유사한 상황이라서 이에 대한 대비가 필요할 것이라 생각된다. 말하자면 근대는 이른바 민족국가의 시대였고 민족국가의 시대에는 조국이라는 관념이 지상적인 권위를 가질 수가 있었다. 따라서 국가에 대한 충성을 최고의 가치로 고양하고 이에 따라 보훈정책을 집행하고 보훈문화를 발전시켜 나가는 데 큰 문제가 없었다. 그러나 유럽통합이 이루어지면서 이제 유럽은 국경을 넘어서서 유럽의 여러 민족국가들이 보다 공통적인 삶을 가지게 되었다. 이러한 상황에서 지나치게 조국이라는 관념을 앞세우는 것은·통합의 장애요인이 될 뿐만 아니라 때로는 마찰요소가 될 수도 있다는 점을 의식하고 있다는 것이다. 물론 유럽통합이 이루어진다고 하더라도 유럽연합이 그야말로 단일정부를 가진 하나의 국가를 구성한다는 것은 아직 시기상조이요 요원한 일이기는 하다. 더군다나 각 민족적인 문화가 쉽게 유럽문화 속에 동화되리라고 보기도 어렵다. 그러나 중요한 것은 이제 민족문화, 민족적인 가치를 제고한다고 하더라도 이것이 유럽통합과 조화를 이루는 가운데 제시되어야 한다는 점이다.

바로 이러한 점은 우리에게 비슷한 과제를 안겨준다. 우리는 그 동안 민족국가를 건설하는 데 많은 힘을 기울여왔고 이러한 과제는 아직도

해야 할 일이 남아있는 아직 도달되지 않은 과제로 보인다. 그러나 그와 동시에 우리는 세계적으로 탈민족주의의 시기를 동시에 경험하고 있다. 특히 한국은 이제 선진국으로 진입하게 된 상황에서 각종 국제관계를 고려할 때 민족국가를 전면에 부각시키기가 어려운 상황에 놓여있다고 볼 수가 있다. 그렇기에 우리는 세계화의 추세를 감안하여 조국과 민족을 강조한다고 하더라도 이것이 세계화와 조화를 이루는 가운데 이루어져야 한다고 생각한다. 이를 위하여 어떻게 현명한 대책을 추구하는 것이 바람직할 것이다. 이것이 차후로 우리가 생각해 보아야할 과제라고 하겠다.

제5장 보훈정신과 보훈문화

1. 머리말

국민은 국가를 자신의 집이자 부모로 간주한다. 이 집은 자신이 태어난 곳이며 그 운명을 같이 하는 장소이다. 나아가서 자신을 산출한 근원이다. 개인주의가 팽배하고 확산된다고 하더라도 조국이라는 차원에서의 국가가 없을 때에는 개인은 자신에 대한 분명한 정체성을 가질 수 없다. 부모를 부정하고서 개인이 자신의 존재에 대한 근거를 발견할 수 없음과 마찬가지인 것이다.

그러나 국가를 국가로서 지키기 위하여는 거기에 수반하는 노력과 희생이 뒤따른다. 이 지구 상에는 하나의 국가만이 존재하는 것이 아니기에 국가 사이의 전쟁은 언제나 있어왔고 앞으로도 사라지지 않을 것이다. 이는 분명한 현실이다. 국가에는 안보의 문제가 비록 앞세워지지는 않더라도 최우선의 과제가 되는 것은 명백한 사실이다. 사실 사회계약론에 입각해 보면 그 안보야말로 국가의 존립근거 자체라고 생각할 수 있다.

보훈사업은 바로 국가의 안보와 직결된 문제라고 생각될 수 있다. 조국을 사랑하고 지키겠다는 보훈적 정신이 없을 때에 무기와 군인은 그 방향을 상실할 것이고 그 힘은 현저히 약화될 것이기 때문이다. 이러한 의미에서 보훈정신이란 바로 국가안보의 밑바탕이 되는 정신이다. 따라서 보훈정신이 투철하지 못하면 안보에도 치명적인 약점이 생기게 마련이다. 국민들로 하여금 기꺼이 조국을 위해 충성하겠다는 애국심을 이끌어내지 못할 때 그 나라의 안보는 이미 위태로운 것이다. 이러한 각도에서 보면 보훈사업의 중요성은 자명하다. 단지 그것이 어떻게 효율적으로 국민들 가운데 인식되고 감지되어야 하는 점에 있어서는 우리는 그 방법론을 생각하지 않을 수가 없다. 그 방법을 생각해 보는 차원에서 우리는 보훈문화를 접근할 수가 있다.

우리가 보훈문화를 접근함에 있어서 무엇보다도 중요한 일은 보훈정신을 올바르게 정립시키고, 확산시키고, 받아들이게 하여 자연스럽게 보훈정신이 보훈문화 속에 발양될 수 있도록 해야 한다는 점이다. 그리고 이럴 때 보훈정신은 국민에게 주입되어야 하는 어떠한 독트린이 아니라 국민의 자연적인 국가사랑과 관련된 것이라고 할 수 있다.

이러한 점을 감안하여 보훈정신에 대한 나름대로의 견해를 피력하여 보고 이 보훈정신이 구체적으로 어떻게 우리의 문화 속에서 발양되게 할 수 있는지의 문제를 점검하여 보고자 하는 것이 본 소론의 목적이다.

2. 보훈정신

보훈정신을 어떻게 정의해야 할 것인가? 아직까지 우리 나라에서는 보훈정신을 정의하기보다는 보훈정신의 본질을 민족정기로 보고 이에 대한 개념적 정리를 하고 있는 상황이다(『민족정기선양방법론』, 국가보훈처, 1993). 그러나 민족정기의 개념이 여하하던간에 주로 민족정기의 대상을 독립운동에 한정되거나 치우치는 것이 특징이다. 물론 독립운동이 보훈정신에 큰 비중을 차지하는 것은 당연한 일이지만 여기에는 좀 더 생각해보아야 할 문제가 있다. 따라서 필자는 이 문제를 우선 점검해 보기로 한다.

먼저 報勳이란 말 그대로 功을 갚는 것이다. 공을 이룬 사람에게 우리는 빚을 지고 있다. 왜냐하면 그 공에 의하여 우리의 행복과 안전이 있기 때문이다. 그렇기에 이 공에 대하여 부채를 지고 있다고 간주된다. 그것이 바로 "認定의 負債"인 것이다. 그렇다면 부채의 의무를 진 자는 누구인가? 그것은 바로 국민이다. 근대 이전의 국가에서는 그 의무는 국민이 아니라 왕실이거나 귀족이거나 혹은 자유민이라고 할 수 있을 것이다. 바로 그들의 책임에 의하여 명령이 이루어졌고 전쟁이 행하여 졌으며 희생이 초래되었기 때문이다. 그러나 근대국가에서는 국민이 국민의 이름으로 국가를 통치한다. 따라서 국가적 행위에 대하여도 그 영광을 받을 자도 국민이요 그 책임을 져야 할 자도 국민인 것이다. 그렇기에 우리는 보훈을 공을 이룬 자들에 대한 국민적인 부채라고 해야 할 것이다.

그렇다면 보훈정신이란 무엇인가? 모든 精神이 그러하듯 정신은 본질 적인 것을 의미한다. 이는 걸러진 것이고 진수인 것이다. 사람의 정신이 란 광의로는 육체에 대비되는 개념이기는 하지만 보다 한정된 의미로 사용할 때 이는 어떠한 존재를 그 존재론적 가치에 걸맞게 하는 심적 태도라고 할 수 있다. 그렇다면 보훈정신이란 보훈의 존재론적인 가치를 긍정하는 심적 태도라고 정의할 수 있게 된다. 다시말해 국민의 이름으로 이루어지는 공을 영광으로 생각하고 그 공에 대하여 부채를 지고 있다는 생각을 가지게 하는 심적 태도 이것이 보훈정신인 것이다.

이러한 점에서 생각하여 보면 보훈정신은 민족정기를 그 안에 포괄하지만 그보다도 더욱 그 범위가 넓고 더욱 그 대상이 분명하다는 것을 알게 된다. 우선 보훈정신은 무엇보다도 보편적인 정신이다. 보훈정신은 한국인들만이 가지고 있는 정신이 아니라 어느 나라 어느 국민을 막론하고 각기 나름대로 가지고 있는 정신이다. 이는 한국인만의 고유한 정신이 아니라 이른바 국민국가를 형성하는 집단이라면 누구나 가지고 있는 그리고 가져야 할 그러한 정신이라고 할 수 있다. 그러면 어떻게 무엇을 공분모로 하여 보훈정신이 각 국민국가적 집단에 속한다고 할 수 있겠는가? 이는 다름 아닌 국민적 자각과 조국에 대한 사랑이라고 할 수 있다.

　국민적 자각이란 개인이 국민됨을 인정하고 국민에 동일시됨을 의미한다. 이는 국민됨으로 여겨지는 문화적 자아이상에 동일시됨으로써 가능하다. 이 때 국가는 개인의 집합체이자 집합체를 초월하는 것이 된다. 그것은 마치 개인이 그로부터 존재의 근거를 가지는 것과 같은 존재가 된다. 그렇기에 국민들이 만들어낸 국가이지만 이 국가는 바로 조국, 혹은 모국이 되는 것이다. 조국에 대한 사랑이란 이 때 궁극적으로 개인이 자신을 사랑하는 것이나 마찬가지가 된다. 나는 개인 대신에 국가와 민족을 선택한 것이 아니라 바로 국가와 민족이 나의 존재의 근원이며 바로 나이기에 국가와 민족을 선택한 것이다. 바로 이것이 사랑이라는 것이다.

　보훈정신이란 다름 아니라 국민들이 바로 이같이 자신의 조국을 사랑하도록 하는 정신인 것이다. 그런데 이 같은 사랑을 갖게 하는 데에는 각 사회마다 문화적 매개물이 존재한다. 우리로 하여금 조국에 대한 사랑을 느끼게 하는 가장 중요한 매개물 중의 하나는 바로 민족정기였다. 다시 말해 독립운동의 기억, 역사가 바로 우리로 하여금 민족적 자긍심을 가지고 우리의 조국을 사랑하도록 하였다. 왜냐하면 가장 어려운 시기에 우리가 타국으로부터 압박을 받는 그 시기에도 우리를 버리지 않고 자기의 전 생애를 바쳐서, 혹은 자기가 기여할 수 있는 한 민족국가를 위하여 헌신한 이들이 우리의 안정감, 우리의 자긍심에 기여하여 그로 인하여 우리는 그 같은 인물을 배출한 우리의 조국을 사랑할 수 있기 때문이다. 무엇보다도 보훈정신은 전쟁이나 국민적 희생 같은 일종의 외상을 중심으로 하여 발휘되는 것은 자연스러운 동시에 보편적인 현상이라고 할 수 있다. 바로 극적인 사건을 통하여 정신은 보다 순수한 형태로 정련되기 때문이다.

그러나 우리의 보훈정신 강화를 위한 매개가 단지 민족정기로 통칭되는 독립운동 분야에만 국한되는 것은 물론 아니다. 길게 보아서는 외침에 대항하여 국가를 지켜온 역사적 정신, 국가의 안위를 걱정하여 결연하게 일어난 의병정신, 낙후된 국가를 근대화시키려는 근대화정신, 그리고 근래에 들어와서는 국제사회에서의 안정과 평화를 유지하기 위하여 활동한 월남파병, 유엔평화유지군 등의 활동과 그 정신이 모두 보훈정신 강화에 기여하는 것이고 또 그렇게 될 수 있어야 한다. 국민들은 국가의 군사적 활동이 정당성을 가지게 해야하며 그러한 정당성을 확보하고 이루어진 군사활동에 대하여 자긍심을 가질 수 있어야 한다.

이렇듯 조국을 사랑하는 정신으로서의 보훈정신이 오늘날 국가의 명예를 선양하며 우리의 자존과 긍지를 확보하는 일이기에 우리의 과제는 보훈정신이 어떻게 우리의 보훈문화를 통하여 되살려지고, 유지되며 다시 필요한 경우에 발양될 수 있는가 하는 점에 주의할 필요가 있다. 그 이유로 우리는 기억의 정치와 보훈문화를 언급한다.

3. 기억의 정치와 보훈문화

우리가 보훈정신을 효과적으로 지켜나가기 위하여는 이 정신을 지켜나갈 수 있는 문화적인 틀이 필요하다. 우리가 문화를 우리의 정신이 상호소통되는 약호로 본다면 우리 문화가 보훈정신을 촉발시키고 환기시키는 약호가 되어야 하며 그러한 가운데서 보훈정신은 살아있는 정신이 될 것이다.

이렇게 보훈정신을 보훈문화 속에 살아있는 정신으로 소통시키기 위하여 중요한 정책이 있다. 그것은 바로 기억의 정치이다. 기억의 정치가 의미하는 말은 우리가 보훈정신을 살아있는 정신으로 유지시키기 위하여 특정한 기억들을 효과적으로 조직하고 관리하는 것을 의미한다. 그것은 우리 인간의 두뇌가 행하는 작용과 유사한 측면이 있다. 우리의 두뇌는 거대한 기억의 창고이다. 그러나 아무 때나 기억이 요구되지는 않는다. 그리고 모든 기억이 한꺼번에 사용되는 것이 아니다. 우리의 현실적인 필요에 따라 기억은 되살려지며 이에 따라 우리는 현실적인 판단을 할 수 있는 도움을 받는다.

마찬가지로 기억의 정치란 사회적 기억을 유지하고 관리하는 것을 의미한다. 우리의 긴 역사를 통하여 우리는 수많은 사회적 기억을 가지게 된다. 좋은 기억과 나쁜 기억과 영광스런 기억과 치욕스런 기억 등 우리가 가져야 할 기억의 종류는 많고도 다양하다. 그러나 이 모든 기억들이 항시 언제나 우리가 환기할 수 있는 상태로 동원되는 것이 아니다. 어느 것은 너무나 깊게 잠겨 있어서 무의식의 차원에 도달한 것도 있으며 어느 것은 생생하게 기억되는 것도 있고 어느 것은 좋은 추억으로 남아있으며 어느 것은 외상으로 남아있다. 중요한 것은 한 사회가 자기가 관리할 수 있는 기억을 극대화하여 관리할 수 있을 때 사회의 생존능력과

정체성은 강화될 수 있다는 사실이다. 왜냐하면 기억은 무의식적인 고착에서 벗어나게 해주는 역할을 해주기 때문이다.

바로 그렇기에 기억의 정치란 기억이 문화 속에도 환기되고 체험되도록 하는 것이다. 특히 보훈문화를 통하여 보훈정신이 환기되도록 하는 것은 중요하다. 보훈정신은 국가와 민족을 유지시키는 핵심적인 정신이기 때문이다. 이 때문에 많은 나라들은 기억을 체계적으로 관리하기 위하여 노력하고 있는데 이 중 중요한 것을 예시하여 보면 다음과 같다.

1) 박물관, 기념관등의 건립

박물관이나 기념관은 보훈정신, 보훈문화의 기억의 창고가 된다. 그러나 이는 닫혀있는 창고가 아니라 언제나 활용될 수 있는 창고의 역할을 할 수 있어야 한다.

2) 조형물의 설치

조형물의 설치는 도시 자체, 국토 자체를 박물관이나 전시장으로 이용하는 차원에서 그 설치가 연구되어야 한다. 이는 자연스럽게 보훈문화의 일부가 될 것이며 보훈정신을 고취시킬 것이다. 여기서 자연스럽게 국민들에게 호소되도록 미적으로 훌륭한 조형물이 설치되도록 해야 할 것이다.

3) 중요지점의 보관, 유지

보훈적으로 가치 있는 주요지점의 보관과 유지는 여러 방면에서 아주 중요하다. 기본적으로는 원형을 보전한다는 자세가 중요하다.

4) 명칭의 관리

보훈정신과 관련된 명칭들이 살아있도록 만드는 것은 대단히 중요한
일이다. 그리고 여기에는 비교적 많은 예산이 없어도 노력만 기울인다
면 기대 이상의 성과를 거둘 수 있다고 생각된다. 우리의 거리, 공원, 광
장에 가능한 많은 보훈적 사건, 인물들의 이름이 새겨지도록 해야 한다.

5) 문화행사

보훈적 문화행사는 관공서의 기념식이 아니라 국민적 행사가 되어야
한다. 보훈이 국민적 정신 가치의 일부라는 것을 감안할 때 더욱 그렇다.

6) 연구의 장려 및 지원

보훈과 관련된 연구의 지원과 장려는 유용하게 보훈적 가치를 증진시
키는 데 기여할 것이다.

7) 상징의 재생산

상징의 재생산이란 보훈정신이 문학, 예술 등으로 상징화되는 것을
이름함이다. 이러한 상징이 재생산되면서 우리의 보훈문화는 자연스럽
게 형성될 것이다.

8) 교 육

교육은 학교교육으로부터 시민교육에 이르기까지 다양한 차원을 생각할 수 있다. 여기에서 중요한 것은 효율성이다. 억지로 시키는 보훈교육은 그 효용이 반감되기에 우리는 그 방안에 대해 특별한 노력을 할 필요가 있다.

이러한 많은 장치들을 가지고 보훈문화를 발전시킴에 있어서 우리는 주의해야 할 사항 몇 가지를 강조하고자 한다. 그 중에서도 가장 중요한 점은 보훈문화가 위로부터 주어지는 주입이라는 생각을 제거할 수 있는 방법의 문제가 절실히 제고된다. 보훈정신은 무엇보다도 국민의 기본정신으로 정착되어야 하기 때문에 이는 국가가 국민을 상대로 하는 교육의 차원이어서는 안된다. 그보다는 오히려 국민의 국가사랑이라는 차원에서 진행되도록 하여야 한다. 그 동안 우리의 보훈문화에 문제가 있었다고 한다면 바로 이러한 점이 아니었는가 생각된다.

다음으로는 사랑은 정서적인 성격을 가지고 있으며 정서를 자극하는 데 가장 유용한 수단은 미적 감각이라고 할 수 있다. 따라서 보훈문화에서 가장 중요한 점 중이 하나는 보훈적 가치, 보훈문화를 미를 통하여 아름답게 국민들에게 호소되도록 하는 것이다. 미를 통한 보훈문화의 정착은 보훈정신을 저항감없이 국민들 가운데 정착시키는 데 기여할 것이며 이를 위하여 보다 많은 노력이 이루어져야 한다고 생각된다.

마지막으로는 보훈문화는 무엇보다도 공시적인 행사의 차원이라기보다는 국민적 축제가 되어야 한다고 생각된다. 흔히 보훈문화에서는 경건성만을 강조하기가 쉽다. 그러나 그것은 보훈문화의 한 측면에 불과할 것이다. 우리가 고통당한 조상들에 대하여 경건한 마음을 가지는 것은 당연한 일이지만 그들의 고통과 인내, 희생을 통하여 우리가 현존

한다는 것은 기쁘고 영광스러운 일이다. 따라서 보훈문화를 축제의 차원으로 전환한다는 것이 경건성을 손상시키는 일이라고 보여지지 않는다. 엄숙함과 경건의 뒤에 국민적 축제가 뒤따르는 것은 바로 상호보완적인 것으로 보아야 한다.

4. 맺음말

역사적으로 보아서 강한 국가의 뒤에는 강한 정신이 있었다. 역으로 국가의 멸망과 쇠퇴에는 반드시 나약한 국가정신이 그 배후에 있었다고 할 수 있다. 물론 국가는 정신력만으로 구성되는 것은 아니다. 그러나 강한 정신력이 존재할 때에만 국가는 비록 일시적으로 망하더라도 다시금 기회를 보아 자신을 회복할 수가 있다. 이것이 이미 우리가 일제 치하 35년간의 경험을 통하여 알고 있는 사실이다.

우리 나라에서도 이러한 역사적 경험을 바탕으로 하여 보훈 사업의 중요성에 대하여 자각하고 1961년부터 국가보훈업무를 국가적인 사업으로 시행하여왔다. 그러나 선진국에 비하여 보면 그 역사는 아직 일천하다. 그러한 까닭으로 어느 정도 외형을 갖추고 사업을 하고는 있으나 사업의 방법이나 국민들에게 영향을 미치는 효과의 측면에서 볼 때 아직 개선해야 할 점을 많이 가지고 있다. 보훈대상자들에 대한 예우의 문제 같은 것도 그 중의 하나인데 보훈정신을 드높이기 위하여는 보훈대상자들에게 적절한 예우가 행해져야 한다. 그러한 의미에서라면 보훈의 입증책임도 보훈대상 당사자들이 지게 할 것이 아니라 기본적으로 국가가 그 책임을 지게 하는 방향으로 나아가야 할 것이다. 그것이 보훈당사들에게 보다 명예로운 일이기 때문이다. 아울러서 특히 보훈정신의 탐구, 이론화의 작업이나, 보훈문화로 정착시키는 방안에 대하여는 아직

부족한 점이 많이 있다고 본다. 그러한 점에서 볼 때 본고는 그러한 부족을 지적하고 그에 대한 개선을 촉구하는 차원에서 필요한 제안을 하고 있는 것이지 무슨 대안을 제시하는 것은 아니다. 사업의 중요성에 비추어 볼 때 보훈정신의 탐구, 보훈문화의 정착은 이제부터라도 진지하게 재점검하여야 할 때라고 생각한다.

우리가 강한 경제력을 바탕으로 하여 강한 국가를 형성하는 것이 꿈이라면 그 꿈을 이루는 데 없어서는 안 될 중요한 요소가 바로 보훈 사업이다. 아무쪼록 보훈사업이 비생산적이라는 인식이 불식되고 국민적이며 생산적인 사업으로 인식의 전환이 이루어지기를 바라며 또한 그를 위하여 필요한 일을 우리는 바로 보훈문화를 통하여 이루어내도록 해야 할 것이다.

제2부

해외 한인학생의 현장조사

제6장 해외 한인희생 조사 보고서1 (중국 - 일본)

1. 출장목적

해외희생자 유해현황조사사업의 목적을 원만하게 수행하기 위하여 본격적인 답사에 앞서서 예비적으로 주요지역을 답사하여 현지에서의 차후 조사활동을 원활하게 하기 위한 것이었다.

2. 출장일자

1995. 4. 25~5. 8
    4. 25~5. 2 중국 연길시 일대
    5. 2~5. 8 일본 東京일대 및 오오사카 일대

3. 출장자

권희영(연구책임자, 한국정신문화연구원)

이종탁(동행기자, 경향신문)

엄동일(파스퇴르유업 민족사관 고등학교 교사)

4. 교통편

4. 25 서울-심양 CJ682 12 : 55~13 : 15

        심양-연길 CJ6601 18 : 40~19 : 25

5. 1 연길-심양 CJ6602 20 : 15~21 : 05

5. 2 심양-서울 CJ681 09 : 10~11 : 40

5. 2 서울-東京 JP252 15 : 30~17 : 40

5. 8 오사카-서울 OZ111 13 : 00~14 : 45

5. 활동내역

1) 중국 연변조선족 자치주 연길시 일대

방문자 : 박창욱(연변대 교수)

권립(연변 사회과학원 역사연구소)

전신자(자치주 박물관)

4월 25일

서울 김포공항을 출발하여 같은 날 延吉시에 도착하여 연변대 빈관에
여장을 풀었다. 이튿날인 4월 26일 박창욱 교수에게 전화로 연락하여 박
교수가 호텔로 방문하였다. 연구목적을 설명하고 협조를 구한 후 오전

에는 박교수의 연구실을 방문한 후 혁명열사릉을 방문하였다. 박창욱 교수의 연구실은 구 일본군 남군사령부가 사용하던 건물이었다. 혁명열 사릉은 연길시에 항일투쟁, 혁명투쟁, 항미원조의 과정에서 희생된 1만 6천의 열사들을 기념하기 위하여 건설한 것이라고 하였다. 이는 아직 완 공되지 않았으며 건물만이 완공되었다. 능의 건설은 1992년 9월 3일자 로 되어있다.

4월 26일

오후에는 권립 소장에게 연락하여 권립 소장이 빈관을 방문하였다. 사업목적을 설명하고 협조를 구하였다. 권립 소장은 일행에게 그가 파 악하고 있는 한인희생사의 개요를 설명하여 주었다. 그는 1919년 3월 13 일 시위에서 17명이 희생된 것을 비롯, 경신참변때 3,500명에서 1만 명 이 희생되었다고 하였다. 경신참변에서는 춘향향(왕청)에서 독립군 3명 이 일본군에 의하여 못이 박히고 코를 철사로 꿰인 일이 있었다고 하였 으며 이러한 상태로 10리를 끌고 가다가 살해하였다고 하였다.(『길장일 보』 11월 7일자에 보도되었다고 함). 10월 20일에는 명동학교의 교원이 살해되고 90여 명이 체포되었으며 창동학교와 광성학교가 습격 당해 166인이 살해되었다고 하였다.

다음 단계로 1931년에 음력 11월 2일 일본군경 200인이 평강벌(두도 구)을 습격하여 용암촌에서 4인, 소오도구에서 2인을 체포하여 명풍촌 에 연행하여 6인을 학교기둥에 매어서 죽였다고 하였다. 이는 차두균이 라는 주구(영사관 특무)를 살해한데 대한 보복이라고 하였다. 또 32년 5 월 3일에는 이란구 남량촌에서 장운심씨 집에 14명을 불태워 죽였다고 한다.

왕청縣 덕원리에서는 4·6 덕원리 사건이 있었는데 일본군이 산포 140발을 발사하여 마을을 폐허로 만들었다고 한다. 또 왕청 신흥향에서는 4월 6일 대감자 마을을 습격하여 80호를 소각하고 8명을 불태워 죽였다고 하였다. 이 마을은 민족운동 그리고 공산주의운동의 기지였다고 한다. 또 훈춘에서는 1932년 3월 28일 중강자사건이 일어나 70여 인을 체포하고 서울과 청진의 감옥에 가두었으며 1932년 5월에는 옌퉁라자 사건이 일어나 17개 마을 100여 호가 전부 폐허가 되었다고 하였다. 이 마을에는 황병길의 생가가 있었고 공산당 縣위원회의 소재지였다고 한다.

다음으로는 해란강 대참안인데 일본군경이 1932~1933년 해란강구를 94회 토벌하였으며 1,700여 명이 희생되었다고 한다. 이 중 1932년 8월 7일 참안은 유정촌에 있는 9호의 마을에 유격대 60인이 와있었는데 여기에서 모두 53인이(주민 20인, 유격대 30인 간부 3인) 희생되었다고 한다. 특히 이철순 노인가족 10인이(2~70세) 살해되었다. 음력 12월 12일 화련리 참안이라는 연길수비대가 학살을 자행 독립운동가 5인을 태워 죽인 것이다. 그중 어떤 집은 1인은 칼로 살해하여 불로 소각하고, 끓는 가마에 튀기고, 연자에 갈아 죽였다. 아들은 날창으로 찔러 죽이고 처는 나체로 끌고 가 죽였다. 어머니는 생매장되었으나 살아났다.

32년 11월 4일의 약수동 참안은 화룡縣 용문縣에서 8인을 체포한 후 정태준 노인 집 마당에서 취조하였는데 김순희는 혀를 물고 답을 하지 않았다. 모두 태워 죽였다. 1933년 12월에는 소왕청 토벌이 있었는데 토벌대 1,000여 인이 40일 동안 토벌하여 마을 사람 1,500여 인이 400인으로 줄었다. 1935년 2월 18일에는 사조하자 참안이 있었는데 취침 중에 있는 49인이 살해되었다. 마을은 소각되고 훈춘縣 양수천자 참안은 반일회 회원 15인을 체포하여 빈집에 넣고 태워 죽인 것이다.

이와 같이 간략하게 희생자 발생을 설명한 후 차후에 협조를 약속하였다.

4월 27일

임희준 선생이 소개하여 용정에서 지방사를 연구하고 있는 최근갑 선생의 안내를 받아 용정시내의 일본총영사관터, 용두레우물을 견학하였다. 삼합으로 가서 동아일보기자 장덕진의 묘가 사실이 아니라고 하는 것을 설명을 들을 예정이었으나 가는 도중 얼음이 녹아서 길이 수렁이 되어 버려 택시가 가지 못하고 되돌아왔다. 이어서 명동소학교를 방문하였다. 명동소학교는 마침 87주년을 기념하는 행사를 하고 있었다. 일행은 김약연묘비, 교회당, 윤동주생가를 방문하고 구명동소학교터비를 제막하는 것을 구경하였다. 이어서 3·13의 사능을 방문하였으며, 귀로에 15만 원 사건 장소를 견학하고 대성중학교를 방문한 후 일송정을 구경하였다. 일송정은 부산의 유력인사가 세웠는데 최근에 중국정부에서 파괴하였다.

4월 28일

오전 10시 송하평(화룡)탄광을 방문하였다. 화룡탄광의 발굴은 문화혁명시에 이루어졌다. 당시 발굴하여 계급투쟁의 목적에 이용되었다. '계급투쟁전시관'이 세워졌으며 당시 발굴된 유해는 그 자리에 부식방지 처리를 하고 매장되었다고 한다. 그 후 전시관은 폐쇄되고 그 자리에는 공장과 사택이 들어섰다. 당 조직부장 강법정에 의하면 60년대에 노출된 유해가 많이 있었고 물에도 흘러왔다고 한다.

이 탄광은 1914년부터 개발되기 시작하였는데 1935년까지는 조선인이 경영하다가 1937년 만주탄광주식회사가 화룡사무소를 개설하여 1940년에 현재 탄광모습을 갖추었다고 한다. 여기에는 <송하평탄광만인갱옛터>라고 씌워진 비가 서 있었다. 이는 縣인민정부가 1985년 6월 1일에 세운 것이다. 기념관이 폐쇄된 것이 1983~1984년경이라고 하므로 그에 대신하여 비를 세운 것이라고 본다.

4월 29일

연길시에서 약 30분 정도 거리의 조양천을 조사하였다. 이 일대는 일제가 전시의 군수품 기지로 활용하던 곳이며 당시의 일본군 남군부대가 주둔하여 있었다고 하는 곳이다. 현재도 구일제시대사령부는 인민해방군이 접수하여 사용하고 있다. 조사단은 조양천 일대를 찾다가 주은천 옹을 만나게 되었다. 주옹은 61세로 어릴 때에 일본군이 중국인 및 한인들을 동원하여 노역을 시키는 것을 보았다고 하였다. 그리고 이때에 많은 사람들이 죽었으며 이들은 조양천 시가지 건너편의 비둑산에 매장되었다는 이야기를 들었다고 한다. 주옹의 말에 의하면 수백 명의 인부들이 노역에 동원되었으며 수십여 명이 사망하였다는 것이다. 또한 이 곳에서의 작업을 위하여 외지에서 근로봉사대로 동원된 사람들이 일하고 있었다는 증언도 하였다. 만주해방이 이루어지자 이곳의 사람들은 조양천 산에 저장되어 있는 유류, 피복 등의 군수품으로 물자부족을 겪지 않았다고 하며 이 군수품을 획득하여는 사람들과 소련군 사이에 충돌이 일어나 많은 사람들이 희생되기도 하였다는 증언을 하였다. 조사단은 삼봉마을에 있는 노인의 말을 더 확인하기 위하여 고개를 넘어 교동마을로 향하였다.(덕신골→삼봉→교동→삼선)

주웅의 집에 김송철옹(67세)이 방문하였다. 김옹은 마을에 40년간 거주하였다고 한다. 김옹은 이 언덕에서 3~40대의 장년들이 근로봉사에 동원되었다는 증언을 하였다.

교동에서는 밭가는 아주머니의 말을 듣고 교동의 엄금석옹(73세)의 증언을 들었다. 그는 31년에 교동에 이주하였는데 당시에 조양천에서는 용정으로 나가는 철로가 건설 중이었다. 그는 당시에 조선사람들이 몇 십전의 노임을 받으면서 근로봉사를 하였으나 강제동원은 이루어진 것 같지 않다고 하였다. 헌병대가 모든 상황을 감시하고 있었으며 언덕에는 구덩이를 파고 기름통을 매설하였으며 구덩이는 수백 개 규모 그리고 구덩이 하나에 기름통 100여 개가 들어갈 것이라고 하였다. 또 덕신 골의 언덕에는 피복저장창고가 있었다고 하였다.

1937년생인 김창진옹에 의하면 한족들은 부역에 동원되어 부대 안에서 거주하였으며 거의 매일 죽어갔다고 하였다. 그는 조선인들은 주로 자갈일, 수레 끄는 일 등 한족보다는 쉬운 노동에 종사하였다고 한다. 한족은 3등 국민, 조선인은 2등 국민으로 대접받았다는 것이다.

이날 저녁에 최근갑옹이 연변초대소를 방문하여 조양천에 대한 증언을 해주었다. 그의 8촌형 최창남이란 사람이 조양천 근로봉사대에 동원되어 일한 적이 있다고 하였다. 어떤 화룡縣 서성구 사람이 소를 잡아서 일본군에 공급하는 일을 하였는데 도망을 치다 철조망에 감전되어 죽은 일이 있으며 후에 유족이 시체를 인수하였다고 한다. 그는 조양천이 동만지구 군수품 총후군부라고 하였다. 한족은 산동에서 동원된 사람들이 대부분이었다고 한다. 이외에 비암산, 연길, 용정 비행장에도 조선족이 동원되어 일하였다고 하였다. 그는 또한 일본군이 연변조선족으로부터도 위안부를 공출하였으며 이들은 일본군 상대의 요리관에서 근무하였다고 한다.

4월 30일

도문시를 방문하였고 국경지대를 보았다. 또한 이날 전신자(연변 주박물관)씨를 만나 답사에 대한 도움을 청하였다.

5월 1일

해란강 참안의 흔적지를 조사하기로 하였다. 도문시 장안진 구하동 마반산 5대에서 부르하통하에서 사공 일을 하는 한족 노인을(68세, 1927년생) 만났다. 그의 아버지도 역시 사공이었는데 그의 아버지가 일본군이 조선인 20명을 살해하는 현장을 목격하고 그에게 그 장소 등을 말해주었다는 것이다. 그는 살해된 20명 중 5인은 여자였다고 하였다. 劉振田 옹의 안내를 받아 한인이 살해되었다는 장소를 방문하였다. 일본군은 한인들을 철사로 손을 꿰고 구덩이를 파게 하고 일본도로 목을 쳐서 죽게한 후 그 자리에 묻었다는 것이다. 그 후 홍수 등이 나면서 시체가 떠내려갔다는 것인데 현장을 발굴해보지는 않았다. 때는 장마철인 7~8월 경이며 통역에 의하면 일본군이 공산 비적이라고 죽였다는 것이다. 그는 일본군을 가리켜 '개새끼다'고 하였다. 약 5~6년 전에 북한에서 이를 조사하기 위하여 방문한 적이 있었다고 하며 연변에서는 조사를 나온 일이 없었다고 한다. 마반산 3대에는 해란강참안과 관련된 비석이 있다고 한다. 이는 1948년에 세워졌다고 한다.

오후에는 임준희 실장을 만나 관련 참고서적 등을 구입하고 심양을 향하여 떠났다. 심양에서 1박하였다.

2) 일본 東京-오사카 일대

방문예정자
東京-박경식, 히구치, 하시모토
오사카-김영달, 홍상진, 강재언, 김경해
飛田雄一, 한석희

5월 2일

일본 東京에 도착하여 일본 YMCA호텔에 여정을 풀었다. 이날 저녁 박경식, 히구치씨에게 연락이 가능하여 다음 날 만나기로 약속을 하였다.

5월 3일

오전 11:00 東京 신주꾸역 근처에서 박경식, 히구찌 양인과 동시에 면담을 하였다. 양인에게 협력을 구하였다. 박선생에 의하면 민단은 청구보상에 주력하며 총련은 조사에 주력한다는 이야기를 들었다. 그리고 특히 일본정부가 강제연행자의 명부를 한국정부에 넘기도록 한국정부가 일본정부에 압력을 행사하는 것이 필요하다고 하였다. 현재 일본정부가 한국에 넘긴 명부는 16縣 분에 불과하다.

이날 오후에 바로 高尾山(다카오)에 있는 지하터널을 양인과 함께 방문하였다. 고미산구 역에서 하차하여 팔왕자사기 고미정에 있는 터널을 발견하였다. 터널의 높이와 폭은 모두 4~5미터정도였으며 이러한 터널들은 지하군수공장이었다. 당시에 합숙소(함바)사무소로 쓰던 건물도 현재 남아 있는데 현재 한인이 거주하고 있다. 일행은 강수희옹을 만났다.(1922년생, 경남 진주, 진양군과 진주부에서 각기 100명씩이 모집되었다고 함) 그는 1938년에 조선에서 강제징용되어(당시의 모집) 시즈오까縣의 야이즈에서 오쿠라 구미(大倉粗)에 속하여 '굴일'을 하다가 도망을 쳤다. 당시의 80%는 도망하였을 것이라고 추정하였다. 1년 전에도 산청군에서 100인이 일하고 있었다는 것이다. 그는 그러나 도망에 실패하였고 그곳에서 일을 마친 후 함바가시라(밥주인)를 따라 다카오에 와서 굴일을 하였다. 그것은 45년 4월의 일이었다. 당시의 노동자는 약 3천 명 정도였는데 그 중에 한인이 2천 명 정도라고 하였다. 그는 합숙소(함바)에 기거하였는데 하나에 50명씩 잤으며 다다미 25장이 있었다고 한다. 합숙소(함바)는 밤에는 폐쇄하여 24시간 6인이 감시하였다고 한다. 지하굴은 콤프레셔공장이었다고 한다. 그는 이 굴이 중도비행기 부속공장이었다고 한다. 원래는 일본군이 사령부로 사용하려다가 그것이 미군에게 탄로되어 군수공장으로 변경된 것이라고 보고 있다. 6~7월경 폭발사고로 인하여 4명이 죽었다는 증언을 바씨라는 사람이(현재 사망) 했다는 것이다. 밥주인은 같은 조선사람인데 노역을 청부맡아서 노동자들에게는 밥만 먹이고 그는 한푼도 노임을 받은 일이 없다고 하였다. 밥주인 중 대부분은 조선사람이며 나쁜 경우는 무릎을 꿇리고 몽둥이로 패고 손을 묶는 등의 린치를 가하였다고 한다. 그의 밥주인은 경북 의성의 김씨였다고 기억한다. 그 외에 자유노동자는 한상인부라고 하였는데 이들은 징용자들과는 차이가 있었다고 한다. 식사는 쌀과 보리를 2분의 1씩 먹었으며, 밥주인에 따라 식사내용도 달랐다. 작업조직은 20인 마다 1인씩 반장이 있었는데 일본어를 아는 사람이 반장을 하였다. 그도 소학교를 나와서 반장이었다. 그런데 가네오까라는 사람이(진주중 졸업) 처우에 항의하는 스트라이크를 조직한 일도 있었다. 그러자 비상이 걸리고 결국 그는 행방불명이 되었는데 사망하였을 것으로 추정한다. 그는 시즈오까에서는 굴착공사를 하였는데 사람이 많이 죽었을 것으로 추정했다. 같이 온 사람 중 1인이 추락사하였다는 말도 들었다고 하였다.

5월 4일

오전에는 東京 시내의 야스쿠니신사를 관람하였다. 야스쿠니 神社에는 한인 특공대원이 기록되어 있는 책을 팔고 있어서 1부 구입하였다.

오후에는 상아미코댐을 현지 조사하였다. 히구치씨와 오전 11 : 30에 만나 현지에서 상아미코댐의 역사를 시민운동차원에서 조사하고 있는 하시모토씨(45세)를 만났다. 그녀는 1975년 중국에 간 기회가 있었는데 76년 중국에서 어떤 노인이 일본인인 자신에게 하는 비난을 느끼고 평화운동에 관심을 가지게 되었다고 하였다. 그는 댐의 역사를 조사하는 중에 중국인 노동자보다도 한인노동자들이 더 많다는 것을 알게 되었다. 마루보(募)라고 불리우는 이 노동자들이 350명 정도 별도 격리되어 댐건설에 종사한 것이다. 이 공사에 동원된 중국인의 수는 확실하고 사망자도 확실하지만 한국인의 경우는 그렇지 못하였다. 중국은 전승국으로 일본에 대해 진상규명을 요구할 수 있었는데 한국은 그렇지 못하였던 것이다. 노동자의 합숙소(함바)는 도망치기 어려운 절벽에 있었다. 때로는 도망자가 발생하여 산을 수색하였으며 도망자를 체포하여 린치하기도 하였다. 합숙소(함바)가시라인 일본인이 린치를 가하는 중 2명을 죽였다는 말을 들었다고 하였다. 시체는 불태워지고 구덩이를 파고 묻었는데 그 위치에 현재 집이 들어서 있기 때문에 위치는 사생활보호의 차원에서 공개할 수 없다고 하였다. 가장 위험한 일은 한인노동자가 담당하였으며 격리시켜 일하였다. 1985년까지 댐건설전시관이 있었는데 그 중에서도 조선인 이야기는 없었다고 한다. 그녀는 전시관에 정확한 역사를 기록하라는 운동도 하였다. 그러나 한인희생자는 정확히 파악되지 않는다.

함바가시라(捧頭)는 밤에도 노동자들을 감시하였다. 그러나 노동자들은 고된 노동조건에 신음하였다. 한 일본 승려이자 교사는 영혼의 존재 여부를 믿느냐고 하시모토 등 학생에게 질문하고 자기는 영혼을 믿는다고 했다. 왜냐하면 한 일본인이 밤에 신음소리를 내는데 그 소리가 한인 노동자들이 합숙소(함바)에서 밤새내는 신음소리와 같았기 때문이다. 그 일본인의 부인은 이를 그 승려에게 알리고 그 승려는 독경을 하여 이를 치유했다는 이야기가 있다. 또 한 경우는 한인노동자가 실수로 일본인을 사망케 했는데 그 보복으로 그 한인은 실종되었다고 하였다. 사망했을 것이라는 추측이다. 상아미코 공원에는 이제 강제연행자들을 위한 비가 서 있다. 옛 비에는 이 사실이 없지만 새로 세운 비에는 이 사실이 밝혀져 있다. 가나가와縣이 세운 이 비는 일본에서 아주 예외적이다. 참고로 가나가와縣에는 10년 전부터 국제교류부에 조선담당자가 있다고 한다. 가나가와縣만이 縣예산으로 강제연행에 대한 조사를 단행하였으며 이점은 예외적이다. 그러나 그럼에도 불구하고 새로운 비석에 강제연행이라는 문구를 넣는데 1년이 넘는 시간이 필요했다고 하시모토씨는 말했다.

5월 5일

東京에서 오사카로 이동을 하였다. 그리고 고베의 고베청년학생센타에서 짐을 풀었다. 마침 히다씨와 만나고 김영달씨와도 연락이 되어 오후 3시 30분경 만나서 협조를 요청하였다. 김영달씨는 많은 자료를 가지고 나와서 조사단에 기증하였으며 이어서 적극적인 협력을 약속하였다.

이어서 김영달씨의 안내로 김경해씨를 면담하였다. 김경해씨는 효고 縣에서 강제연행문제를 조사하는 연구자로서 효고縣에서의 한인희생자를 1905~45년 사이의 각종 신문자료에서 추출하여 100~120명 정도라고 보고 그 명단을 작성하는 중에 있으며 올 1월쯤 완성예정이었으나 지진때문에 완성을 보지 못하였다고 하였다. 그는 또한 추모비에 대하여는 효고縣에 2군데에 추모비가 있다고 하였다. ① 철도공사 중 사망한 사람 21인 중 7인이 조선인이었다.(『兵庫と 朝鮮人』) ② 야시로조(社町)에 관개수로 건설 중 7명 중 4인의 희생이 발생했으며 1927년 비석이 발견되었는데 비석이 풀에 덮혀 있다가 5~6년 전 발견되었다는 것이다. 당시 신문에는 일본인 이름만 나왔는데 이 비는 마을 사람들이 건립한 것이다.(『兵庫と 朝鮮人』,『在日朝鮮人 90年の 軌跡』.) 또 고베시 중앙구에 절이 있는데 여기에 50~60명의 유해가 있는데 이 유해는 강제연행되어 고베제강소(가와사끼 중공업)에서 일하던 사람들의 유골로 짐작된다는 것이다. 이는 공습시에 희생당한 조선사람의 유골이라 하여 보관하는 것이며 관음보살상 아래에 있다. 일본인 증인의 아버지가 그러한 말을 했다고 한다. 동시에 비 건립운동이 2군데서 있다고 하였다. ① 효고 서쪽 아이오이시(相生市)에 군함기지가 있었다. 그중 하리마조선소에서의 희생자유골이 50~60체 보관되어 있었다. 이 사실을 5~6년 전 통보를 받고 민단과 조총련이 합작으로 금년내에 완공할 예정이라고 한다. 희생자의 명단이 있는 것도 있고 없는 것도 있다. ② 고베시내 육갑산 지방철도(고베전철) 건설에서 희생자가 13인 발생하였는데 시기는 1920~1930년대라고 한다. 신문에서 굴착공사 중 사망하였다는 기사를 보았으며 민단, 총련, 일본인이 합작으로 1996년 11월 건립예정으로 되어 있으며 '홍륭사' 과거장에 희생자를 기록하도록 하였다. 씨는 이러한 조사에 대하여 지방관청이나 기업의 태도는 아직 비협조적이며 단지 그

가 알기로는 하시모구미(鹿島組)에서만 사죄를 했다고 한다. 또 그는 지금까지 안병직, 강창일, 山下英愛(이대), 김민영(광주거주 군산대)씨 등이 강제연행문제를 연락을 하여 왔으며 독립기념관에는 하와이 포로수용소 자료가 있다는 것을 말했다.

5월 6일

오전 9 : 00에 홍상진씨를 면담하였다. 씨는 유해송환보다는 진상규명이 중요하다고 하였으며 원인규명 - 일본 정부 사과 - 유골송환의 절차를 밟아야 한다고 하였다. 그리고 추모비는 가해자들이 세워야 한다고 하였다. 우리는 진상규명의 차원에서는 목적이 같은 만큼 도와달라고 협조를 요청하였다. 그리고 그는 현재 시모노세키에 관부연락선이 출입하던 곳에 임시한인구류처가 시에 의해 파괴될 위험에 처해 있다고 하였으며 이의 보호를 위하여 山口縣강제연행진상조사단이 활동하고 있으며 그리고 2년 전 후쿠오카에서 골프장 건설 중 유해가 나왔는데 이를 일본절간에 방치하였다고 하였다. 묘지가 남아 있다. 그는 개별소송은 중요하지 않으며 실패할 것이라고 전망하였다. 조사단은 1 : 00에는 강재언 교수를 만나 조언을 들었다. 강교수는 조총련의 입장이 조일 수교용의 정치적 목적이 있는 것이라고 하였다. 점심 후에는 大阪시내에 있는 生玉공원을 방문하여 지하호의 흔적을 구경하였다. 그러나 입구는 모두 콘크리트로 봉쇄되어 있었다.

5월 7일

김영달씨의 안내로 고베의 한인밀집구인 낭아다구 한인 마쯔리를 관람하고 이어서 청구문고를 방문하였다. 청구문고의 한석희 선생으로부터 많은 자료를 기증받았다.

5월 8일

오사카 간사이공항을 출발하여 서울로 도착하였다.

6. 맺음말

1) 협력관계를 보다 구체화하고 연구 및 사회적 여론을 환기하기 위하여 국제적 규모의 학술대회를 개최할 필요가 있다는 의견이 있었고 여기에 조사단은 동의하였다.

2) 일본에서의 자료공개를 촉진하기 위하여 한국정부가 일본정부에 대해 외교적 요청을 지속적으로 해나가는 것이 중요하며 아울러 한국에서 연구분위기를 조성시키는 것이 필요하다는 생각이 들었다.

제7장 해외 한인희생 조사 보고서2 (러시아)

1. 여행목적

러시아 사할린, 연해주, 하바로프스크주의 한인 희생자를 조사하고 역사적 장소를 확인하기 위한 것이다.

2. 여행일자

95. 5. 31～6. 14
사할린 및 연해주, 하바로프스크주

3. 여행자

권희영(연구책임자, 한국정신문화연구원)
최우규(동행기자, 경향신문)
김석구(동행사진기자, 경향신문)

조진희(보건복지부)

이용택(해외희생동포추념사업회 회장)

4. 교통편

5. 31 서울－하바로프스크 OZ572 09 : 25～15 : 00

5. 31 하바로프스크－유지노 사할린스크 SU3925 17 : 45～20 : 05

6. 7 유즈노사할린스크－블라디보스톡 SU3899 14 : 30～15 : 10

6. 11 블라디보스톡－하바로프스크 SU504 17 : 40～19 : 25

6. 14 하바로프스크－서울 OZ571 16 : 10～18 : 00

5. 활동내역

5월 31일

하바로프스크에 도착하여 "Inturist"호텔에 여장을 풀고 이주학씨(하바
로프스크주 이산가족회장)에게 전화연락을 하여 이주학씨가 호텔로 찾
아와 면담을 실시하였다. 이주학씨에게 일행이 찾아온 목적을 이야기하
고 소개를 부탁하였다. 이씨는 남봉식씨, 김용남씨, 고성만씨를 소개하
였고 역사적인 장소로 A.김이 일했던 건물, 김유천거리 등에 대하여 말
했다. 이들에 대하여는 차후에 면담을 실시하기로 하고 우선 이주학씨
개인에 대하여 면담을 실시하였다.

이주학씨는 1924년생으로 함흥출신인데 4살 되던 해에 부친을 따라
사할린 Uglegorsk로 이주하였다. 그의 부친은 돈을 벌기 위하여 대우가
좋은 사할린으로 이주하게 되었다. 그는 사할린에서 1941년 2월 東京으

로 나갔다. 학업을 계속하기 위하여. 그는 약 2년간 대학에 가기 위한 학업을 준비하였으며 43년 대학에 입학하였으나 오래 다니지 못하고 44년 다시 사할린에 돌아왔다. 그는 45년 해방이 되기까지 태평탄광 노무부에 근무하였다. 그는 노무부에 근무하면서 징병소집령을 기다리고 있다가 해방을 맞이하였다고 한다. 해방 이후는 그의 일본에서의 영어교육덕으로 영어교사를 하면서 교장까지 지냈으며 다른 한편으로는 학업을 계속하여 하바로프스크 사범대 영문과를 졸업하였다. 그는 다시 54년에는 모스크바방송 하바로프스크지국에 근무하게 되었으며 그후 35년간 방송국에서 번역원으로 근무하였다.

우리는 그에게 소비에트시절에 한인들이 당한 고통에 대하여 회상을 말해줄 것을 요청하였으며 그는 우리에게 다음과 같은 말을 전하여 주었다. 그가 사할린에서 교장을 하던 시절 1950년 8월 15일 무렵에 그가 근무하던 지역의 소비에트에서 콜호즈를 결성하면서 한인들을 추방하려는 계획을 입안하였다. 이는 한인들이 러시아인들로부터 당하는 노골적인 박해였고, 이에 한인들은 어떻게 대처할 방법을 몰라 난감해하고 있었다. 이때에 이 문제에 대하여 이씨는 스탈린에게 매달려보자는 심산으로 전보를 쳤다고 한다. 그런데 약 20일 후에 모스크바로 부터 사람이 파견되어 진상을 조사하게 되었으며 그도 소환되었다. 시와 구역의 당확대회의가 개최되었고 시당 제1비서 매리시노와 소비에트위원장 바리호프가 면직되고 한인은 콜호즈로 통합됨으로써 한인들이 추방의 위협에서 벗어나게 되었다는 것이다.

또 그는 이산가족회 활동을 소개하면서 그 동안 5차례 상봉이 이루어졌고 이산가족회의 회원은 500명 정도라고 하였다. 하바로프스크주에 거주하는 한인은 약 8천으로서 이들은 원래 중앙아시아에 거주하였다 되돌아온 사람, 이북출신으로 해방 후에 노무자로 파견되었던 사람, 사할린출신 등 3부류로 나누어지며 이들이 각각 3분의 1정도를 차지한다고 하였다. 일행은 6월 11일 하바로프스크 도착시 다시 그와 만나기로 약속하고 헤어졌다.

6월 1일

하바로프스크에서 사할린으로 향하였다. 유즈노사할린스크에는 해외 희생동포추념사업회 성지부장 및 임부지부장이 마중을 나왔다. 이날 원래 나탈리아호텔을 예약하였으나 지진관계로 인하여 많은 사람이 몰려들어 호텔예약이 취소되었다고 하여 "Geolog"라는 호텔에 여장을 풀었다. 호텔에 장윤기 유즈노사할린스크 노인회장이 방문하여 장회장과 면담을 실시하였다.

장회장은 현 73세로 17세에 도일하여 四國鐵道 공사장, 그 후에는 가와노이시 항구와 우리시마시 사이의 관통철도공사를 담당하였다고 하였다. 그는 大阪에 있는 친삼촌을 의지하려고 도일하였으며 15일 동안 일하다가 도망을 쳐서 삼촌 집에 도착하였다. 그 후 그는 사할린에 오게되었다. 그는 벌목장에서 일하였는데 벌목장 노동은 기술을 다소 요하는 일이기 때문에 여기에서 일하던 한인들의 수는 그리 많지 않았다고 한다. 그는 후에 학교의 교사도 하였다.

그는 1991년 8월 사할린 한인을 대상으로 앙케트조사에 의하면 한인은 3만 6천인데(그 중 1세는 2,895인) 현재는 4만3천 정도라고 하였다. 그의 설명으로는 한인이 이같이 늘어난 것은 한국에 대한 이미지의 개선으로 한-러 등의 혼혈한인들이 자신을 민족적으로 한인으로 정체성을 가지게 된 것이라고 파악하였다.

한편 94년 3월에 사할린에서는 앙케트조사를 하였는데 조사에 응한 사람은 모두 3만 2,685명이며 이중 1,443인은 무조건 귀국을 희망하였고 21,694인은 주택제공을 조건으로 한 귀국으로 모두 23,142명이 귀환을 희망하였고 943명이 남겠다고 희망하였으며 이외 현재 북한국적을 가진 사람은 260명 무국적자는 2,600명 정도인 것으로 파악한다고 하였다. 북한국적자는 해방 직후 북한에서 파견한 1만 명의 노동자들로서 대부분은 귀국하였으나 소수가 남았다는 것이다.

6월 2일

오전중에 사할린 한인희생자 위령비를 찾아보았다. 이 비는 Iu-S. Porspekt Mira, Doma Kultury "Rodina"에 있다.

유즈노사할린스크시 한인협회를 방문하고 시의 노인들과 면회를 하였다. 한인협회는 이전에 영화관으로 쓰던 건물에 세들어 있었다 (Assosiatsia koreitsev iuzhnosakhalinska, Sakhalinskaia 198, Kino Sputnik). 이 노인회 건물에서 우리는 여러 노인들과 면담을 실시하였다.

임판개씨는 해외희생동포추념사업회의 부지부장으로 1926년생이다. 그의 고향은 경남산청군 신안면 외골(방동산)이라 하였다. 그는 태권도로 단련된 사람인데(5단) 1943년 12월 형 임정식을 징용하러 나온 일본순사가 형이 보이지 않자 아침밥을 먹고 있던 그를 형 대신 징용하였다고 한다. 그는 Bykov탄광에서 노동한 경험을 가진 증인이다. 그의 고향에서는 100명이 징용되었다고 한다. 그는 징용노동자로서 다꼬헤야의 생활경험도 가졌다. 다꼬헤야는 일종의 징벌방이었는데 그는 친구 5명이 도주하는 것을 도와주었다가 10일간 다꼬헤야에 갇히게 되었다고 한다. 다꼬에 있는 사람들은 너무 심하게 두들겨 맞아서 정신이상이 된 사람들이 많았다고 한다. 그의 다꼬에는 150명 정도가 있었는데 그 중 한인은 15명 정도였었다고 한다. 사람들은 아무런 말도 할 수 없었으며 말만하면 몽둥이를 들었다. 해방이 되어서도 이들은 아무런 기쁨이 없이 멍청하게 앉아 있었다고 한다. 그의 증언에 의하면 일본인 헌병들은 한인들을 짐승과 같이 취급하였으며 온몸을 구타하기 일수였다고 한다.

탄광에서 일할 때에는 3교대 작업으로 일하였는데 식사가 너무 부족하여서 그는 메주콩과 현미가 반 정도씩 섞인 도시락을 먹었는데 입으로 불면 흩어질 정도로 끈기가 없었으며 너무 배가 고파서 무우, 배추, 양배추 등의 뿌리와 머우 같은 것을 섞어서 먹었다고 한다.

일본인은 노동력을 확보하기 위하여 노동계약 후에 가족의 솔거를 권유하였으나 1944년에 한인들이 전원 현지징용된 후에 일본으로 2차 징용당한 사람들의 남아있는 가족들에게 배급도 주지 않았다고 한다.

한편 징용한인들에게 있어서 배우자를 구하는 문제는 어려운 문제였으며 이에 북한으로 간 경우도 적지 않게 있었다고 한다.

그는 태권도를 통하여 국위를 선양하려는 생각을 가지고 있으며 한인협회의 활동에 대하여 그의 활동이 가능해진 것은 1990년이었으며 그 이전에는 외국인과 접촉하는 것조차도 수사의 대상이 되었을 정도로 그 상황은 어려웠다고 한다.

양재호(70)씨는 1943년 10월 징용되었는데 고향은 경북 경산군 남천면 신방동이라고 하였다. 그는 가와가미(Sinegorsk) 탄산에서 작업하였다. 그와 함께 징용된 인원은 약 70명이었다고 하였다. 그는 잡부로서 일하였는데 18세에 징용을 나왔다. 그는 하루 2원 10전의 임금을 받기로 되었지만 실제로는 돈을 받아본 일이 없으며 오로지 하루 쌀 5홉 정도를 배급받았다고 하였다. 그 반면에 일본인은 6~7원의 임금을 받았다고 한다. 그는 약정된 2년 기간이 지났지만 집으로 보내주지 않았으며 그가 알기로는 6명 정도가 사망하거나 병사함으로써 화장 처리되는 것을 알고 있다고 하였다.

그는 해방 후에는 마까로(지리도리)로 갔는데 거기에는 사촌이 징용 이전에 벌목일을 하고 있었으며 그 인원은 2천 명 정도였다. 거기에서 그는 제지공장에 취직이 되었다.

그는 해방이후에도 소련으로부터 차별대우를 받았다는 증언을 해주었다. 주택배급에 있어서 러시아인들에게 우선적으로 좋은 주택이 배정 되었고 월급도 같은 조건이라면 러시아인들을 우대하였고 텃밭의 배분 에도 차별이 있었다고 하였다. 또 1946~1948년 사이에 북한사람 1만인 정도가 노동자로 들어왔는데 이들과도 차별대우를 받았다고 하였다. 즉 징용한인들은 사회의 최하층 대우를 받은 것이다. 특히 86, 88년을 계기 로 하여 한인들에 대한 입장은 다소 완화된 것으로 보인다고 하였다. 그 렇지만 그는 현재에는 경제사정의 악화로 한인들의 50%이상은 실업자 가 되어 보따리장사에 의존해야 할 정도로 많은 문제점을 안고 있다고 하였다.

박규천씨(73)는 43년에 모집으로 사할린에 들어오게 되었다. 그의 고 향은 충남 서산 인진면 화수리인데 그의 고향에서 약 100명이 강제모집 되었다고 한다. 그는 사사끼구미에 속하여 노동하였는데 가미시스키 해 군시설부(현 레오니도프)에서 노동을 하였으며 겨울에는 작업이 불가능 해 와그르쇼(도마리기시) 탄광에서 일하였다.

그에게서 노동조건을 들어보았다. 그는 매일 8시에 출근하여 8시에 귀가하였다. 물론 외출은 금지되었다. 콩과 쌀이 섞인 것을 먹었으며 담 배와 술을 배급받았다. 일당은 2원 20전을 받기로 되어 있었으나 회사에 서 통장을 보관하고 있어서 그는 통장을 본 일이 없다고 하였다.

해방 후에 그는 가미시스카에서 마카로로 피난하였는데 학교로 피난 하였다. 그는 계속하여 코르사코프항까지 도망하였다. 어장에서 막노동을 하였으며 배급을 받아서 연명하였다. 그는 목재소에 5년간 근무하였고 홀름스크(Kholmsk)에서 건축일을 하기도 하였다. 그는 한국으로 밀항을 하기 위하여 코르사코프에 거주하였지만 그 계획은 이루어지지 못하였다. 그러나 그는 한국으로 떠났을 경우로 짐작되는 다음의 이야기를 해주었다. 46년경에 12명이 어장배를 준비하였는데 6개월 정도가 걸렸다. 그러다가 수상경비대에 발각이 되어서 감옥에 감금되었는데 그중 2명은 죽었다는 것이다. 그러나 그는 같은 군에서 왔던 사람 중 22~23세 정도 되는 장가든 사람 그리고 아이가 하나 있던 사람이 무사히 탈출하는데 성공하였을 것으로 짐작하고 있다.

손영철(70)씨는 고향이 달성군 동촌면이다. 그는 42년에 강제모집으로 연행되었다. 그가 모집에 응한 것은 지원병을 피하려는 생각에서였다고 한다. 그는 탄광에서 일하게 되었는데 같은 면에서 33명(같은 동네에서 13명)이 모집되었다고 한다. 그는 임금을 2~3원 정도였다고 하는데 일본인의 2분의 1정도로 기억하며 가와가미(시네고르스크) 탄산에서 일하였는데 도망칠 생각은 없었다고 하였다. 그가 알기로는 고향 사람 둘이 죽은 것을 기억한다고 하였다.

장명방 : 폭발사고로 사망
가미노 보하니 : 낙반사고로 사망

그는 이들의 유해가 탄광마을에 있던 절에 안치되었었다고 한다. 그가 알기로는 유즈노사할린스크에 당시 모두 6개의 절과 3개의 신사가 있었다고 한다.

성정호씨는 사할린 노인회 부회장인데 그는 전북 군산부 선양동 923번지가 고향이라고 하였다. 그는 1940년에 보통학교를 졸업하였다. 15세

되던 해에 부친의 친구였던 사할린의 자유노동자로 일하던 사람에게 전종근이라는 동창과 함께 왔다. 부친의 친구는 여우를 사육하고 있었으며 소 7마리, 말 7필을 가지고 있었다. 그는 군산중학교에 시험을 치르었으나 공부를 하기 위하여 사할린으로 왔다고 하였다. 그는 3년제 농업학교를 졸업하고 축산기사보가 되었으며 수즈야에서 농장일을 하였다고 했다.

그는 해방 후에 한국에 돌아가려고 포로나이로 가서 4년간 기회를 엿보았다. 밀선을 탄다는 이야기를 많이 들었기 때문이다. 그가 알기로도 2명은 성공하였다고 한다.(경북의 박덕수, 윤씨) 그는 그들의 편지를 받아보았다고 했다. 그러나 만일 밀선을 타다가 잡히면 3년간 감옥생활을 시베리아에서 해야만 하였다. 그는 1950년도부터는 벌목작업을 하였는데 신문(니이또이)벌목장에서 50여 명과 함께 작업하였다고 한다. 그는 12년간 일하였는데 먹을 것 때문에 고생을 많이 하였다고 한다. 그는 벌목장에서 96도 되는 스피리트를 먹고 죽은 사람도 있다고 하였다. 그의 아들은 셋인데 1명은 노보시비르스크 화학연구소장으로 다른 하나는 비행장 헬기정비책임으로 일하고 있으며 다른 하나는 30세라고 하였다.

오후에는 새고려신문사와 유즈노사할린스크사범대학을 방문하였다.

신문사에서 김순희 교수를 면담하였다. 동양학부 한국학과의 과장직을 맡고 있는 김선생은 1989~1990년도에는 한국학과의 학생수가 10명 정도였으나 1992~1993년에는 15~20명 그리고 1994년도에는 25명 정도로 늘어났다고 한다. 그런데 수업료가 징수되기 시작하여 10명은 무료지만 그 외에는 1년에 400만 루블을 내야하고 1995년도에는 1년에 700만 루블을 받을 예정이라 한다. 한편 사범대학의 한인교수 수를 질문하니 대략 20명 정도 된다고 하였다.(Iuzhnosakhalinskii Gosudarstvennyi

Pedagogicheskii Institut, 693000 g.Iuzhnosakhalinsk, Kommunisticheskii Prospekt Nr.33, Vostochnyi fakul'tet, tel. 3−46−79)

신문사에서 또한 『새고려신문』 안춘대 사장과의 면담이 있었다. 안사장에게 신문사의 역사에 대한 소개를 부탁하였다. 신문이 처음 창간된 것은 1949년 6월의 일로 이때 『조선노동자』라는 이름으로 하바로프스크에서 창간되었으며 발간주체는 소련공산당이었다. 그 이후 이 신문은 1951년 사할린으로 이동하게 되었으며 1961년에는 『레닌의 길로』라는 이름으로 개칭되었고 다시 1991년 10월에는 『새고려신문』으로 개칭되었으며 공산당기관지가 아닌 독립신문이 되었다. 그러다가 1994년 9월에는 주한인협회의 기관지가 되었다. 이 신문은 사할린 한인사이에 발간되는 유일한 신문이며 사할린 내 소수민족 신문 중에서도 유일한 신문이라고 하였다. 신문은 약 1,500부를 1주에 1번 발간하는데 그 중 1,100부가 有價紙라고 하였다. 신문보급이 활발하지 못한 이유는 경제사정이 악화되어서 신문구독 자체가 부담스럽기 때문이며 또한 주 고객인 1세 노인들이 많지 않기 때문이라고 하였다. 그러나 최근에 와서는 다시 구독자가 증가하고 있는 추세라고 한다. 기자는 모두 3명이며 그녀는 1994년 2월에 사장에 취임하였다고 한다. 문제는 기자들의 보수가 박하기 때문에 무역회사 등으로의 전출이 잦아서 유능한 기자를 확보하기가 어려운 것이다.

한편 재정적인 곤란 때문에 한국의 독지가들이 신문발간에 대하여 재정적 지원을 해주고 있는데 현재 한국일보, 한국서산장학재단, 한반도여행사, 사랑수리선교회, 유즈노사할인스크건축회사가 도움을 주고있다고 밝혔다. 이 신문은 1985~1986년 무렵에는 발행부수가 최대 7,000부까지였다고 한다.

신문사에 있는 동안에 우연하게 최잔집웅을 면담하게 되었다. 최웅은

울먹거리면서 사할린 지진에 희생당한 동포들을 위해 써달라고 성금을 기탁하러 왔다. 최웅은 한인들이 억울하게 끌려나와 고향에 가지고 못하고 있는 상태에서 지진으로 죽은 것이 너무나 가슴이 아파 성금을 기탁한다고 하였다. 그는 1913년생으로 강원도 명주군 강릉시 내곡동이 고향으로 1932년 東京으로 건너가서 막노동에 종사하였으며 사할린에는 1934년 건너왔다고 한다. 그는 마카로프(오오지까)제지공장에 취직하여 월급 100원을 받고 일하였으며 그는 영주귀국을 희망하고 있으나 딸이 있는 연고자이기 때문에 귀국을 하지 못하고 있는 사정이라고 하였다.

6월3일

차량을 이용해 븨코프탄광을 방문하였다. 뷔코프탄광은 유즈노사할린스크에서 차로 약 1시간 반 정도 걸리는 거리였다. 거기에서는 븨코프 노인회회장인 백인조씨를 면담하였다(Dolinskaia raion, poe.Bykov, ul. Torgabaia 7−3). 그는 1926년생으로 1944년 징용되어 현 탄광에 오게 되었다. 이 탄광은 현재에도 약 2,500명의 광원이 있는데 1주야에 약 2,400톤을 채굴한다고 하였다.(옛날에는 3천톤까지 채굴하였다고 한다) 이중 한인광원은 약 150명 정도이며 참고로 븨코프일대에 거주하는 한인들의 수는 모두 800명 정도라고 한다.

그는 대구 남산동에 살다가 72명과 함께 징용당하였는데 당시 탄광에는 약 3천 명이 일하고 있던 것을 기억하였다. 그는 僚가 모두 6개가 있었다고 하며 1僚 당 250~300명이 있었다고 하였다. 그에 의하면 탄광에서 고된 노동과 가혹한 구타에 시달리다가 정신이상이나 불구자가 된 사람이 적지 않았다고 한다. 그는 9달간 일하다가 종전이 되었다고 하였다. 그에게 사망자를 질문하니 운반차에 치이고 낙반사고 등으로 인하여 사망자가 발생하였다고 하며 5명은 직접 그가 사망을 확인하였다고 한다. 다음은 그가 기억하고 있는 사망자이다.

　　성용환(충청도)
　　권길수(전라도)

　이들 사망자는 탄광에서 약 3키로 떨어진 공동묘지에 묻어버렸다고 한다. 같은 동행한 임판개씨는 사망자가 나오면 그냥 흙으로 묻어버려서 쓰레기처럼 처리했다고도 하였다.

　백인조씨에 의하면 8·15는 해방이 아니고 단지 주인만 바뀐 상태라고 하였다. 해방 이후에 편지 한장 하지 못하고 있었다. 僚마다 반장은 한인이었지만 僚長은 일본인이었다. 반장은 일본인의 말을 들을 수밖에 없었으며 한인들은 외출이 금지된 상황이었다. 그는 홀로 징용을 와서 의지할 데가 없기 때문에 종전이 되었어도 그냥 탄광에 머물렀다. 탄광은 소련군에 의하여 폭격도 당하였는데 그는 전공으로 일하였다고 한다. 그는 34살 때 결혼을 하였는데 사람들이 월급 많이 받고 깨끗한 일을 하는 사람에게만 딸을 주었다고 한다. 그는 79년부터 연금생활을 시작하였는데 91년 7월 븨코프한인노인협회가 처음으로 결성되었을 때 회장을 맡았으며 현재는 노인협회회장(회원 85명)으로 있다.

　그는 징용되기 전에 도장 파는 일을 하였는데 탄광에서도 그 일을 했다고 한다. 그는 당시에 배가 매우 고파서 야생하는 머우를 많이 먹었고 도시락으로 2개 주는 것은 아침에 다 먹었다고 한다. 그러나 탄광입구에서 도시락 검사를 하기에 빈 도시락을 들고 다녔다 한다. 임금은 1일 2원 50전을 받았으나 모두 강제저금되었다. 그는 종전후 통장을 가지고 있었으나 분실하였다고 한다. 해방이 되자 탄광에서는 배상비를 요구하고 일본인 간노 처벌요구가 있었다고 하였다. 소련군이 탄광을 접수한 후 대우는 나아졌다.

한편 한인협회회장 김부조씨를 면담했다(Koreiskaia Assosiatsia Kultura). 한인협회는 90년 2월에 결성되었으며 그는 94년 3월 3대회장에 취임하였다. 집회는 1달에 1회 정도 10명 정도가 참석하며 1년에 1회 총회를 개최한다. 부조하는 일이 주목적인데 그는 현재 탄광의 운송부장을 맡고 있다(Magadanskii Politekhnicheskii Institut 67년 졸업). 그의 안내에 의하여 우리는 탄광 제1터널을 약 4km 들어가서 채굴입구까지 가 보았다. 부근의 공동묘지에도 가 보았는데 팻말이 없는 한인 무연고묘가 30여 기 정도 있다고 하였다.

저녁에는 장윤기 회장이 호텔로 방문해 면담을 하였다(g. Iuzhno-Sakhalinsk 693014 ul.Emelionova 23−72, tel.26−2−57). 그에게 시 노인회에 대한 질문을 하였다. 유즈노사할린스크시 노인회는 91년 결성되었는데 60세 이상의 노인 1,000명이 회원이라고 하였다. 노인회 조직의 목적은 노인들을 위한 오락조직, 구정 설맞이, 7월 마지막 토요일 야유회, 추석 경노잔치 등이라고 하였다. 장회장으로부터 영주귀국에 대한 문제점을 들었다. 현재 한국에는 영주귀국노인을 수용하는 곳이 두 군데 있다. 하나는 강원도 춘천 사랑의 집이며 다른 하나는 대구 고령의 대천양노원인 바 이는 적십자사가 주최가 되고 이산가족회와 연락하여 업무를 처리하는 데 이것이 이산가족을 양산하는 결과를 빚었다고 한다. 왜냐하면 실제로는 가족이 있는 노인들이 귀국하고 싶은 희망 때문에 독신노인이라고 하여 귀국하는 경우가 상당히 많기 때문이다.

특히 일본이 새로 입안한 파일로트프로젝트에 대하여 의문이 많다고 하였다. 일본이 말하는 500세대 주택 건설자금과 100명의 무의탁노인 양로시설에 대하여 이러한 자금공급이 1회에 그쳐서는 안되며 특히 가족이 헤어지는 이산가족을 낳는 결과가 되어서는 안될 것이라고 하였다.

저녁에는 김순희 교수의 초대를 받아서 김순희 교수, 신숙자 9호중학교 교장과 면담을 하게 되었다. 김교수는 1985년에 타슈켄트사범대에 한국어과가 생기고 1988년에는 유즈노사할린스크 사범대에 한국어과가 개설되었으며 그 이전에는 모스크바 대학(1939년), 모스크바군인대, 레닌그라드대에 한국어과가 있었다고 한다.

한편 신교장은 한글학교가 사할린에서는 1964년에 폐지된 적이 있으며 1992년에 다시 설립되었다고 하였다. 그녀는 교육부에 근무하다가 교장이 되었다고 한다. 현재 학생 수는 모두 1,000명인데 그중 한인학생 수는 약 370명이라고 하였다. 한글이 일주일에 4시간씩 하는 선택과목으로 있다고 하였다.

한편 한인들의 경우 페레스트로이카 이전에는 대학교육을 받은 사람이 많았으나 이제는 30대 이하에 대학교육을 받은 사람이 드물다고 하였다. 부모들이 대개 보따리 장사를 하기 때문에 자식교육에 신경을 쓰기가 어렵기 때문이다.

6월 4일

일행은 코르사코프를 방문하였다. 시한인협회에서 이순복회장, 김군금 부회장 및 김도영 노인협회회장과 노인 10명을 면담하였다. 한인협회는 1989년 조직되었는데 그 목적은 1세들을 돕고, 언어와 문화를 재생하며, 설맞이 운동회를 개최하고 어린이 교육을 실시하고 상부상조를 하는데 있다. 그러나 시간과 기금이 부족한 것이 문제라고 하였다. 한인의 수는 3,800명 정도로 파악하고 있다. 노인회는 조직된지 3년이 되었으며 현 80세 이상은 23명 65~80세는 127명이고 작년에만 13명의 1세들이 사망하였다고 한다. 노인회회원은 약 200명이다. 한인들의 실태는 80%가 실업자인 상태이며 주로 보따리장사 등의 일을 한다. 경제사정의 약화로 심지어 2년 정도 월급이 체불되는 경우까지 있다고 한다. 이 협회에서 우리는 방문목적을 설명하고 노인들과 면담을 시작하였다. 이 면담에서는 일본군 패망 후 귀환을 시도하려는 한인들의 고통에 대한 증언을 많이 수집할 수 있었다.

도만득옹(80)은 경기도 파주군 문산읍이 고향으로 그는 광주, 서울, 영천에서 310명이 징용되었다고 회고하였다. 그는 1945~1946년경 밀선을 타고 도망을 하기 위하여 코르사코프로 왔었다. 그러다가 밀선을 타고 방향을 잡지 못해 다시 돌아온 사람도 있었고 일부는 국경경비대에 붙잡힌 사람도 있었다고 한다. 일본인들 중에서도 밀선을 타고 귀향한 사람이 많이 있었다고 한다. 일본인들은 어업에 종사하여 항해술을 알기에 가능하였으며 한인들은 말단 선원이 고작이어서 한인들의 힘만으로 밀선을 타고 귀향하는 일은 어려웠다고 한다.

그가 기억하고 있는 일로 1946년경 한인 24명이 밀선을 타고 가다가 파도에 밀려서 다시 돌아온 일이 있는데 이들은 모두 재판을 받고 대륙으로 갔다. 우즈베키스탄으로 갔는데 모두 7~8년의 징역형을 받았다는 것이다. 그가 기억하고 있는 이 일행은 이범(서울), 가또오, 최만선이었다. 도만득옹도 포함되어 모두 62명이 밀선을 타고 귀향하기 위하여 어부모집에 응해서 어부생활을 하기도 하였다. 그러나 대부분은 성공하지 못했다. 경우에 따라서는 일본인의 도움을 받아(일본인이 항해사나, 기관사이기 때문에) 성공을 한 경우도 있지만 대부분은 실패하였고 실패한 경우 발각되어 시베리아의 벌목장에서 노역에 종사하다가 타슈켄트로 이주하거나 다음에 북한으로 가기도 하였다고 한다.

한편 한인의 징용현황에 대하여 그는 코르사코프 비행장건설에 한인들이 대거 동원되었다고 한다. 약 4천 명의 징용한인이 있었다고 하며 전쟁종료 직전에 약 1천의 한인이 있었다고 증언해 주었다. 또한 레오니도프 군사도로 건설에도 한인들이 많이 동원되었다고 말해주었다. 그는 또한 한인희생자에 대해 증언해 주었는데 10명 미만의 사망자에 대해 알고 있으며 그들은 화장터 옆(현재는 개인주택)에 그대로 묻었다고 하였다. 그가 기억하기로는 같은 면에서 온 임씨가 있다고 했다.

그는 징용 시 자녀가 셋이 있었으며 처도 두고 왔다. 1989년 고향을 방문해보니 따님 한 분만(54세) 생존해 있었고 처는 개가하여 4남 1녀의 손자를 두었다고 한다. 사할린에서는 재혼하여 아들 2명을 두었는데 그 중 1명은 사망하였다고 한다. 그는 한국에 묻히고 싶다고 하였다.

김신섭옹(74세). 그의 고향은 평북 능변이다. 그는 20여 명과 함께 징용되었는데 일하던 장소는 기타나요시(현 레노고르스크)이다. 南樺太탄광주식회사에서 탄부로 작업하였다. 1942~1944년 동안 작업하였는데 1944년에 九州탄광으로 재배치되었다. 그리하여 福岡의 오오시마 탕코에서 일하였다. 징용기한은 무기한이었는데 그의 기억으로는 가족있는 사람 70인 독신자 200인과 함께 九州로 갔다. 1945년 10월에 그는 가족을 찾으려는 일념으로 밀선을 타고 사할린으로 왔다. 그의 일행은 4~5인 정도였다. 탄광에서 해제되어 고향을 찾아 사할린으로 다시 온 사람은 12명 정도라고 하였다. 그는 조선사람은 다 죽었다는 소문도 들었고 하여 가족이 궁금하여 온 것이다. 와카나이에서 밀선을 타고 와서 국경경비대에 발각이 되어 1주일간 조사를 받았다. 때 마침 소련은 노동력이 필요하기 때문에 탈출은 중히 다스렸지만 이 같은 밀입국은 관대히 처리한 것이다.

주소 : Kim Do En, Sakhlinskii Obl., g.Korsakov, ul.A-matrosova, Nr.79

증언을 청취한 후 우리는 노인들의 안내를 따라 한인들이 묻혀있었다는 화장터를 방문하였다. 화장터의 주소는 Korskov, ul. Chpaev 15이다. 한편 코르사코르 공동묘지 언덕에는 평화건축지비라는 일본인들의 비가 1993년 건립되어 있었다.

한편 저녁 9시경에 이춘진씨 댁에서 식사를 하고 이 자리에서 가미시스카 탈출자가 2년 전 사망하였으며 이 사람이 김진하씨에게 자세한 이야기를 해주었고 김경순씨가 아버지와 오빠가 끌려가서 죽는 것을 경험하였다. 현재 재판중인데 현재 비를 세워 좋았다는 말을 들었다.

6월 5일에는 유즈노사할린스크에서 사할린주이산가족회와 미즈호(Pozarskoe)마을을 방문하였다. 이산가족회는 1989년 3월 10일 주정부의 설립허가를 받았다. 1989년부터 모국방문단을 조직하기 시작하여 현 68차를 완료하였고 1995년 6월 22일 69차 방문단을 예정하고 있다. 그간 약 6,500명이 전세기를 이용하여 모국방문을 하고 있으며 1995년도에는 15차 약 1,200명이 모국방문계획을 하고있다. 모국방문대상자는 1927년 전 출생자 1인과 동반자 1인이다. 매회 80명이 방문하며 이를 위하여 일본정부에서 매년 1억 2천만 엔을 대고 있으며 대한적십자사가 이 자금을 받아 사업을 하고 있다. 방문경비 중 동반 젊은이에게는 7만 루블을 공제하여 이산가족회 사업기금으로 활용하고 있다. 이산가족회 지부는 모두 13군데이며 2,500명의 회원을 가지고 있고 회원은 1루블씩의 회비를 내고 있다.

한편으로는 영주귀국문제를 둘러싸고 노인회와 갈등이 있다는 말도 들었다. 노인회가 이산가족회 업무를 가지려고 하고 있으며 영주귀국문제에 있어서 노인회는 일단 귀국 후 가족초청, 2세는 동반귀국을 희망하고 있는 것으로 대립하고 있다. 지금 현재 독신자 노인은 모두 귀국한 상태이기 때문에 차후에 영주귀국의 가족동반여부가 주요한 쟁점이 될 것 같아 보인다. 2~3세는 다시 이산가족이 발생하는 것에 대하여 강한 우려를 표명하고 있으며 부천에 영주귀국자 500세대 분의 아파트를 짓는다는 파일러트프러젝트에 대해 좀더 확실한 조건으로 결정이 되어지기를 바라고 있다. 즉 가족을 동반할 수 있고 배상을 받으며 취업문제도 해결될 수 있기를 희망하고 있다.

오후 3시경에 임판개씨의 안내를 받아서 미즈호(Pozarskoe)를 방문하였다. 이 마을에서는 일본인들이 한인들을 37명이나 집단으로 살해했다는 곳인데 그 중에는 한인과 결혼한 일본인처가 동반한 아이 셋을 찔러 죽이기도 하였다는 것이다. 이 사건의 생생한 증언자 중의 하나인 마쓰모도부인은 체호에 살고 있는데 일체 입을 열지 않는다고 한다. 정씨는 Kholmsk에서 입원 중 마을로 돌아오다가 집단살해 소식을 듣고 발길을 돌려서 화를 면했다 한다. 임씨는 이 마을에 46년 구마모도 감자농장에서 일하기 위하여 온 적이 있는데 당시는 17가구가 살고 있었다고 했다. 미즈호 마을은 한인들이 당시 일본인의 목공장, 농장 등에 고용되어서 일하고 있었다. 이씨에 의하면 김길선이라는 노인(당시 60세)의 말을 들었는데 당시 사라한의 일소국경지대에는 1만 명의 한인들이 작업을 하고 있었는데 일본인들이 이들로 하여금 개인호를 파게 한 다음 죽여 버리고 덮어 버렸으며 단지 2명만이 살아 나왔다는 증언도 해주었다. 보다 구체적으로는, 7명이 살해를 피해 빠져 나왔는데 이들이 숲에서 며칠을 견디다가 죽음을 각오하고 시냇물을 먹는데 정신을 차려보니 시내물은 핏물이었다. 그 순간에 총격을 받아 4명은 그 자리에서 죽고 1명은 부상당하였으나 짐이 될까 하여 자살하였고 그리하여 두 명만이 살아 남았다는 증언이다.

저녁에는 김진화씨의 증언을 들었다. 그는 1943년 19살 때 사할린으로 징용되었다. 그로부터는 사할린 한인들의 생활의 일면을 볼 수 있었다. 그는 장가가기가 무척 어려웠다. 당시에 사할린은 워낙 여자가 부족하여 기술이 없는 사람은 장가가기가 무척이나 곤란하였다. 그는 배우지도 못하였고 기술도 없어서 장가갈 수가 없었다. 그는 색시를 찾아보려고 농촌을 돌아다니기도 하였다. 그리하여 보로나이스크부근 니이카바(치꾸메니)에서 농장에서 일하였다. 그집에 어린 딸이 있는 것을 보았기 때문이다. 그는 2년간 장가를 가려고 무보수로 열심히 일하였다. 그가 하도 일을 잘하여서 마침내 주인집에서는 딸을 줄 의사를 표명하였다. 그는 나이도 좀 속이고 술도 안한다고 하면서 처가가 될 사람들의 마음에 들려고 많은 노력을 하였으며 마침내 결혼을 한 후에도 2년간 처가살이를 하며 노동을 하였다. 그러다 마침내 독립하기 위하여 처가를 나왔으나 처가에서는 그의 분가를 반가워하지 않아서 아무 것도 주지 않았다. 그의 딱한 처지를 친구가 알고 1불을 주어서 겨울을 날 수가 있었으며 그는 건축일을 하면서 농사를 지어 군부에 납품하였고, 집도 직접 지어서 잘 살 수 있게 되었다. 그 후 처가 장인의 환갑잔치도 잘 차려주었다고 한다.

또 해방 직후 소련은 중앙아시아사람들을 사할린한인을 지도하기 위한 지도자로 파견하였다고 한다. 지도원이나 특무계에 배치된 이들 큰 땅사람들은 조금만 불평이 있으며 체포를 하였고 이들과의 대립은 심하였다. 암시장을 하다가 감옥에 가는 사람도 많았고 사할린사람들은 '큰 땅사람'들에게 꼼짝도 하지 못하고 지냈다고 한다. 또 북한의 나호트카 영사 이태식의 감언이설에 속아 북한으로 간 사람도 있었다. 이들은 가지고 간 것을 모두 팔아먹고 비참한 생활을 하였다고 한다.(1956년경 현실목격) 예컨대 "대접도 잘못하고"라는 의례적인 말을 꼬투리로 삼아

배급도 떨어트리는 등 곤란을 겪었다고 한다.

밤에 기차를 타고 8시간 걸리는 가미시스카로 향하였다.

6월 6일

새벽 5 : 30경에 가미시스카에 도착하였다. Ol'en역에 하차하였는데 우리가 만나고자 하는 변덕만씨의 아들이 기차역에서 우리를 기다려 주었다. 그는 1918년생인데 1943년 6월 징용되었다. 그의 고향은 경남 합천군 초계면인데 같은 면내에서 10여 명이 왔다고 한다. 그는 여름에는 가미시스카에서 철도부설노동을 하였으며 겨울에는 기타구사와 탄광에서 노동하였다. 그는 심비르스크까지 철도를 부설하였는데(300km) 1944~1945년에는 일소국경지대에서 시멘트 만드는 일, 돌파는 일을 하였다(일어로 갑몽이라는 곳, perbyi uchask, btoroi uchask). 사람들은 허리에 목패를 차고 일하였는데 일하다가 많은 사람이 죽었으며 춥다고 모이면 두드려 팼고 말을 해도 두드려 패고 밤에 사람을 때려 죽이는 일도 있었다고 했다. 사람을 죽여서 대개는 길 닦는 돌맹이 밑에다 묻어버렸다고 했다. 그리하여 길을 닦던 많은 사람들이 죽었다고 했다. 이 사람들은 사사끼구미 하에서 노동했던 것으로 기억하고 있다.

그가 징용되어서 작업하던 곳에서는 1943년에 100명, 1944년에 50명이 작업하였다. 그런데 자유노동자와는 구별해서 작업하였다. 자유노동자는 30~28원을 받는데 모집은 2원 50전~2원 90전을 받았고 탄산은 6~7원을 받았다. 일부를 송금하고 전액을 저축하였는데 통장은 본 일도 없었다.

해방이 될 당시에 그는 내려가면 조선인은 모두 죽인다는 말을 듣고 산에서 3일간 숨어 있었다. 어떤 일본인이 피난가다가 그 말을 해주었다. 그리하여 그는 가미시스카를 피하여 포로나이로 내려갔다. 김경순씨도 피해자의 하나인데 집에서 밥을 먹다가 순사들이 그의 부친과 오빠를 잡아다가 죽인 것이다. 죽인 사람은 모두 40인 정도 되었다. 이들을 경찰서에서 우선 총으로 죽이고 그 다음에는 불질렀다. 김여사는 당시 15~16세였다. 여자와 아이는 내보내고 15세 이상의 남자 아이는 모두 죽이려고 하였다. 그 중의 한사람이 기절을 해있다가 석유를 뿌리는 것을 보고 불을 지르려는 것을 깨닫고 경찰서의 화장실 변기통을 통하여 탈출에 성공하였던 것이다. 이 사람은 풀밭에 숨었으며 나가야마라고 하는 사람인데 후에 북조선으로 갔다고 한다.

그는 피난하던 도중 마카로프에서는 기차를 타고 파난하던 한인들을 영화관에 여자와 어린이를 포함하여 한국사람들을 몰아넣고 전기스위치를 넣어 죽이려고 하는 계획도 있었는데 소련군의 진주가 빨라서 뜻을 이루지 못하였다는 증언도 해주었다.

또 그는 유즈노사할린스크에서도 학교에다 한인들을 몰아 넣고 죽이려고 하였으며 소련군의 상륙이 빨리 이루어져 그 계획이 이루어지지 못하였다고 한다. 소련군이 1일만 늦었어도 한인들은 모두 죽었을 것이라고 하였다. 유즈노사할린스크도 일본인들이 곳곳을 불태우고 정거장에는 사람들로 가득했었다고 한다. 소련군은 정거장을 폭격하였는데 사람들이 많이 죽었다. 이들 중 일부는 한인들을 몰살시키려하는 계획을 듣고 산으로 도망한 사람들도 있었다. 그는 일행 18명과 함께 이동하였는데 8월에 유즈노사할린스크 9월에 포로나이 그리고 46년 4월에 올렌에 다시 왔다고 한다. 그는 올렌에서 소련학교에서 화부로 일하면서 생계를 유지했고 노동일을 하다가 한국에 돌아갈 생각이었다. 그는 42~3살 때 2남 4녀를 둔 과부와 결혼을 하여 그 뒤에 다시 아들 1명, 딸 2명을 나았다. 그는 93년에 귀국을 한 바 있으며 영주귀국을 희망하고 있고 남의 땅에서 죽는다는 생각에 화가 난다고 하였다. 그는 일하는 중 각목으로 머리도 맞고 허리에도 부푼 상처를 보여주었다(Rossia, Sakhalin, Poronaiskii raion, pos.Leonidov, ul.Perbaia Rechnaia 1b, Ben Dek Man tel.261).

현재 경찰서자리에다가 위령비를 세웠다. 시체는 소련사람이 방공호에다가 두었는데, 김경순씨가 현재 소련군 기념비 부근에 방공호자리를 4~5년 전 크레인으로 팠으나 유골을 찾아내는데는 실패하였다. 비는 8월 16일 김경백씨 차녀 김경순여사가 부친과 오라버니 김정부씨를 기념하기 위하여 세웠다(당시 53세 및 18세). 비명은 『통한의 비』로 가로 두 뼘 세로 다섯 뼘이다.

6월 7일

오전에 신문사를 방문하여 배영숙 기자로부터 미즈호사건 관련자료를 입수하였다. 이 문서는 KGB문서로 1990년 공개되었다.

사할린을 출발하여 블라디보스톡에 도착. 총영사관을 방문하여 안내를 받았다. 이석곤 총영사와의 면담이 이루어졌고 총영사관에서는 방문목적에 관한 자료집을 준비하여 주고 우리가 만나보아야 할 사람들도 소개시켜주는 등 적극적인 협조를 아끼지 않았다. 박정원 부총영사는 한인들이 수가 연해주에서 급속히 늘어나는 중인 바 정확한 수 평가는 어렵지만 혼자 와서 장사하다가 러시아의 영주권을 취득하고 가족을 부르는 경우가 많다고 하였다.

6월 8일 오전 9:00

Piotr Pak(만 70세)이 블라디보스톡 호텔로 찾아와서 면담이 시작되었다. 그의 선친은 함경도 부령출신인데 3대조 시절에 경상도에서 함경도로 이주하였다하며 고조할아버지때 러시아에 입경하였다. 아버지는 아들 3형제를 데리고 1869~70년 겨울에 입경하였다. 그후 지신허에서 10년간 거주하다가 두만강 대안 느블몌 외우산에서 살다 다시 나호트가 근처 대우지미로 이동하였고 부모는 대우지미촌에서 출생하였다. 부친은 1896년생, 모친은 1898년생이다. 본인은 새우지미 춘성동에서 출생하였다(25년생). 그는 1세 때 인접 남향동으로 이주했다가 4년제 소학교를 졸업하고 12세 때 강제이주되었다. 그는 증조할아버지가 정교세례를 받았다고 한다(세례명 증조부 가브리엘, 조부 이반).

강제이주시 그는 쿠즈네초프역 근처에 있었다. 그 역은 나호트카에서 네 정거장 떨어진 역이었다. 10월 15일 역전에 모였고 1량에 27~30인이 탔다. 그는 호르역 근청에서 탈선되어 가재가 흩어져 있는 것을 보았으며 많은 사람이 죽었을 것으로 본다. 이때가 오후 4시경이었다고 한다. 그도 이주 도중 알하라역에서 1살짜리 동생이 죽었다. 역에서 전보를 치고 의사들이 동생을 데리고 갔다고 한다. 타슈켄트에는 11월 8일 도착하였는데 겨울을 나기 위하여 땅굴을 파고 갈대막을 세우고 온돌을 놓았다고 한다. 이듬해에 삼촌이 사망하였고 이주 도중에 같은 열차에서 13명이 죽었다고 한다. 도착 후 3일에 1번은 곡소리가 들렸다. 도중에 수천명은 사망하였을 것으로 추산한다. 39년 인구 조사시 18만 명이었다고 한다. 그리고는 3~4m씩 자란 갈대밭에 물을 빼고 불을 질렀다. 불길이 하늘을 치솟아 숲안의 꿩, 여우 등이 모두 죽었다 한다. 그 지방의 흙은 점착성이 강해 벽돌을 만들기가 쉬웠으며 재목은 국가에서 지원을 받아 40년까지 억척같이 일하여 집을 짓고 관개망을 건설하였다. 41년에 전쟁이 발발하였을 시에 전쟁에 간 사람은 100명 전후로 파악한다. 그 대신 남자들은 노력전선에 투입되었다. 그리하여 약 200명의 노력영웅이

나왔다. 거주지 제한 때문에 한인들은 큰 도시에는 가지 못하였다. 그는 1950년에 레닌그라드대학에 입학하였는데 52년 입학자 150명은 전원추방되는 일도 있었다.

강제이주시에 블라디보스톡사범대는 크질오르다로 이주하고 우스리스크대학도 이전하였는데 카자흐스탄에서는 1938~1939년에 우즈베키스탄에서는 1939~1940년에 조선학교를 폐쇄하였다. 그리하여 노어를 못하여 퇴학하는 사람들이 80%나 될 정도로 많았다고 한다. 그리하여 그와 같이 학교를 다닌 소학교 19명 중 대졸자는 2명뿐이며 7년제 학교 동창 30여 명 중에도 2명뿐이라고 하였다. 그는 레닌그라드 대학을 1955년에 졸업하였다. 그는 타슈켄트 근처 Krsnyi Vostok 콜호즈에 있다가 1955년 군대번역원으로 가서 그후 줄곧 국경수비대에서 근무하였다. 그는 26년간 국경수비대에서 근무하고 소령으로 예편하였다. 그의 안내를 받아서 오후에는 블라디보스톡의 한인 유지를 관람하였다. 구 조선사범대 자리, 구 선봉신문사, 신한촌, 이동휘의 묘소가 있다는 Vtoraia rechka 공동묘지, 블라디보스톡 호텔 언덕의 웅덕마퇴와 둔덕마퇴, 옛 Koreskaia ulitsa(현 Pogranichnaia ul).

6월 9일

우수리스크시를 방문하기로 하였다. 이산가족회에서 Taiana Nam씨를 통역으로 소개해주었다. 그는 50세로 사할린에서 살다가 거기에서 사범대 노어과를 마치고 84년에 병치료를 하기 위해 연해주로 왔다. 현재 Sad-gorod에 거주한다.

차로 약 2시간 30분 정도 걸려서 우수리스크의 Kim Tel'mir를 찾았다. 그는 아파나시 김의 아들이고 현재 고려인 재생기금 그리고 신문 원동의 조직자였다. 그로부터 아파나시에 대한 자료를 입수하였다. 그는 1937년 강제이주를 회상하며 "우리는 모든 것을 잃어버렸소(My poteriali bsio)"라고 했다. 그는 근간에 중앙아시아로부터 한인들이 원동으로 많이 이주하며 1993년부터 일년에 약 3천씩 그 수가 증가한다고 하였다. 그는 원동에 한인들을 정착시키기 위하여 연해주의 대통령 특사인 Ignatenko를 통해 옐친에게 어려움을 호소하기도 하였고 우수리스크가 연해주한인의 대표적인 기관임을 밝혔다. 그는 고향에 오는 한인에게 정보를 주고 집이나 직장을 소개하며 문화의 재생 및 역사적 진실을 밝히려고 하는 것이 그의 일이라고 하였다. 우수리스크가 기금의 중심이 된 것은 회의를 통하여 결정된 것이라고 하였다. 이 기금은 『원동』이라는 신문을 한 달에 1회 발간하고 있다.

그는 1933년생인데 어머니는 교사였고 그는 흑해로 일하러 갔다가 56년 부친이 복권된 후 비로소 학교의 입학허가서를 받았다. 입학 전에는 선원으로 일하였다. 그의 출생지는 모스크바였으나 일부러 포시에트로 해두었다고 한다. 그는 강제이주시에 3분의 1은 죽었다고 말한다. 한인들의 주거흔적인 우스리스크에서 1시간 정도 가면 있으며 한인들의 무덤이 파르티잔스크, 이만, 올가 등에 있다고 하였다. 그를 사업의 협력연구원으로 위촉하였다.

6월 10일

한인들의 새로운 주거지로 부상하고 있는 파르티잔스크로 갔다. 약 3시간 정도 걸리는 거리였다. 우리는 거기에서 Kim Oleg란 사람을 만났다. 이 사람은 우즈베키스탄 안디잔에서 거주하다가 1992년 이주하였다. 사촌언니는 이미 1990년 이주하였다. 그는 독일어 교사인데 남편은 농업기사이고 아들이 2명 있다. 1년 전에 집을 구입하였고, 옛 고향인 파르티잔스크로 이사한 것인데 부모도 와서 1994년 돌아가셨다. 그는 김회장과는 사촌간이다.

파르티잔스크의 김 블라디미르 회장과 면담하였다. 그는 올긴스키 미하일로프카 마을에 살고 있다. 근처의 마을은 모두 350여 개라 한다.

그는 1990년 5월 19일 모스크바 원탁회의에서 부회장으로 선임되었으며 1990년부터 사업을 시작하였다고 한다. 고르바쵸프에 편지하여 연해주정부로부터 이주허가를 받았다고 한다. 각 구역마다 살았던 연고지로 돌아가는 것을 허락받았다고 하였다. 그는 파르티잔스크에 25헥타르를 임대하여 여기에 고려인 촌락을 건설하려고 1994년 고려그룹 장회장에게 47채를 건축할 돈 250만 달러를 빌려달라고 하였으나 약속만 하고 이행하지 않는다고 불평하였으며 아울러 1994년 이광규 교수가 방문한 적이 있다고 하였다.

그는 한인촌 건설을 위하여 1989년에 파르티잔스크를 답사하고 1989년 11월 이주하였으며 1990년 4월 15일 파르티잔스크 고려인협회를 조직하였다. 그 후 나호트카, 블라디보스톡, 아르춈, 우수리스크, 달녜고르스크에 한인협회가 결성되었다. 파르티잔스크 협회는 조직당시는 2,500명 정도였으나 현재는 5,000명 정도라고 하였다. 그에게 강제이주에 대해 질의하니 말라리아로 많은 사람이 사망하였으며 머리 좋은 사람은 이미 다 죽었고 당시는 국가적으로 옳은 일을 한다고 생각하였다는 것이다.

6월 11일

오전에 다시 표트르 박과 면담하였다. 한인들에게 많은 차별이 있었다는 것을 증언하였다.

다시 이산가족회를 방문하여 면담하였다. 사할린 한인의 모임인 이산 가족회는 1990년 8월에 결성되었는데 모국방문이 계기가 된것이다. 이 산가족회는 현 연해주 거주한인은 약 1만 5천인 것으로 파악하였다. 회장은 1927년 전 출생자 28명 중 11명이 아직 미방문했다고 한다. 사할린 에 비하여 이렇게 여러가지 점에서 소외되고 있다고 말했다. 영주귀국 문제에 대하여 앙케트를 할 시에도 신청했으나 사할린에서는 응하지 않 아 하지 못하였고 이들은 2세도 60%정도는 영주귀국을 희망할 것이라 고 했다. 이들의 부모는 "죽으면 바다에 던지라"는 유언도 했을 정도라 고 했다.

저녁에 하바로프스크에 도착하여 저녁식사를 하면서 바로 이주학씨 및 남봉식씨와 면담을 하였다. 남봉식씨는 1910년생으로 함북 종성군 계해면 봉산동 촌에서 출생하였다. 1916년에 제정러시아로 이주하였는 데 추풍사사(허커우-코르사코프카, 육성촌, 대전자촌, 황거우-그로노 프카촌)에는 원호들이 다수 거주하였다. 원호들은 이주민과는 상대가 안되었으며 이주민들을 멸시하였다. 그는 천대 때문에 소왕령에서 40키 로 떨어진 중심여창 마을에 정착하였다. 그의 부친 남성조는 1893년 생 인데 우리학교란 소학교를 세우기도 하였다. 그는 소학교를 졸업하고 일어도 배우고 애국가도 배웠다. 1919년 3·1 운동도 성대히 준비하였으 며 교사들이 조국회복을 연설하기도 하였다. 운동에는 학생들도 참가하 였고 휘처막 거리에서 끝이 났는데 이 마을에는 안중근이 사격연습을 하던 곳이라고 하였다. 여기에도 묵도를 하였고 11~2세 때 촌을 지날 때마다 경의를 표했다고 한다. 그리고 안중근이 총 쏘는 그림을 보기도 했다(우수리스크 코르사코프카촌-황거우에서 목덕고개를 넘어-재피 거우-휘처막거리). 그의 부친은 1934년 조선 지하공작에서 사망하였다.

그의 부친은 태노의 중책을 맡았고 촌소비에트의 의장이기도 하였고 학교 교장이기도 하였다. 과제수행 후 3월에 두만강을 건너와서 기진맥진해서 쉬다가 동사했다는 것이다. 이를 러시아 수비대가 발견하였다. 강제이주 전 그는 아버지가 최추송에게 가라고 하여 거기서 살다가 그는 강제이주된 후 1938년 감옥생활을 하기도 했다. 50여 명이 모두 심사를 받았다. 두 달 반 후에 풀려서 북극성콜호즈에서 살다가 그는 해방 후 군인으로 모집되어 북조선에 통역으로 진주하게 되었는데 그러다가 방송사업을 실시하였다. 그는 북한에서 평양방송국 국장, 조선중앙방송위원회 위원장으로 재직하였으며 1958년 6월까지 근무하였다. 그는 1958년 바르샤바 국제방송회의시 폴란드대사관의 김씨라는 참사관으로부터 아버지 이야기를 들었다. 그는 연해주에 살 때 아파나시 김의 연설을 고려구락부에서 들은 적도 있다고 했다.

강제이주의 기억으로 그는 그해 겨울이 유난히 더워서 죽음을 모면했다고 한다. 그가 속한 콜호즈에서만 100여 명이 사망하였는데 그 가구는 200가구였다. 관청에서는 사망자의 수자 파악도 안하였다. 남씨의 아이도 둘이 뼈만 남아 죽었다. trudobaia kniga가 340번까지 있었다. 그래서 200가구로 짐작한다. 김병화콜호즈는 김병화가 죽은 후에는 우즈벡인이 차지했다.

그는 또한 고려사람들이 러시아인을 악치즈니라고 했으며 '악치온다'고 무섭게 여기고 숨었다고 했다. 이들이 세금을 받으러 다녔고 술을 달라고 했으며 없다고 하면 칼을 휘두르기도 하였다. 한인들이 많은 차별을 받았다. 콜호즈운동시 악치즈니들은 처도 공동소유라고 선전하였고, 이 선전에 빈농들도 달아났다고 한다(Moldavskaia 5-64 tel 22-12-04).

6월 12일 오전 9 : 00

송희현씨와 면담을 하였다. 송옹은 1920년생으로 부친은 1919년 3·1운동 시 체포되어 함흥에서 감옥생활을 하다가 세 명이 함께 도망을 쳤다고 한다. 탈주 시에 똥구루마에 들어가서 검열을 통과하였고 성천강에서 몸을 씻었다. 그리고 어머니를 만나 새벽이 되기 전에 만주를 거쳐 블라디보스톡으로 왔다고 했다. 혼례 없이 어머니와 함께 러시아로 들어와서 신한촌에 거주하게 되었다. 아버지는 5개 국어에 능통했다. 그는 독립운동자금 조달책으로 아편을 가져다 한창걸의 부대에게 공급하여 만주 용정, 길림, 국자가, 하르빈으로 가져가 팔아서 무기를 구입하여 이를 한에게 공급하였다. 그러다가 1922년 10월 25일 부친과 친구가 부두에서 하역노동을 하다가 러시아인 1인과 함께 일본군과 말다툼을 하게 되었고 일본군은 갑판에 올라오라고 하여 그 길로 떠나버렸다고 한다. 그는 아버지를 잃고 2~7세까지 극동에서 거지생활을 하였다. 7세 때 하마탕(라즈돌노예)에서 같이 도주한 부친의 친구를 만나 그가 블라디보스톡까지 와서 어머니를 부대 터는 일을 하는 공장에 취직시켜주었고 그때부터 블라디보스톡에서 학교에 다니게 되었다. 학교는 8호 모범중학을 다닐 때 문화브리가다르를 조직하여 선전활동을 한 적이 있다. 그는 소련이 테르미르 부친의 출생지변경을 한 사실도 말했다.

그는 1939~1940년에 내무부(NKVD)에 두 번 체포된 일이 있는데 그것은 일본인 스파이 혐의이다. 그는 한인 380여 명과 같이 북한으로 나갔는데 그전에 사할린으로 가서 10년간 거주하였다. 1947년부터 57년까지. 1957년에는 평양에 가서 김일성대학에서 노어교수생활을 하였다. 그후 민족학교에서 노어교수법, 중앙교육간부학교에서 교편을 잡았다. 그러다가 1962년 5월 하바로프스크의 모스크바방송에 근무하게 되었다.

그는 사할린 한인을 박해하던 십장, 밥장수 중에 한인들이 많이 있었다고 했다. 그리고 십장에게 해방 후에도 어르신이라고 절하며 환갑잔치에도 좌석에 차이가 나는 등 문제가 있었다. 그는 사할린에서 KAL이 격추된 소콜비행장 건설에도 한인들이 많이 동원 사망되었으며, Kholmsk가는 도중의 귀신다리(쵸르뜨비이 모스트)에서도 건설 도중 한인이 사망하였다고 한다. 손수레를 끌고 가다가 사망했는데 그대로 콘크리트로 매장해버렸다. 인부들이 꺼내려고 했으나 십장이 두드려패서 그만두고 그 후 그 유족들이 그 다리에서 매년 제사를 지낸다고 한다.

그는 븨코프탄광에서 한인이 죽음을 면한 것도 소련군의 공습이 일어났기 때문이라고 보았으며 한인몰살계획을 한인에게 알려준 사람은 사실은 일산당 중앙위원회 위원이었다고 했다.

그는 블라디보스톡 동양대학에 다녔는데 이에 대해 어머니는 반대했었다. 그리하여 다시 사범대에 원서를 제출하였으나 대학에 가기 전 강제이주되었다. 당시에는 중졸자가 최고였고 그는 카자흐스탄서쪽 체스노코프라는 국경지대에서 교장을 하다가 도망을 하였다. 60여 명의 학생이 있었는데 그는 6개월만에 도망을 하였다. 그는 1~10학년간 단짝인 처녀가 있어서 졸업 시에 임신했다. 그는 원래 5일 출발예정이었으나 출산 때문에 어머니가 혼자 가고 처가에 있다가 11일 떠났다. 그의 신혼열차는 화물차였다. 그리고 그는 어머니를 찾아 헤매었다. 어머니가 호레즘에 있다는 것을 크질오르다 신문사에 수소문하여 알게 되었으며 면화씨 빼는 공장에 있다는 것을 알았다. 그는 모친을 찾으러 아랄스크까지 왔으나 배표 구입시에 공민증을 요구하기에 공민증을 찢고 처형이 거주하는 크질오르다로 왔다. 다시 철도를 타고 어머니를 만났는데 2일 후에 까마귀차(쵸르니에 보론)가 와서 어머니를 연행하였다. 그는 공민증이 없어서 고생하다가 37km 떨어진 구를렌에서 9학년에 공부하다가 교장에게 사실을 고하고 3일만에 호레즘 거주 공민증을 받고 공장에서 2달간 일하다가 기관수일도 하다가 NKVD에서 3~4개월간 통역하는 일을 맡았다. 그는 한인들이 감옥마다 그득하여 조사를 진행 못할 정도였다고 했다.

그는 한인들을 조사할 때 시멘트 비둘기방에 가두고 옷을 베껴서 세워두고 정수리로 냉수를 떨어뜨리는 고문을 가했다 한다. 1시간만 고문하면 누구나 다 항복한다고 하였다. 채찍질도 가하였는데 살점이 떨어져 나갔다. 죄목은 일본인과 내통하였다는 것이다. 소련에 반대하는 공작을 하였다는 것이다. 끌려간 후 사람들이 사망했다는 소식을 많이 들었다. 취조를 받고 나온 사람은 거의 없었다. 주로 국경지대에 살던 사람들을 조사했다.

게다가 중앙아시아에서는 토질, 수질, 독거미, 독뱀, 말라리아 등으로 적어도 3일이면 아이가 사망했고 이주자의 절반은 죽었을 것이라고 했다.

그는 볼로차예프카 전투에서 한인이 4천 정도 참여했고 7중 철조망을 선두에서 나갔고 러시아인들은 한인들 시체를 밟고 전진했다고 한다.(680003, Khabarovsk, ul.Krasno rechnskaia 42A, kv.55 tel.52－48－51 Son KhiKhen) 그의 안내를 받아 오후에는 하바로프스크 시내 유적지를 관람하였다.

* Dom Rabotnik Obrazovania, Komsomolskaia 87－조명희의 사택이자 체포된 장소(1층)
* 그가 36년에 방문한 적이 있다는 하바로프스크 북쪽 고려촌. 이는 역전 중심에서 약 17km 떨어진 곳인데 현 66콤비나트구역이며 사람들은 이 곳을 현재도 Koreika라고 한다는 것을 알게 되었다. 그리고 역시 근처의 무연고 원형봉분을 관찰하였는 바 강제이주 전 한인들의 무덤으

로 추정되었다.

* Shelesta 83번지, 홍범도 사관학교 교감이었던 김승빈의 주거지 및 사망지. 그는 근처의 정류소에서 사망했다고 한다.
* 강제이주시 하바로프스크역에서 200미터 떨어진 현 화물수송부에서 한인들을 태웠다고 한다.
* 김유경가 ul. Kim Iu Chena 그는 홍범도부대에서 제일 어린 장교인데 모스크바사관하교를 졸업하고 Kansk에서 소대장을 하고 블라고베센스크, 우수리스크 76연대를 거쳐 1929년 동청철도사변시 한카호전투에서 사망하였다.
* 관동군포로수용소 자리 식물원이 Volochaevskaia 71번지인데 그 맞은편에 구관동군포로수용소가 있다. 옛날 바라크가 4군데 있었고 (그는 1962년에 관찰) 일본인·한인 포로들 사이에 대립이 심했다한다. 고성만씨가 여기에 있다가 문화브리가드 활동으로 방송국에 발탁되었다고 하였다. 여기에서는 포로가 사망하면 그대로 언덕으로 굴려서 흙을 덮었다고 한다. KGB친구한데 들었다고 한다.
* 1918~1922년 사이의 일본군장교 숙소—Krasnorechnskaia 32, 병영은 현재는 경찰양성학교자리이다. 하바로프스크 남쪽이다.
* 삼일촌—Flegontova거리 인데 현재는 독일점령지 출신자들을 강제이주시켜서 그들이 다수 거주한다고 하였다.
* 또한 알렉산드라 김 플라케트 붙은 자리옆은 한인사회당 조직한 건물이 있었는데 허물어 버렸다고 했다.

12일 저녁 2 : 00

김용남씨와 면담을 실시하였다. 그는 만 51세로 44년생인데 김진한씨의 아들로 강원도 강릉이 고향이었다. 부친은 1911년 음 정월 1일 출생하였다. 13세에 결혼하였으나 부부사이에 정이 없어서 장래를 위하여 일본으로 떠났다. 이 때는 18~9세의 무렵이었다. 사할린이 돈벌이가 좋다고 하여 항구하역노동을 하여 돈을 벌어서 사할린으로 갔는데 우글레고르스크 남쪽 덴나이탄광에서 일하다가 3백원(3천?)의 돈을 벌

어서 우글례고르스크에서 자그마한 상점을 열었다. 번영하여 신용도
쌓고 큰 창고도 소유하고 있었다. 그는 세끼하라상으로 알려졌다. 그리
고 17세 된 딸을 전쟁 전에 사할린으로 불러 들였다. 이 시기에 또한
37세의 나이로 새장가를 들었다. 종전 후 송환이 불가능해지자 부친은
학교도 세웠는데 1948~1949년에 대륙에서 교사들이 왔다. 큰땅사람들
은 한인들을 무시했다. 그리고 사할린한인들을 소련주권에 반대하는
사람으로 몰았다. 1949년 밤 소련보안군이 집을 수색하였다. 그날 밤 부
친은 연행되었다. 체포 후 재판도 없이 25년형을 받았다. 그의 가족들은
유즈노사할린스크 부근의 60km 떨어진 협동조합의 부서진 집에서 겨
울을 지냈다. 그후 부친은 유즈노사할린스크-하바로프스크-스베르
드로프스크-키로프-보르쿠타까지 갔다고 한다. 1965년에 어머니가
불가닌 수상에게 청원도 하였다. 그의 부친은 1956년 풀려나서 1980년
사망하였다.

  소련군이 진주시 일본인들은 한인들을 마구 학살하였는데 그의 부친
은 지역에서 워낙 신용이 있어서 쌀배급을 책임졌다고 한다. 1956년 사
할린의 복권자는 2,257명인데 그 중 한인은 130여 명이다.(Sovetskaia
Sakhlin 1989. 10. 13일자 기사)

6월 13일

  이주학씨를 만나 이산가족회에 대하여 질의하였다. 이산가족회는
1990년말 조직되었는데 사할린으로부터 온 교포들로 구성되었다. 사할
린으로부터 대륙으로 넘어온 가장 큰 이유는 교육문제였다. 사할린에는
정규대학이 없었기 때문이다. 그도 1954년부터 국적취득이 가능해져 국
적을 바꾸었다. 현재 하바로프스크지방에는 약 한인 2천 명이 거주한다.

이 지방의 한인은 사할린출신, 1946~1948년의 이북 노무자출신, 대륙출신의 세 부류이다. 이산가족회는 사할린출신으로 이루어진다. 1991년 7월에 처음으로 모국방문이 이루어지고 지금까지 5차 420명이 모국을 방문하였다. 그는 6월 30일경 노인회도 조직예정이라고 하였다. 그는 현재 사할린출신 1세 명부만 파악하고 있는데 이는 약 200명이고 이에 우리는 2~3세까지의 완벽한 명부를 파악해줄 것을 요청하였다. 오후에 그의 안내를 받아 한인들 구주거지를 방문하였다.

* 아무르철교에서 동쪽으로 1키로 지점 바자코프(개척리) 이곳에서 1905 −1908년간 해조신문이 발간되었다고 한다. 이것은 현재 도선장으로 이용한다.
* Lodochnaia stantsia nr.5 구 한인촌이 있었다. 현재는 보트계류장이다.

6월 14일

오전에 이주학씨 김용남씨와 면담을 하고 오후에 서울로 향하였다.

6. 맺음말

러시아에서는 한인의 희생문제에 대하여 관심을 가지고 연구하는 사람이 극히 드물다. 더구나 극동지방에서는 그 사정이 더욱 열악하여 자료열람이나 기타의 협조를 받는데 있어서 많은 문제점이 있다. 지금 현재 생존해있는 사람들에 대한 조사는 계속 해나가야 하겠지만 무엇보다도 러시아의 각 기관에 흩어져 있는 문서들을 체계적으로 점검해 보아야 러시아에서의 한인의 희생에 대하여 정확한 사실 파악이 가능하다고 판단된다.

　한편 소련에 포로로 붙잡혀서 강제노역을 한 관동군 포로에 대하여 계속하여 조사할 필요를 느끼게 되었다. 이를 위하여 한국에 조직되어 있는 시베리아 삭풍회를 조사(회장 김규태, 총무 김기룡)할 필요가 있다.

제8장 해외 한인희쌩 조사 보고서3 (일본)

1. 출장목적

일본에서의 한인희생자 유해를 조사하고 강제연행자 등을 방문하며 연구자들과의 연락관계를 원활하게 수립하기 위한 것이다.

2. 출장일자

1995 7. 4~17

      7. 4~7 도쿄, 요코스카

      7. 7~10 오사카, 고베, 고요우엔시, 아이오이시

      7. 10~13 히로시마, 시모노세키

      7. 13~17 고쿠라, 시모노세키, 나가사키

3. 출장자

권희영(한국정신문화연구원)

권석천(경향신문기자)

권호욱(경향신문기자)

노연홍(보건복지부)

양순임(태평양전쟁희생자 유족회)

4. 교통편

7. 4 서울-후쿠오카 11 : 45~12 : 55 JL972

7. 17 후쿠오카-서울 9 : 30~10 : 40 JL971

5. 활동내역

7월 4일 서울에서 후쿠오카행 비행기를 타고 공항에 도착한 후 바로 신간센을 타고 東京까지 여행하였다. 저녁 11 : 00 東京 YMCA호텔에 도착하여 숙박하였다.

7월 5일

저녁 6 : 00에 東京의 신주쿠역 근처 다키자와 담화실에서 박경식선생을 면담하기로 약속하고 낮에 유텐지(佑天寺) 및 민단중앙본부를 방문하기로 하였다. 佑天寺에서는 관리자의 안내를 받아서 한인들의 유해 1,140위가 모셔져 있는 납골당을 참배함. 유골들을 볼 수 있기를 희망하였으나 佑天寺는 일본정부의 허가가 있는 경우에만 유골을 보여줄 수 있다고 대답하였다. 일행은 납골당입구에서 참배하였다.

오후 3 : 00경에 민단중앙본부의 여기성 민생국장(및 사무부총장)을 면담하였다. 여국장은 1942년생으로 서울에서 홍익여고 교사를 지내기도 하였는데 일본여자와 결혼하였고 일본에 온 지는 21년 되었다고 하였다. 여기성씨는 1990년부터 민생국장이 되었으며 그때부터 위령사업을 계획하였다. 그는 위령사업의 어려움을 인정하였고 각지별로 이름 혹은 위패만 남아있는 것이 많이 있다고 하였다.

민단은 1994년부터 해방 50주년을 계기로 하여 유골들을 봉환한 후 경축하려고 위령사업을 정식사업으로 채택하였다. 그 사업내용은 ① 유골을 봉환하고 ② 희생자에 대한 위령탑을 건설하는 일이며 이 일에 있어서는 안전의 확보가 필요하다고 하였다. 예를 들어 이시가와縣의 가나자와시 윤봉길의사 사형장소에 순국기념비를 세우는데 있어서 여러 가지로 신경쓸 일이 많았다고 하였다. 일본인을 자극하는 일을 삼가야 하였으며, 제막 1주일 전부터 극우단체가 항의하기도 하였으나 일본인이 비를 세우듯 우리도 비를 세운다고 설득하여 무사히 제막하였다고 하였다.

그는 유골봉환에 대하여는 유골수집 공문을 냈고 모이는 대로 망향의 동산에 안치할 예정이라고 하였다. 8월 중순에 중간집계를 하였는데 10월에 망향제를 지내고 본국에 송환할 예정이라고 하였다. 그는 유골봉환사업은 모든 이유에 앞서서 이루어져야 한다고 주장하였으며 적극적으로 佑天寺 유골을 봉환하려 한다고 하였다. 이를 민단의 힘으로서 추진하고자 하며 한국정부와 사회단체의 도움을 요청하였다. 그는 이 사업에 범국민적 협조가 필요하다고 강조하였다. 유골이 객지에서 50년을 넘기는 일은 잔인한 일이라고 생각한다고 했다. 그는 이 사업을 위하여 9천만 엔을 확보하였고 49개 지방본부 및 330개 지부에 협조를 요청하였다고 하였다.

또한 그는 한일협정문제에 있어서 재일동포는 보상신고가 없었으며 따라서 보상금을 받지 못하였고 재일동포의 보상문제는 남아있는 문제로 생각한다고 하였다. 일본정부에 대한 보상의 요구 및 피해의 정확한 조사가 요망된다고 하였다. 이 때문에 피해자신고를 받기도 하였으나 정작 피해신고가 475건으로 종결되었는바 예상외로 적은 숫자라고 하였다. 그 이유는 재일한인의 9할 이상이 2세이므로 피해사실을 알 수도 없고, 알아도 빨리 잊기 위하여 알리고 싶어하지 않으며, 빠친코업자들이 이 문제 때문에 박해받지 않을까 우려하여 은닉하고 있다고 보았다. 그는 유해문제의 완전한 정리는 일본정부가 직접 나서서 각 사찰을 통해서 해야 가능하다고 보았다.

한편 그는 민단은 한일협정을 인정하되 전후보상문제는 제기하고 있다고 하였다. 그는 또한 일본정부가 한국정부에 넘겨준 명부 중 6만 명분에 대하여는 데이타베이스화하였다고 하였다.

오후 6 : 00경에 담화실에서 박경식 선생을 면담하였다. 박경식 선생은 재일동포 100만 중 약 30만 정도는 現員 징용되었다고 하였다. 또한 통계수자에는 누락되면서도 고려해야 할 대상으로 마쓰히로대본영공사에 한인이 비밀리에 동원되었다고 하는 증언들이 있다고 하였다. 도야마縣 후시키(伏木)항에서 야간에 나가노로 사람을 이동시켰다는 증언이나 東京 시나가와역에서 밤에 2000명을 화물차로 수송했다는 증언들이 있다는 것이다. 또한 나라縣 지하호 건설에도 비밀리에 청년을 연행했다고 했다. 따라서 강제연행에는 재일동포 및 비밀연행을 포함해야 할 것이라고 하였다.

박경식 선생은 이 문제에 대하여 ① 일본정부가 생존불명자에 대하여는 책임추궁을 해야 할 것이며 ② 각 31개 부縣에 대한 자료요청을 해야 한다고 하였다. 그는 39~45년 사이에 사상자는 30만 이상이라고 보았고 그중 사망자는 약 10만 정도라고 보았다. 박선생은 39~45사이의 각종

동원으로 인한 사상자를 10만으로 보았으나 그 외에 생존불명에 대한 부분을 계속 밝혀야 한다고 하였다.

박선생은 또한 아키다縣 하나오까(花岡)광산에서는 강물이 넘쳐서 한인과 일본인 노동자가 숨지는 사고가 발생하였는데 회사에서는 지금도 유해를 발굴하지 않고 있으며 유가족이 아니라고 해서 발굴요청을 계속 거부하고 있다고 하였다.

7월 6일

요코스카에서 良長院을 방문하여 橫須賀해군건축부청부공사시에 순직한 순직자조혼비를 관람하였다. 이 절의 사무자를 만났는데 매년 건 공동지회측에서 제사를 지내고 있다고 하였다. 이 비에 희생자로 적혀 있는 한인은 창씨개명자를 포함하면 모두 51명이라고 하였다.

다음으로는 항공기부속공장으로 사용하였다는 지하터널을 관람하였다. 이 지하터널은 浦鄕町 四丁目에 위치해 있었다. 이 지하터널은 13km의 규모이며 학적부 등을 검토한 결과 한인 약 1,000여 명이 동원되었다는 것을 알게 되었다. 이는 한경익 선생이 안내해준 것이다. 한선생은 시내의 약 17개 소학교명부를 조사하여 800여 명의 학부형 등을 밝혀 냈다고 하였다. 학적부는 비공개이기에 교육연구소에서의 연구를 주선하여 같이 분석하였다. 반도인 자제, 부친사망 등의 기록이 있었기에 밝히는 일이 가능하였다. 동원된 한인의 9할은 토공이라고 하였다.

가나가와縣의 큰 규모의 지하터널은 약 2,500여 개 정도라고 한다.

저녁 7 : 00시에 히구찌 유이치선생과 나가자와 시게루 선생을 만나서 저녁을 같이하였다. 이들로부터 자료를 제공받았으며 지방자치단체에 의하여 조사가 진행되는 곳은 가나가와縣, 주시시, 北海道 마쓰모도시

정도라고 하였다.

7월 7일

오전 8 : 00시에 야마다(山田昭次)교수를 만났다. 야마다 교수는 고령임에도 불구하고 우리를 만나기 위하여 새벽에 우리 호텔로 찾아온 것이다. 그는 한일회담에 관심을 두고 있다가 강제연행문제를 연구하기 시작하였다고 한다. 그리고 김경석씨를 지원하는 후원회가 약 100명 정도로 가와사키 부근에 있다고 하였다. 그는 후쿠오카, 후쿠시마, 야마가타, 이바라기縣을 조사하였으며 우리에게 후쿠오카의 미야다町 석탄기념관을 방문해보라고 권유하였다. 야마다 교수는 앞으로 우리에게 필요한 협력을 제공해주기로 하였다.

이날 고베로 이동하여 저녁 11 : 00에 김경해 선생을 만났다. 김경해선생은 총련계의 고등학교의 교사로 있던 분이며 현재는 빠친코에 근무하면서 시간을 내어 연구작업을 계속하고 있는 분이다. 그로부터 우리가 방문해야 할 장소에 대한 개괄적인 설명을 들었다. ① 1910년 전후로 건설된 초혼비. 이 공사에는 3~400명의 한인이 동원되었고 難工事였으며 21명이 사망했는데 그 중 7명이 동포라고 하였다. ② 쇼와이께위령비는 1920년대의 공사인데 이 비의 7명의 희생자중 4명이 동포라고 하였다. ③ 고베전철 희생자에 대한 것으로 여기에서는 모두 13인의 희생자가 발생하였다고 한다. 이는 1930년대로 약 1,500명의 한인이 동원되었다고 한다. 모두 5번의 사고가 있었는데 市史나 社史에는 언급이 없었다고 한다. 이 희생자들에 대하여는 비를 건립하는 운동을 진행 중이라고 하였다. 6명이 사망한 36년 11월 25일을 기념하여 60주년을 맞이하는 96년에 건립예정이나 지진때문에 어려움을 겪고 있다고 하였다. ④ 甲陽園의 地

下工場蹟인데 여기에는 '朝鮮國 獨立'이란 글이 기록되어있다. 이 글이 자꾸 희미해져서 시민들이 이를 보존하기 위한 운동을 전개하고 있다고 하였다. ⑤ 하리마조선소이다. 이는 아이오이시에 있는데 여기에서는 한인 60여 명이 사망하였다고 한다. 유골을 일본 절에서 보관하고 있는데 2~3년 전에 이 사실을 파악하여 해마다 제사를 지내고 있으며 비를 세우는 운동을 전개하고 있다. 다음으로는 신고베역의 東福寺(도후쿠지)인데 여기서는 미군 소이탄에 50~60인이 희생을 당하였으며 이에 스님이 유골을 보관하여 관음보살상 밑에 안장하였다고 한다. 이와 같은 간략한 안내를 받은 후에 甲陽園, 고베전철, 아이오이(相生)시를 방문하기로 하였다.

7월 8일 9:30

한큐선을 타고 甲陽園에 도착하였다. 지하터널입구는 여러 군데이지만 우리는 山王町 2~9에 있는 山下勇이라는 사람의 개인주택 뒤에 입구가 있었다. 정홍영 선생의 안내를 받아 우리는 이 입구를 따라가서 '조선국 독립'같은 글자들이 새겨져 있는 동굴을 관람하였다. 정선생은 이 동굴의 보존운동을 벌이고 있다. 이 문제를 조사하기 위하여 많은 노력을 기울였으며 미국전략폭격조사단보고가 가장 유력한 자료였다고 말하였다. 일본은 지하공장을 1944~1945년의 시기에 대량으로 건설하였는데 이 굴은 규모는 작지만 글씨가 있기 때문에 가치가 있는 것이라고 하였다. 굴은 1987년에 발견하여 연구자 전원이 집중적으로 연구하였다. 글씨를 발견하였을 때의 감격은 잊기 어렵다. 증언자는 아직 나타나지 않았다. 이 굴은 비행기 부속공장으로 약 100여 명이 1945년 3월~8월까지 작업을 하였다고 추정한다. 이 굴을 보존하고자 하는 운동이 전국적으로 확산되었으나 지진 때문에 보존운동이 일시 중단된 상태라고 하였다.

13시 30분

아이오이시에 도착하였다. 김청일 선생이 역에 마중을 나와주었다. 우리는 김청일 선생의 안내를 받아서 시 東部묘원에 갔다. 시에서는 땅을 제공하고 납골당을 건립하도록 하였다는 것이다. 땅값은 1천만 엔이고 기타 건립비용은 2천 2백만 엔인데 모두 동포 및 일본인들의 헌금에 의하여 건립하기로 하였다는 것이다. 현재까지 630여 명이 참여하였고 1천 2백만 엔을 모금하였다. 비는 음력 9월 9일(11월 1일)에 건립예정이라고 하였다. 헌금자들 중에는 2백만 엔, 1백만 엔을 내 사람도 있으며 성의껏 모금을 하고 있다. 아이오이시의 일본인들도 이 운동을 지지하고 있다고 하였다. 이 운동은 민단과 총련이 계획단계에서부터 힘을 모아 하고 있는데 평화를 추구하고 전쟁의 역사를 후세에 전하기 위하여 이 운동을 하는 것이라고 하였다. 총련과 민단의 공동사업에 대하여 질의한바 1994년에 시즈오까縣의 시미즈시에서도 공동으로 위령비를 건립한 일이 있다고 하였다. 한편 아이오이시의 유해 중 1구가 작년에 유족이 밝혀져 본국으로 봉환하기도 하였다. 이 납골당에서는 한신대지진의 무연고 유해도 봉안하기로 하였다고 한다. 또한 납골당의 방향도 고향방향으로 하는 등 신경을 썼다.

묘원을 떠나서 우리는 하리마조선소를 방문하였다. 조선소에는 당시 2만 5천의 노동자들이 일했다. 한인들은 동원되어 산을 깎는 확장공사에 동원되었다고 한다. 동원된 한인은 2,200명이며 이외에 800명 정도의 현지연행자들이 있었다고 한다. 이 공사는 1944년부터 이루어졌다고 한다. 물론 大正시기부터 이 공장에 한인이 있었다고 한다. 1945년 7월 28일에는 미군비행기의 공습으로 조선인 노동자 1인이 사망한 적도 있다고 한다. 조선소를 방문한 후 1,800명이 수용되었다는 시세료(至誠僚)를 방문하였고 모든 사람들이 출입하는 다리였다는 槪勤橋(고와바시)도 방문하였다. 시세료는 1946년에 없어지고 건물이 들어섰다. 이 료에서는 8조 다다미에 20명이 잤다고 한다. 안내자인 김청일씨의 부친도 이 조선소에서 기능공으로 일하였다고 한다.

조선소를 떠나서 다음에는 大道山 善光寺를 방문하였다. 당시에 한인들의 유해를 다른 절에서는 받아주지 않았는데 이 절의 주지는 한인들의 유해를 기꺼이 받아주었다고 한다. 사람들이 죽은 사람의 유골을 가지고 성냥곽이나 카라멜 상자, 신문지에 싸서 스님에게 맡겼고 스님은 이 유해를 몰래 보관해주었다는 것이다. 4~5년 전에 이 사실을 알아내었고 그후 매년 8월 첫째 일요일에 제사를 지낸다고 하였다. 1994년에 3번째로 제사를 지냈다. 이 주지는 大道愼猛으로 1986년 79세로 사망하였다. 스님부부는 언제나 조선인들을 위해 염불을 해주었다고 한다. 현주지는 아들로 大道嚴猛이라 하는데 만나지는 못하였다. 이 사실이 공개되었을 시에 일본인 측으로부터 한인유해를 보관한다는 항의도 있었다고 한다. 위령비는 「韓國朝鮮人無緣佛之碑」로 할 예정이다. 휘호를 90세의 一條智光 上人이 맡아주기로 하였다고 한다. 유해의 촬영은 주지스님이 부재중인 관계로 불가능하였으며 이 유골은 60주이다.

7월 9일

김경해 선생의 안내를 받아 고베전철의 공사현장을 방문하였다. 고베전철은 육갑산 기슭의 아리마온천으로 가는 길인데 고베-아리마온천의 철도개설은 부자들이 유원지로 가는 것을 위한 공사였다고 한다. 공사 중에 계곡에 자연적으로 생겨난 한인부락들이 현재도 남아 있는데 이곳에서는 1960년대까지도 전기도 들어오지 않았다고 한다. 퇴거명령이 관으로부터 내려오고 있지만 갈 데가 없어서 계속 주저앉아 있다고 한다. 이때 공사의 청부업자 小林은 저택 내에 수영장, 절간 등을 가진 대저택을 소유하고 있었다고 한다.

한인들이 사망한 두 번째 장소에는 6명이 즉사하였는데 15~6명이 공사하다가 지반이 약하여 사고가 일어났다. 낙반이 있을 때에는 안으로 들어가 피하라고 했는데 거꾸로 밖으로 나오려다가 그중 6명이 즉사했다. 여기에 해마다 제사를 지내고 있는데, 황범수씨 손자가 찾아와 제사를 지낸 바 있으며 김봉우 부자간에 사망하였는데 유골이 본국으로 돌아갔다고 한다. 근처 절간의 과거장에는 명단이 없었고 그리하여 근처 절간에 興隆寺에 13인의 사망자이름을 삽입하였다고 한다. 김경해씨는 비석을 세우기 위하여 교섭중인데 회사측이 땅값을 거절하는 대신 건설비용은 부담하겠다는 의사를 밝혔다고 한다. 1996년 사고 60주년을 기념하여 추도비를 건립할 예정이라고 한다. 당시 전철은 미끼전철과 고베-아리마전철이 있었는데 이들을 모두 小林이 청부맡았고 해방 후에는 고베전철이 되었다고 한다.

7월 10일

히로시마로 이동하였다. 히로시마 역에서 다키오 에이지와 야마다 선생이 마중을 나와서 저녁에 식사를 하면서 히로시마의 연구그룹과 교류를 가질 수 있었다. 이들 히로시마 연구그룹은 1990년 노대통령의 방일 무렵부터 활동을 시작하였고 강제연행문제를 연구하다가 지금은 시기를 1910년까지 소급하여 연구를 계속하고 있다고 하였다.

마사끼(正木)씨로부터 미쯔비시중공업에서 일하던 2,800여 명의 한인 중 246명의 징용공이 한국에 가려다 도착하지 못하고 시모노세끼앞에서 조난당해 그 유해가 확인되었다는 이야기를 들었다. 이들은 한국으로 돌아가려다가 태풍을 만나 조난되었는데 이끼섬에서 이들의 유골이 발굴되었다. 매장현장을 발굴하여 86체의 유골을 확인하였고 히로시마절에 안치하였다. 이 유골들을 한국에 보낼 계획을 가지고 있었으나 유족들이 보상금 없는 유골을 받지 않겠다고 하여 아직 송환하지 못하고 있다. 이들은 징용공의 문제로 운동을 해왔는데 이들의 유해는 일반인들의 유해라고 생각한다고 말하였다. 그러나 이들도 역시 전쟁의 피해자라고 하였다. 이들은 전후보상이나 희생에 대해서 그것이 일본정부의 책임이라고 말하였다. 또한 다른 사람의 유골들도 수습하여 이끼 섬에 매장되어 있으며 이들의 유해는 모두 한군데로 합하여져 있어서 개별적으로는 분간이 곤란하다. 히로시마민단은 이 유골을 송환하려 하였으나 유족들의 반발로 실현하지 못하였다. 이들은 또한 사회보험사무소에 명단이 있으므로 이들의 명단을 보고자 하였으나 본인의 청구가 있을 경우에만 허용된다는 답을 들었다. 이들의 안내를 받아 히로시마 일대의 한인강제연행지를 돌아보기로 하였다.

7월 11일

淨土眞宗 本原寺 廣島 別院에서는 1994년 50주년을 맞이하여 전몰희생자들의 위령사업을 시작하였다. 유골을 수집하여 보관하고 유골을 보관하기로 하였다. 일본정부조사단의 조사에 의하면 86체의 유해는 미쓰비시노동자는 아니라고 하였다. 이들 배는 경방단이 상륙허가를 해주지

않아서 태풍으로 침몰된 것이다. 86체의 유골은 1976년 8월 2~11일에 걸쳐 나가사키의 이끼시마 아시베쯔에서 발견된 것으로 관청에서 확인을 해주었고 모래사장 위에서 수습하여 집단으로 화장하였다. 시체를 수습하고 또한 위령비를 세웠다고 한다. 또한 유지들이 뼈를 수습하여 유령비 밑에 묻었다고 한다. 1974년에 소재를 확인하였다고 한다. 그 동안 개인이 자기 집에 보관하고 있다가 1986년에 절에 이관한 것이라고 하였다. 강제연행부분에 대하여 이러한 것이 현장과 마을의 역사로서 교육되어져야 한다는 입장을 교환하였다.

오후에 다키오 에이지 선생의 소개로 청구문고를 방문하였다. 다끼오 선생은 3년 전에 한석희 선생의 권유로 문고를 만들었으며 원래 부락민을 연구하다가 그후 히로시마평화문제, 지방사문제를 연구했다고 한다. 장서는 약 4천권 정도이다.

저녁에 호텔에서 히로시마의 연구자들과 간단한 회합을 가졌다. 이 자리에서 三神線, 三江線, 吳線에 한인들이 동원되었다는 말을 들었다. 또한 미쓰비시, 도요工業, 일본電工 등에도 한인들이 동원되었다고 하였다. 또한 일본의 3군항은 구레, 요코스카, 사세보인데 이들의 터널공사에 한인들이 동원되었다고 하였다.

이어서 도요나가씨의 원폭자 상황에 대해 이야기를 들었다. 그는 9세 때 피폭되었는데 어머니, 동생, 본인 등 3인이 모두 생존해있다고 한다. 1971년부터 한국의 피폭자들과 교류를 하고 있다. 미쯔비시징용공은 거의 평택에 있는데 징용공의 미불임금이 미청산된 상태에 있다. 미불임금은 히로시마의 법무국에 있다고 하였다. 사회보험사무소는 시효가 소멸되었다는 이유로 임금지불을 거절하였으며 한국정부의 일본정부에 대한 교섭이 이 문제의 해결에 중요하다고 말하였다. 이어서 7월 25~30일 서울에서 전쟁과 원폭전을 개최한다고 하였다. 그는 또한 원폭 후에 히로시마 시민들이 도망하였는데 도망한 한인들에게 일본인들이 냉담하게 대하여서 한인들은 다시 히로시마로 돌아올 수밖에 없었다고 한다. 아직 방사능이 남아있던 시기이다. 따라서 일본인들보다 많은 방사능을 받고 귀국하였다. 한인들도 원폭수첩을 가지고 같은 치료를 받지만 귀국하면 이 수첩은 무효가 되어 버려서 문제를 검토하는 중에 있다고 하였다.

마사끼씨는 합천에 가 보았는데 미야자와 수상 시에 약 40억 엔을 일본이 지불하였는데 피해자 개인에게는 가지 않았다. 또한 일본이 1년에 1회 의사를 파견하였는데 그 후 의사파견은 중지되었다. 합천에서는 금액의 수령 및 의사문제에 대하여 불만이 있다고 들었다는 말이다.

일본에서의 피폭자단체협의회는 각 縣에 지부가 있으며 또한 평화단체가 있어서 협조한다. 7월 1일부터 피폭자원호법이 시행되어 피폭자를 복지차원에서 보상하려 한다고 하였다. 2세에 대한 대책에 질의하였으나 2세에 대하여는 건강진단만 한다고 하였다.

한편 히로시마의 원폭자 구호부대에 한인들이 많이 투입된 것에 대하여 질의하였던 바 이는 고의적인 것은 아니라고 하는 대답을 들었다.

한편 우쯔미 선생은 1990년에 조사를 시작하였는데 노대통령의 방일 시 강제연행자의 명부제출을 요구하였는데 히로시마縣은 일본 정부에 불과 157명만을 보고하였다. 이에 정직하게 사실을 조사하여야 한다고 주장하여 자신들이 연구를 시작한 결과, 미쯔비시댐에 2,800명, 고보댐에 2,000명 등 합 4,800명을 밝혀냈다. 이들은 縣의 무성의한 자세를 보고 縣을 대신하여 조사를 시작한 것이다. 이들은 진실한 조사를 해야 한다고 생각하여 縣知事引繼書 등 문서공개를 요구하고 있으나 아직 공개하지 않고 있다. 이들은 일본정부가 1944~1945년에 만든 터널을 조사하다가 8년 전부터 수력발전소를 조사해왔다. 오타 강에 모두 14개의 발전소가 있는데 7개는 종전 전에 만들어진 것이다. 이에 대한 조사를 진행한 결과 이들은 모두 한인들이 건설하였다는 것을 알게 되었다. 한인들의 노동 없이 발전소 건설은 이루어질 수 없었다. 그 외에도 도로건설, 저수지건설, 토목공사 등에 조선인 노동이 큰 역할을 하였다는 것을 알게 되었다고 한다. 이들은 금년 중『1910년대의 廣島와 조선인』이란 책을 낼 예정인데 발전소건설공사도중 사고로 한번에 40명이 죽은 경우도 있으며 그 중 14명이 한인이었다는 것이다.

7월 12일

우쯔미 선생의 안내를 받아서 댐 현장을 견학하였다. 먼저 오토마리 댐은 1,500명이 동원된 공사였는데 1933~1934년에 건설되었고 워낙 높은 댐이어서 당시에도 주목한 공사였다고 한다.

우선 우리 일행은 오토마리댐을 방문하기로 하면서 그 주변의 한인들과 관계된 흔적들을 견학하였다. 15 : 00경에 한인들이 꽃놀이하던 장소에 도착하였다. 이 곳은 山縣郡 戸河内町의 공사현장으로 한인들 3천 명 정도가 동원되어 댐을 건설하였는데 병풍을 둘러치고 결혼하는 사진도 있었다. 이는 합숙소(함바)를 가리기 위한 것이었다. 이들의 아이는 낮에는 일본학교에 다니고 밤에는 노동자들이 민족학교에 다녔다고 한다.

다음으로는 加計발전소를 구경하였다. 여기에서는 지나친 노동을 요구하였으며 가령 15대 트럭 분을 20대 트럭 분으로 요구하는 등의 일이 있었다고 한다. 큰 공사 시에는 경찰이 감시하였으며 상점이나 이발소 등이 도시에 존재하였고 위안소도 있었다. 여기에서 희생된 사람들의 유골이 아직도 절에 남아 있는데 1년에 1회 위령제를 지내고 있다. 우리는 한인들의 이름이 포함된 위령비를 관찰하고 한인들의 유해가 안치되어 있는 정토진종 대곡파 藤谷山의 妙德寺를 가서 한인유해를 확인하려 하였다. 유해는 볼 수 없었으나 한인들의 매장을 상징하는 자연석 묘지를 볼 수 있었고 이들의 유해는 다 찾아갔으나 아직 김대성이라 하는 사람의 유골이 무연으로 남아 있다. 이 사람의 유골은 1988년 8월 10일 무연묘에 합사되었다.

다음으로는 요시가세 발전소를 견학하였다. 여기에는 조선인 800명이 동원되었으며 귀국시에 소학교 칠판에 "일본은 졌다. 조선은 이겼다"고 기록되어 있었다 한다. 여기에 善福寺라는 절에 들렸다. 여기에는 조선인 22인, 중국인 5인의 유해가 있는데 이들 연구그룹은 명부를 열람하는데 이름은 보지 못하고 나이와 사망일자만 볼 수 있었다 한다. 그러나 우리가 방문하자 주지는 우리에게 과거장에 적인 한인들의 이름을 기록하여 보내주겠다고 하였다. 주지의 이름은 藤井善惠이다.

13일 아침

일찍 히로시마를 출발하여 10 : 00에 시모노세키역에서 히로사키씨를 만났다. 그는 문옥주씨의 소송을 지원하는 그룹을 이끌고 있었다. 문옥주씨는 일본의 군위안부로 남방에서 군사우편저금을 하고 있었는데 일본우체국은 65년협정에 의하여 시효가 소멸되었다고 하여 저금을 돌려줄 수 없다고 대답하였다. 히로사끼는 일본의 우체국과 교섭하여 저금이 없다는 말을 들었으나 결국 시위위협을 가하여 文原玉珠라고 되어 있는 저금증명서를 확인하게 되었다. 우체국에서는 증언의 불명확성을 이용하여 사실을 회피한 것이다. 저금에 대한 이자는 1965년 3월의 시점에서 청구권포기해석으로 종료되었다. 히로사끼씨는 한국－대만－필리핀 등에서 저금을 하였는데 저금청구에 응하지 않는 것은 한국뿐이라고 하였다. 북한의 경우는 저금지급을 보류하고 있으며 중국의 경우는 일본 국내에서 청구하면 지급한다는 것이다. 러시아의 무국적자의 경우도 청구하면 지급한다. 한국과의 관계가 이렇게 특수하게 된 이유는 일본이 국내법으로 144조를 만들어 본국한국인의 재산은 소멸했다고 명시하였기 때문이다. 그러나 국제적으로는 간단히 국민들의 재산을 소멸시킬 수 없다. 비겁하게 국내법으로 재산을 소멸시킨 것이다. 이 144조는 위헌이라고 생각한다. 그런데 직접 피해를 당한 사람만이 위한 신청을 할 수 있기 때문에 문할머니가 소송을 제기해야 하는데 승소의 가능성이 없다는 이유로 문할머니는 박수남씨의 말을 듣고 재판신청을 하지 않는다고 한다. 히로사끼씨는 1992년 2월 '문옥주를 돕는 회'를 결성하였으며 현 회원은 150명인데 지금 문할머니가 소송제기를 하지 않으려 하기 때문에 활동은 정지상태에 놓여있다고 하였다. 한편 이 문제에 대하여 정대협에서는 개인의 저금에는 관심이 없다고 하여 위헌소송제기를 거절했다고 한다. 그는 만일 이 문제에 대해 소송을 제기하면 필요한 노우하우를 제공할 의사가 있다고 하였다.

13일 5시에

고꾸라역에 도착하여 김봉진 교수의 안내를 받았다. 그와 배동록씨와 함께 호텔에서 여장을 풀고 일정에 대하여 논의하였다. 그 결과 14일은 와카마츠와 시모노세키를 배선생의 안내를 받아 구경하기로 하고 15일은 김광열 선생의 안내로 치쿠호탄광지대를 관람하고 16일은 나가사키를 방문하기로 하였다.

우리는 배동록 선생의 이야기를 들었다. 그는 1993년 마와타리수용소 보존운동을 전개하였다. 그 사택은 1988년까지 사람이 거주하였는데

1989년에 그를 발견하였다. 당시에 벽면에 쓴 시는 독립기념관에 기증하였다. 그는 운동을 위하여 경기도 여주까지 찾아가서 당시에 일하던 노인을 찾아내었으며 미쯔이 광업소에 이 흔적을 보존하라고 하였다. 그러나 회사가 1991년 벽을 허물고 1991년 7월에 요네오중학교 창고에 흔적을 보관하였고 1993년에는 낙서가 발견된 51호동을 보존하는 운동을 하게 되었다. 1993년 3월 중앙일보의 방인철 기자를 찾기도 하였다.

14일

오전 9 : 00 박병태옹과 면회를 하였다. 그는 1942년 1월에 일본에 온 분인데 경북 청도 강남면 옥산동이 고향이다. 그는 모집에 의해 일본에 왔다. 7촌 아저씨와 아는 사람이라고 하여 권유를 받았는데 조부는 절대 일본에 가지 말라고 하였다. 일본은 원수의 나라라고 하였다는 것이다. 그러는 그에게 내년에 21세가 되면 징병을 가야 한다고 협박하였다. 징병이 되면 죽음을 예측할 수 없다. 그 대신 일하러 가면 생활이 가능하다고 속여서 유혹했다는 것이다. 그는 삼촌들과 상의하였는데 삼촌은 피할 수 없으니 가는 편이 좋겠다고 하였다. 드디어 결정을 하고 경북 영일군에서 200명이 모집되었는데 그는 12월말 포항의 어느 지점에서 모였다. 포항에서 사람들이 모여 약 1주일 정도 있다가 1942년 1월 3일 출발하였다. 부산으로 가서 시모노세키로 갔다. 그리고 거기에도 北海道행 열차를 탔다. 약 15일 정도가 걸렸다. 그를 모집한 곳은 일본철도공업 주식회사 鹿越공업소였다. 그는 돌산을 채석하여 캐내는 일을 하였고 산 높이는 50~60미터쯤 되었다. 그는 공지군 시카고이 촌에 있었는데 겨울이라 영하 20~30도의 추위가 있었다. 기숙사는 바시다로 곁벽을 쳤는데 안은 없고 가마니나 이불을 깔고 방 복판에 지키는 사람이 있었다.

그는 한인들이 일에 익숙하지 않고 정신적 불안도 있는 것을 감안치 않고 관리자들이 '기싸마'하면서 어깨, 등, 장단지를 때리는 일이 일상화 되었다고 한다. 아침 6시에 일을 시작하여 저녁 5시까지 일하였고 오전 오후에 불과 15분만을 휴식할 수 있었다. 점심은 40분이었다. 게다가 하루 건너 밤일까지 하였다. 다른 자유노동자들은 백미를 먹는데 그들은 쌀, 감자 섞인 밥에다 소금국을 먹었다. 그는 공지에서 여러 군데를 돌아다니다가 동포를 만나 권유를 받았다. 그는 일본 해군 비행기장 돌산에서 일을 하였다. 군사시설에서 일하면 잡아가지 못하였기 때문이다. 그는 모지리 육군기름공장에서도 일하였다.

그는 3월 26일까지 작업하다가 탈출하였다. 그는 성공의 가능성이 없다고 판단하였다. 그러나 그는 탈출에 성공하여 자유노동자로 일하다가 1945년 11월 九州로 오게 되었다. 그것은 고향에 가려 하였기 때문이다. 그러나 해방 이후 미군이 한국에서 무법천지를 만들었다고 하여 귀국을 포기하고 九州에서 토목일을 하며 생계를 유지하였다. 그는 戰時에는 전쟁반대활동도 하며 조선연맹활동을 하였다.

다음으로 우리는 와카마츠(若松)를 방문하였다. 여기에는 해방 직후 현해탄을 건너 가려던 동포들이 조난당하여 죽은 시체들을 매장한 흔적과 위령비가 있었다. 위령비는 小田山묘지에 있었고 "1945.9.17 若松沖遭難者"가 새겨져 있다. 이 위령비는 북구주시가 1990년 12월 세운 것인데 이 위령비 뒤쪽에 80명 정도의 遺體가 묻혀 있다는 것이다. 여기에는 고향에 가려던 한인들이 스스로 배를 마련하여 가다가 마꾸라사키태풍으로 배가 파손되어 죽음을 당한 것이다. 이 곳에 시체를 묻는 것을 엄정남씨가 목격하였다고 한다(경북 예천군 용곡면, 현 만 82세, 昭和 14년 도일, 북구주시 약송구 響南町 1-27). 그는 당시에 시청에서 오물청소를 맡고 있었는데 한인들이 리어카에 시체를 실어서 이곳에 묻는 것을 보앉다고 한다. 이 지역은 개간이 되어서 지금은 바다가 멀리 보이지만 그 당시에는 묘지 아래가 바로 바다였다고 한다. 한편 시민단체 등은 위령비에 "강제연행, 일본에 강제거주가 포함되고 한글이 들어가기"를 요청하였으나 강제연행의 문구만이 삽입되었다고 한다. 이 비를 세우기 위하여 10년간 교섭하였다고 한다. 그리고 한인들에게 이 사실을 알리기 위하여 게시판도 세울 예정이라고 하였다. 한인들은 작은 어선을 구입하여 항해를 시도하였는데 히로시마, 대마도 등에서도 같은 종류의 사고가 있었다고 한다. 엄정남씨는 시체가 떠밀려오는데도 당시에는 수습할 조직이 없었다고 한다. 그리고 사람들이 시체를 싣고 산으로 가는 것을 보았는데 그것은 사람들의 허리에 차고있는 전대를 차지하고자 하는 것도 있었다고 한다. 여하튼 매립광경을 명백히 본 곳은 자신 혼자라고 했다.

한편 근처에 사는 이해종이란 분도 머구리를 했을 때 시체가 있었다는 증언을 했다고 한다. 이러한 증언을 청취한 후 여러 한인 흔적지를 방문하였다.

* 야하타 조선소
* 시모노세키 오오쯔보(똥그루동네) 현 神田町 및 東神田町일대
* 광명사－조계종 사찰인데 야마구찌縣의 유해를 망향의 동산으로 보내고 과거장이 있음. 과거장 가운데 일부를 복사함.
* 형무소사망자 합장지묘－구형무소사망자가 매장된 자리
* 수상경찰서－현재도 사용중
* 하마카 창고－현재 남아있는 구 수용소(부관페리부두)

14일 저녁 7시에 김광열 선생 자택을 찾아가 만나게 되었다. 김선생은 강제연행에 관련된 조사를 1969년부터 시작하였다고 한다. 九州의 축

풍탄광지대는 아주 일본에서 비중이 높은 지대인데 田川탄광은 이 탄전
의 중심지대라고 하였다. 그는 한인들이 천하고 힘든 일, 지하탄광, 지상
돌산 등에서 주로 작업하였다고 하였다. 그는 한인들의 희생 발자취를
기록하기 위하여 절만도 400군데 이상을 돌아다녔다고 한다. 일년 평균
3만 키로를 달렸다고 한다. 김선생에 의하면 일본의 절에서 유골을 보통
50년간만 보관하기 때문에 어떤 절에서 유골을 보관했다가 치워버린 경
우도 있다고 한다. 그는 또한 「한국인징용희생자위령비」를 비판하였고
망향의 동산에서도 아무런 조사 없이 단지 유골만 수집해가는 것에 대
하여 비판적이었다. 특히 민단이 아무런 조사도 없이 유골만 봉환하려
한다고 하여 비판적이었다.

15일에는 그의 안내를 받아 다가와 일대를 방문하였다.

* 미야다마찌 가이지마 오노우라 노천굴 7갱
* 노천굴 6갱
* 가이지마 중앙갱
* 조선부락
* 다가와 탄광. 다가와에는 한창때 14~15만 명의 인구가 있었으나 현재
  6만 명의 인구.
* 아소세멘트 운명자 56주(그중 동포 16주)위령비. 그중 1인은 가족이 가
  지고 감. 미쯔이 시멘트앞 광앞의 공동묘지 신위 13개가 있다.
* 法光寺－주로 스즈끼 탄광의 희생자. 寂光이란 글이 있고 「朝鮮人炭坑
  殉難者之碑」라고 하여 昭和 50년 1월 건립되어 있다. 다가와 시장이
  건립한 비이다. 여기에는 유골이 30~60구 정도 있을 것이라고 하였
  다. 그러나 문제는 유골의 이름이 과거장에 없다는 점이다.
* 호슈탄광 二尺坑(특별훈련갱)
* 소에다町 도미야마쇼 日向고개의 묘지－한인들을 가매장한 무덤. 日
  向이란 가문의 묘지에 숨겨서 한인들을 묻은 곳으로 돌맹이 등으로 표
  식을 해 두었었다고 한다.
* 「한국인징용희생자위령비」 民團 福岡縣 다가와지부에서 1988년 4월

에 세운 것으로 되어 있음. 사망자 이름도 새겨있지 않음.

16일에는 나가사키로 가서 구보다다츠로씨를 면담하였다. 나가사키에는 한인 유해 150여 구를 조선인연맹이 보관하고 있다가 해산되어 大音寺라는 절에 보관해 두었다고 한다. 현재는 평화공원내에 이사하야형무소에 13주의 한인유골이 있는데 이 형무소에 중국인 33인, 한인 13인이 있었다는 것이다. 이 중 유가족이 3명 있고 10주는 무연불의 상태이다. 역전 本蓮寺에 유골이 있었다. 그는 김순길씨의 재판을 지원하고 있는 일을 하고 있고 서영자씨에게는 累가 되지 않도록 해 달라고 했다.

오후 1 : 30부터 다카자네씨로부터 '長崎在日朝鮮人의 인권을 지키는 會'의 활동에 대해 疏開를 받고 하시마탄광에 대한 자료등을 입수하였다. 오까씨가 1962년 시의원이 되어 그때부터 이러한 활동이 시작되었는데 모토시만씨가 시장이 되는 1979년부터 시가 의견을 받아들였다. 그러나 시가 발표한 한인희생자는 1,400~2,000명 수준, 이리하여 다시 조사를 시작 1년만에 2만 명의 피폭한인 그리고 1만의 사망 한인을 밝혔다. 특히 서정우씨는 14살에 징용으로 끌려왔으며 평화자료관에 걸전을 통하여 지원을 하고 있다고 하여 가슴을 뜨겁게 하였다. 그는 "미쯔비시의 죄를 잊을 수 없으며 그것은 또한 일본정부의 책임이다. 하시마는 그 상징이다"라고 하였다. 그는 자료관을 세우기 위하여 5천만 엔을 모금중인데 그 중 4천만 엔은 모금된 상태라고 하였다.

6. 맺음말

본 유해조사사업은 일본의 연구자들로부터 특히 시민단체나 재일동포들로부터 아주 긍적적인 반응을 얻었다. 그러나 한편으로는 이러한 조사사업이 일회성으로 끝나지 않아야 한다는 데 대하여 충고를 해주었다. 일본의 각 연구조직들과의 유대를 강화해 나가면서 연구를 계속적으로 진행시키는 것이 차후에 대단히 중요한 일이라고 하는 결론을 얻었다.

제9장 해외 한인희생 조사 보고서 4 (중국)

1. 출장목적

예비조사를 바탕으로 하여 중국 연변자치주 일대의 한인독립운동, 강제노동 등으로 하여 초래된 한인희생자들의 상황을 조사하기 위한 것이다.

2. 출장일자

1995. 7. 31~8. 14

3. 출장자

권희영(연구책임자, 한국정신문화연구원)
서화동(기자, 경향신문)
이상훈(기자, 경향신문)

최성기(사무관, 보건복지부)

이두훈(회장, 중소이산가족회)

4. 교통편

7. 31 서울－북경 OZ331

　　　　북경－연길

8. 13 연길－북경

8. 14 북경－서울 OZ332

5. 활동내역

7월 31일

　연길을 가기 위하여 서울－북경간 아시아나 항공기를 탔다. 북경에서 바로 13 : 50 연길로 가는 비행기를 탈 수가 있어서 연길에 당일 오후 4 : 00경 도착하였다. 도착하는 즉시 연길시내에 있는 8 · 1빈관을 향하여 출발하였다. 빈관에 도착하여 이두훈 회장의 연락으로 평소에 중소이산가족회의 지사형태로 관계를 유지하고 있는 흑룡강신문연변지사장 장문씨 일행과 면담하였다. 저녁식사를 하면서 진행된 이 면담에서 한인들이 다수 거주하고 있는 동북 3성의 조선어로 된 신문방송단체가 모두 14개가 되며 그 중에서 신문사가 11개라고 하는 사실을 알게 되었다. 또한 동 지역의 북한교민은 약 9천 정도이며 남한의 합작기업은 415개가 되는데 그중 활동하고 있는 것은 100개 정도라는 말을 들었다. 이러한 대화 후에 우리 일행은 사업목적을 설명하고 협조를 구하였으나 장문씨 등은 중국의 국내사정이 곤란하여 많은 감시를 받고 있기 때문에 적극적으로 도와주기가 어렵다는 말을 하였다. 우리는 장문씨에게 부담을 주지 않기 위하여 우리 일행에 대한 도움을 강청하지는 않았다.

8월 1일

하루밤을 지내고 오전 중에 본 사업에 도움을 주고있는 권립 역사연구소장을 면회하였다. 권소장의 자택에서 이루어진 면회에서 연변에서의 연구상황에 대해 언급을 하였다. 권소장은 '우리민족'이라는 관점에서의 연구가 그 동안 연변이나 한국에서나 부족하지 않았나 하는 의견을 제시하였다. 또한 중국에서의 연구는 진행될 수 있겠지만 유해봉환 사업이나 기념사업의 진행 같은 것은 어려움을 맞이하지 않겠는가 하는 우려를 표시하였다. 이러한 우려에 대하여 우리 일행들도 중국에서의 사정의 어려움에 동감을 표시하였다. 사실 그간에 이미 세워놓은 비조차도 중국당국에 의해 파괴된 일이 있었기 때문이다(소왕청비, 안도縣 강반석 기념비, 비암산 선구자비). 그와 함께 권립 소장은 일행에게 연변지역에서의 한인희생자에 대해 간추려진 개요를 제공해주었고 아울러서 이 자료는 북만에서의 사건은 제외된 것이라고 하였다. 그리고 남만의 신빈縣에서도 한인의 희생이 컸다고 하였다. 이 지역의 정부는 8월 29일 양세봉 장군의 비를 세울 예정이라고 하였다. 양장군은 이 지역에서 38년 2월까지 저항하면서 일본군과 전투를 벌였다고 한다. 이를 위하여 모금활동을 전개하였는데 고사리를 팔아서 돈을 낸 사람도 있고, 혹은 어린이가 10~20전을 내기도 하고, 부녀, 노인 등이 모두 참여하여 대리석으로 5미터가 넘게 큰 비를 세울 예정이라고 하였다. 그리고 양세봉의 후손은 평양에 살고 있다고 하였다.

일행은 이어서 오후에는 박창욱 교수와 임희준 선생에게 연락을 취하고 저녁 19 : 00에 손춘일, 임희준 양씨와 함께 만나서 앞으로의 현지조사일정을 대략적으로 정하였다. 8월 2일 손 교수가 안내를 담당하고 나머지 일정은 임실장이 안내를 담당하기로 하였다.

8월 2일

손춘일 교수의 안내를 받아 팔도금광을 방문하였다. 팔도금광에서 손교수의 외활아버지, 외삼촌이 노동하였으며 그 이외에도 많은 조선사람들이 일하였다는 증언을 하여 주었다. 또한 그뿐만 아니라 금광을 지키려는 일본군 수비대와 유격대와의 충돌도 있었다고 한다.

또한 僞滿시대에 일본이 차별정책을 썼기 때문에 쿨리 출신이 비적으로 화한 경우도 적지 않게 있었으며 이러한 비적을 소탕하기 위하여 삼도만 전투 같은 경우도 벌어졌다고 한다.

일행은 팔도금광 근처에서 孫忠烈(1924생, 연길 소영향 오봉촌 사소도)노인을 만났다. 그리고 그의 안내를 받아서 탄광을 구경하였다. 광산은 1860년대부터 개발되었다고 한다. 손노인은 오봉에 살고 있었다. 오봉에서 해방 후 광산의 광사장 역할을 맡았다. 정작 일제시기에는 그는 15~6세의 소년이었으며 그러한 소년의 눈으로 일하는 광경을 구경하였다. 일본인자본가가 경영을 담당하였고 1인이 30~40명씩 맡아서 노무를 관리하는 체제를 가졌다고 하였다. 그의 기억으로는 공인들의 수는 거의 1,000여 명이었는데 거의 대부분이 조선족이었다고 한다. 그러나 그 외에 쿨리가 있었는데 이 쿨리의 수는 정확히 모른다고 하였다. 하여튼 그는 이 조선인 공인들의 관리를 덕대가 담당하였다고 하였다. 일제는 산동이나 하북지방에서 쿨리를 모집하여 동원하였는데 이곳에서만 쿨리가 100명 이상 죽었을 것이라고 하였다. 주로 강냉이죽만 먹다가 배가 고파서 죽은 것이다. 채굴은 주로 조선사람들이 담당하였다고 한다. 팔도금광의 갱구는 약 30개가 되었다. 조선사람의 노임은 한달에 약 18~25원이었으며 쿨리는 단지 밥만 먹여주었다고 한다. 죽으면 장례를 지냈지만 어디에 묻었는지는 모른다. 그의 기억으로는 일하던 조선인은 오봉, 팔도, 그리고 조선에서 건너온 인부도 있었다고 한다. 갱구는 길이가 폭 1미터 80, 높이가 2미터 정도되었고 3교대 작업으로 15명이 1조였다고 하였다. 어떤 굴은 1500미터나 들어간 것도 있다고 하였다. 광산에서는 자위대원들이 공원들을 공산주의자로 밀고하여 신고하여 체포를 하기도 하였으며 또한 실제로 공산주의자들이 와서 선전을 하기도 하였다고 한다. 손옹도 부암에 공산당학교가 있었는데 공산당공작대가 와서 선전하여 해방전 45년에 8로군에 가입하였다고 한다. 그는 왕청 라자구, 산도만, 대석두에서 토비를 토벌하고 부상도 당하였다.

오봉촌은 현재는 약 230호 정도 되는 마을인데 일행은 또한 제련소를 위한 물탱크 건조물 흔적, 약 300평 규모의 제련소 흔적, 쿨리들을 묻었다는 무덤 등을 조사하였다.

8월 3일

일행은 노두구탄광의 만인갱을 방문하였다. 이 탄광는 기본적으로 폐쇄되어있는 상태이기는 한데 아직도 일부 사영업자들이 탄을 캐어내고 있는 곳이다. 만주에서 가장 먼저 탄광이 개발된 곳이기도 하다. 이 탄광에는 산동에서 끌려온 쿨리들이 사역을 하다가 일만 이상이 죽었다고 하여 그 이름이 만인갱으로 널리 알려져 있는데 우리는 그 유골들을 전시한 屍骨館을 방문하였다. 이 시골관을 방문한 후에는 구만인갱터로 보여지는 옛 갱구를 방문 실측하였다. 폭이 2미터 높이는 1.8미터였다. 이 곳에서의 역사를 자세히 알려줄 사람들을 찾을 수가 없어서 일단 현장 방문으로 일을 마쳤다. 증인들은 후에 다시 찾아보기로 하였다.

오후에는 혁명열사릉을 방문하였다. 이 혁명열사릉 가운데 주목을 끈 부분은 '1928.2연변 첫 중공지방조직 중공 룡정촌지부', '동북에서의 첫 소비에트 화룡 약수동 소비에트', '훈춘대황구 13열사묘지', '왕청縣삼도 구소비에트의 옛터', '왕청縣 마촌 리수구의 집터ー중공동만특위'등이다. 이러한 항일투쟁의 과정에서 희생된 사람들은 열사만 하여도 모두 16,300명이라 하였다. 물론 이의 대부분은 조선족이며 이중에는 소위 항미원조라 하는 6·25참전자들까지 포함되어 있다. 이러한 열사들에 관한 기록은 주민정국에서 파악하고 있다고 하였다.

8월 4일

일행은 연변대 이춘 교수의 안내로 천보산을 방문하였다. 일행은 우선 천보산 유색광산의 김동식 서기를 찾았다(52세). 천보산은 일제시기에는 은광으로 개발되었으나 현재에는 주로 아연이 생산되고 있다고 하였다. 광산은 개발시기는 1889년부터였다고 한다. 여기에는 현재도 개발이 이루어지는 광산이며 조선인들이 약 4분의 1을 차지한다. 공인들은 대부분 진폐증을 앓아서 오래 사는 사람들은 그리 많지 않다고 한다. 현재는 공인 약 2,600에 천보산진의 인구는 7~8천이 된다고 하였다. 당 서기가 일제시기의 사정을 잘 알 수 없다고 하기 때문에 다른 사람들을 찾아보기로 하고 서기의 안내로 갱의 입구만을 촬영하고 돌아왔다.

저녁 6 : 30 이용연씨를 호텔 농업은행초대소에서 면회하였다. 이용은 노두구에서 6년간 근무한 적이 있는 사람이다. 노두구는 연변에서는 '최초로 개발된 탄광이라고 하였다. 이 탄광은 남북길이 10리에 미치는 큰 탄광이다. 광구 면적은 1백만 평이나 된다. 위만시절에는 갱구가 1개였으며 해방 전에는 모두 4개였다. 이 탄광은 1886년 개척민들이 파다가 석탄을 발견하여 개발이 시작되었으며 이후 우물을 파는 형식으로 개발을 시작하였다. 1890년 자본가에게로 넘어갔으며 천보산 은광제련과 관련하여 노두구탄광이 개발되었다. 그리하여 역문상이라는 사람을 대리로 하여 노두구탄광을 경영하도록 하였다고 한다.

탄광은 1963~1964년경 폐쇄되었으며 유골발굴은 1968년, 전람관은 1972년에 세워졌고 비는 1975년에 세워졌다.

8월 5일

청산리 전투의 백운평 전투지를 방문하기로 하였다. 일행은 우선 화룡의 허송암 주임에게 연락을 하고 그시간에 오전에 대종교 삼종사 묘지를 방문하였다. 김교헌, 나철, 서일의 삼종사의 묘가 나란히 있는 곳은 화룡縣의 대로변이었다.

허송암 주임은 화룡에 대하여 일제시기는 화룡을 삼도구라 하였다한다. 일행은 허주임의 안내를 받아서 백운평마을을 방문하였다. 1920년 10월 독립군은 이 마을을 거쳐 안도로 넘어갔다고 한다. 일본군은 이 마을을 방문하여 탐문을 하였는데 이 마을 사람들은 독립군이 지나간지 오래되었다고 하였다. 일본군은 이를 추적하려고 곧바로 진군하였는데 백운평마을에서 직소택이라는 곳까지 약 2~3km의 거리인데 이곳은 바로 급전직하의 낭떠러지이다. 이곳에서 독립군은 매복하였다가 일본군에게 습격을 가하였다. 이 전투에서 일본군 약 200명이 거의 전멸하였다. 이에 일본군은 가짜 정보를 제공하였다고 하여 백운평마을 주민을 완전히 살해하였다고 한다. 단지 한사람만이 생존하여 죽음을 벗어났다. 이 사람이 어떻게 살았는지에 대하여서는 설이 두 가지로 나누어진다. 그런데 그 중 하나인 일본군에게 붙잡히자 임기응변을 발휘하여 살게 되었다는 설이 유력하다. 즉 그 이야기는 밥을 해가지고 가는데 일본군이 붙잡아 심문하자 일본군에게 갖다가 바치려고 밥을 했다고 대답했다는 것이다. 어찌되었던 일본군의 분풀이로 토벌을 맞은 백운평은 그 이후 인적이 사라져서 지금은 잡초만이 무성하다. 약 3년 전 1992년에 해외한민족연구소 이윤기 회장과 연락이 되어 조사사업이 시작되었다고 한다. 그러나 청산리 승전비건립운동은 현재 중지되어 있는 상태이다. 청산리마을은 백운평으로 들어가기 전 초입에 있으며 청산리 전투란 청산리계곡에서 이루어진 전투이기 때문에 붙여진 이름이다.

8월 6일

일행은 해란강참안을 조사하기 위하여 마반촌을 방문하였다. 일행은 朴星哲(34, 도문시장안진 마반촌 7조) 촌서기를 찾았다. 박서기에게 우리의 방문목적을 설명하고 도움을 요청하였다. 박서기는 기꺼이 우리를 도와서 증인을 찾아내고 현장을 조사하는데 같이 동행하겠다고 하였다. 우선 증인으로서는 조순녀라고 하는 사람이 있는데 이 사람은 그 아들(연길시 철도공안 김창석)과 함께 화련리에 살았기에 증언을 해줄 수 있는 사람이라고 하였다. 그러나 후에 김창석씨에게 임희준 선생을 통하여 연락을 한 결과 반신불수로 하여 거의 아무 말도 하지 못하는 상황이라서 증언을 듣는 것을 포기하고 말았다. 그러나 우리는 어릴 적에 화련리에 살았다는 조순옥씨의 증언을 확보할 수 있었다. 그녀는 당시에 나이가 어렸지만 다른 사람들로부터 말을 들었는데 화련리에서 사람을 무장자위대가 죽일 때 머리에 대못을 박아죽이는 등의 만행을 저질렀다고 했다. 무장자위대는 노란옷을 입고 마을을 닥치는대로 소탕하고 다녀서 사람들로부터는 공포의 대상이었다고 하였다.

직접적으로 화련리사건과는 관련이 없지만 조순옥씨의 아버지가 혁명열사이기 때문에 우리는 조순옥씨 부친에 관련된 증언을 듣기로 하였다. 그의 부친은 조동운씨로 26세에 혁명열사로 죽은 사람이다. 그는 빈곤한 가정에서 출생하여 계급투쟁을 함과 동시에 조선독립을 하겠다고 투쟁한 사람이다. 1931년 9·18 사변이 나던 해에 그는 연길감옥에서 체포되어 9개월간 감금되어 있었다. 그의 할머니는 9차례나 면회를 갔으나 친구들을 누설하지 않는다고 하여 그는 계속 버티고 있었다. 쇠못으로 주리를 틀던가 아니면 고추물을 먹이든가 하는 등으로 고문을 당했다. 연길감옥에서 출옥한 후 8개월쯤 되었을 때 이란골에 토벌대가 내려온다는 소문을 듣고 그는 놀라서 뛰쳐나왔다. 도망을 치던 그에게 무장자위단은 총을 쏘아서 그는 3발의 총을 맞고 희생되었다. 조순옥씨는 그 때 5살 나던 해였다. 그녀는 할아버지 할머니와 함께 화련리에서 도문으로 이사를 했고 그 가족은 숫가락도 챙기지 못하여 배추줄거리로 밥을 떠먹으면서 지냈다. 그 후 동광의 빈집에 가서 살기도 하다가 사랑월척의 삼촌집에서도 살았다. 밀주를 제조하다가 체포당하기도 하였고 밀주나 소금장사를 하여 살았다. 조참봉댁에서 지팡살이일을 하기도 하다가 14년 후 해방이 되었다. 해방 후에는 조선 깃대를 만들어 소련사람을 영접하기도 하였다. 그러나 소련군이 부녀를 강탈한다고 하는 소문이 나서 후에는 나서지 못하였다고 한다. 해방 후 삼촌은 군대를 갔는데 삼촌 3명이 사망하였다.

조순옥씨는 또한 화련리에서의 이야기를 들은 대로 해주었다. 무장자위대가 한인들을 살해하는데 혁명가를 붙잡아서 대못을 숯궁덩이에 박고, 신체를 맷돌에 갈아 죽이고, 이삼달 가족같은 경우는 가족이 모두 희생되었다고 한다. 집안에서 사람을 모두 죽이고 집에는 불을 지르기도 했다는 것이다. 무장자위대가 작두로 목을 베어 들고 간 경우도 있었다고 했다. 또한 9명이 회의를 하다가 일본인이 기관총을 걸어서 모두 죽고 2명이 살아남은 경우도 있는데 바로 그 자리에 묻었는데 그 무덤이 화련리에 있으며 이후에 화련리는 인적이 드물게 되었다. 산림조성으로 마을사람들을 疏開하였기 때문이다. 이 자리를 가기 위하여는 걸어서 약 4시간 정도가 소요되었으므로 우리는 이 자리를 방문하는 것을 포기할 수밖에 없었다.

일행은 또한 金承浩씨로부터(69세) 조양천의 군수부 조선인 사역에 대한 증언을 들을 수가 있었다. 이는 기대하지 않았던 일로 큰 소득이었다. 그는 화련리에서 조양천으로 일을 갔다. 근로봉사대라는 이름이다. 그가 일하던 곳은 현재 조양천 역 근처의 트락토르제조수리공장이 있는 장소이다. 이 장소는 일본군병참부사령부가 있던 곳이다. 그의 기억에 의하면 일을 시키는 십장들은 조선사람이었고 감시하는 사람은 일본인이었다. 그는 나이가 어린 상태여서 다른 일을 하지 않고 개를 사육시키는 일을 담당하였다. 그는 거기에서 7달 동안 세파트를 사육하는 일을 담당하였다. 근로봉사대는 마을마다 할당되었던 것이며 마을 사람들은 삯을 대신 내고 가지 않은 경우도 있다. 그는 7달을 일하고 약 300원을 받았는데 그 돈으로 화련리에 밭을 사기도 하였다. 그가 일하던 곳은 거의 조선사람들이 일하였다고 한다. 식량을 조금밖에 주지 않아서 배곯아서 죽은 사람도 있었다고 한다. 사람들은 옥수수가루를 먹었는데 썩은 내가 났다고 했다. 그는 굶지는 않았다. 그는 개양식을 도둑질해먹었기 때문이다. 개에게는 쌀밥과 고기가 배당되었다. 그는 개에게 배당된 음식을 먹다가 들켜서 두드려 맞은 적도 2번이나 있었다고 하였다. 그는 죽은 사람들은 봉사간 사람들이 파묻었으며 근로봉사대는 1개 중대에 약 300씩 4개 중대가 있었다고 하였다. 그는 시체가 나오면 고장으로 보내어 묻었는데 주로 나이든 사람이 죽었다고 하였다. 1달에 1명은 죽었다고 하였다. 도망을 치려는 사람도 있었는데 전기철망을 해 놓아서 새까맣게 숯으로 타 죽은 경우도 몇 번 보았다고 하였다. 마치 개를 끄슬린 것 같았다고 했다.

8월 7일

우리는 전날에 들은 증언을 확인하기 위하여 조양천 트락토르공장을 방문하였다. 연길에서 조양천역이 보이는 곳에서 역과 평행으로 난 길을 우측으로 하여 약 2키로 정도 되는 것에 공장이 있었다. 그러나 공장 관계자는 관계기관의 소개증이 있어야만 업무에 협조할 수 있다고 하여 일단 발걸음을 되돌릴 수밖에 없었다.

오전에 조양천을 간 후 우리는 도문으로 향하였다. 도문으로 향한 것은 도문의 철도건설현장에 조선인이 동원되었다는 것을 확인하기 위하여서였다. 중국의 동북지방의 철도는 심양의 철도국이 담당하고 연변자치주내의 철도는 도문청도분국이 담당하기 때문에 도문은 연변의 초대의 철도중심지이다. 연변지역의 최초의 철도는 1922년 8월 千島경편철도가 건설됨으로써 시작되었다. 이 철도는 천보사−도문을 잇는 철도로 24년에 개통되었다. 그러나 그 이후 철도건설은 활발하지 못하고 대부분의 철도는 9·18사변 후 일제가 건설한 것이다.

    1932. 5~1933. 9 : 동화−도문 철도, 조양천−개산툰철도
    1933. 6~1935. 6 : 도문−영안철도

1937~1940 : 신흥-동령, 용정-화룡, 훈춘철도가 개설되었다.

이중 홍령철도는 해방 후 소련군이 전부 뜯어가기도 하였다.

이 철도는 조양천-개산툰 철도의 경우 연인원 190만 6,160명이 동원되었는데 철도는 교량이 15개, 굴이 5개소였다. 이 중에서 일본인은 56,120인, 조선족은 934,590인, 한족은 915,450인이 동원되었다. 그와 함께 돈화-도문철도는 연인원 2,442,100인, 도문-영안철도는 3,314,100인이 동원되었다. 그러나 이 철도에 대하여 얼마나 많은 사람들이 희생되었는지에 대하여는 알 수 없다. 이 사실에 대해 알기 위하여는 철도 문서를 다시 뒤져야 하는데 여기까지는 이 문제에 대한 관심이 없어서 자료에는 있었어도 철도지를 편집할 때 이 문제를 누락시켰던 것이다. 이에 우리는 임희준 선생에게 이 문제에 대하여 더 상세히 조사해달라는 부탁을 남기고 차후의 과제로 남길 수밖에 없었다.

8월 8일

일행은 훈춘시를 방문하였다. 훈춘시의 문물관리소장으로 있는 이정몽씨를 찾아서 안내를 부탁하였다. 이정몽씨는 훈춘시건이 일어났던 구소련 영사관터를 안내하여 주었는데 이 자리는 현재 훈춘시 공안국이 들어 있는 장소이다. 공안국 마당에는 이미 일제시기부터 있었음직한 나무 한 그루가 서 있었다.

이어서 훈춘縣 성서문이 있는 자리를 방문하였다. 이 훈천縣성지로 가는 곳에는 옛 건물들이 몇 십 채 남아 있었다. 훈춘縣성은 동서 700m 남북 300m 정도가 되었다고 한다. 이 훈춘縣성 서문에 있는 길이 황병길이 다니던 거리라고 한다.

이소장에게 또한 만산, 경신어가자, 흑룡강 등에 군수시설물이 있다는 말을 들었다. 이 군수시설물을 조사하고 싶었으나 이들이 모두 현재에도 군에 의해 사용되고 있는 지역이기 때문에 조사가 불가능하다는 말을 들었다. 일행은 이소장에게 부탁하여 훈춘지역의 문물지와 관련서적을 구하고 다시 도문으로 돌아왔다.

8월 9일

도문에서 왕청을 향하여 기차를 탔다. 왕청에서의 조사를 시작하기에 앞서서 우리 일행은 차후에 연구를 진행시키기 위하여 당안에 대하여 임선생의 안내를 받았다. 우리가 관심을 가지는 한인희생자에 대한 조사를 위하여 다음과 같은 지역의 당안관을 조사할 필요가 제기되었다.

* 대련 당안관
* 길림성사회과학원 자료실
* 길림성 당안관 및 길림철도국 철도분국중심 당안관
* 요령성 당안관(심양)-滿鐵자료가 일본보다도 많다고 한다.

이날 왕청에 도착하여 일행은 일제의 토벌로 유명한 대감자촌과 덕원리촌을 조사해보기로 하였다. 대감자촌은 왕청현 신흥향에 속해있는 마을로 봉오동전투로 유명한 홍범도부대가 주둔하던 곳이며 또한 북로군정서 경신분국이 소재하던 곳이다. 바로 이 마을에서 김좌진부대가 맹부덕의 부개의 공격을 받게 되었으나 맹부덕은 김좌진을 공격하지 않고 김좌진은 맹부덕을 산중으로 초대하여 잔치를 하고 김좌진부대가 떠난 후 맹부대는 이 망을 소각하여 면책을 했다는 것이다. 이 마을의 언덕에 올라보면 멀리 산너머로 서대파가 있고 그 아래에 마반산이 있다. 이 대감자 마을은 1934년에는 왕덕림부대가 있던 곳이기도 한데 일본은 4천의 인원을 동원하여 비행기까지 가지고 이 마을을 소탕하였다고 한다. 9·18 이후에는 중국군이 주둔하여 일제의 공격을 받기도 하였다. 현재는 전체마을 호수 200 중 한족이 150호 조선족이 50호이다. 농촌의 조선족들이 도시로 빠져나가는 속도는 한족들의 비율을 훨씬 능가한다고 한다.

또한 같은 왕청縣의 덕원리는 1916년에 서일이 세운 학교가 있었고 대종교도가 많았던 마을이다. 그리고 북로군정서의 총재부가 있었던 곳이다. 그러기에 독립군 가족들도 많이 거주하고 있었다. 그러나 독립군 철거시 그 가족들도 함께 떠났으며 1932년에 토벌을 맞을 때는 마을이 전부 소각되어서 지금도 인적이 끊기고 담배밭이 되어있다. 현재는 동진향 유슈하촌이 행정구역으로 되어 있다. 전강주, 대간자, 덕원리는 일제 하에 대표적인 3개 토벌을 맞은 마을이라 한다.

8월 10일

일행은 다시 연길을 향해 오면서 연길시 의란진 유채촌을 조사하였다. 이 지역은 경신토벌시에 참안이 있었던 곳이다.

또 구룡평과 왕우구항일유격근거지를 조사하였는데, 왕우구항일유격근거지(길림성 인민정부가 1981년 4월 공포, 연길시 인민정부 입)는 1932년 11월 구소비에트정부가 있던 곳으로 중공동만특위, 연길縣委기관, 동북인민혁명군 제2군독립사사부, 제11단이 있었던 곳이다.

8월 11일

오후에 다시 조양천을 방문하였다. 우리는 崔鐵源씨를 만났다.(1938년생) 조양천 트락토르 수리제조공장을 방문하여 소개장을 가지고 만났는데 그의 말로는 이 군수부대에 한인군속이 약 200인 있었다고 하였다. 그리고 이곳에서는 말을 기르고 있었다고 한다. 그의 말로는 조선족들은 주로 잡일을 하고 있었고 공인의 대부분은 조선사람이었다고 하였다. 9·18사변 이후에 군수부대가 설립된 것이며 전기철망으로 둘레를 3~4리를 둘렀다고 한다. 주로 일한 사람들은 조양천, 삼봉의 사람들이었다고 한다.

저녁에는 권립 교수를 만나서 한인들이 동원된 작업장에 대한 말을 들었다.

* 천보산 광산(광산공회의 양파씨가 10년 이상 연구하여 『천보산 광산사』 저술) 이는 동북에서 제일 큰 은광이었다고 한다.
* 설안탄광(흑룡강 길림성 경계 설안縣 소재)
* 요원탄광(길림에서 하르빈으로 가는 길 장춘구역)
* 안산강철회사-요령성 안산시 소재. 한인들이 많이 노동하였다. 위만시대에 노동자가 1만이 넘었다. 여기에는 굶어죽은 동포가 많았다고 한다. 공산당 군대가 공격하고 국민당 군대는 지키고 포위전이 지속됨에 따라 굶어죽은 사람이 한 집 건너 발생하였다고 한다. 중국인들이 동포를 습격하기도 하였는데 그 이유는 제2일본인이라는 것이었다. 안산에서 변소 밑에서 숨어서 살아난 사람이 있는데 옥수수창고가 터져 옥수수를 조금 씹어먹다 기절하기도 하였다. 너무 많이 먹다가 죽은 사람도 있다. 안산시에서 거의 대부분의 조선인이 죽었다고 한다. 요녕민족출판사의 김양씨가 이 방면의 조사를 하였다.
* 무순탄광-전만 제일의 탄광이며 무순에서 대련으로 당안수송중 소련군이 진주하여 태우다가 다 태우지 못한 것을 그대로 탄광에 보관하였다. 이것이 일부는 대련에서 일본으로 갔으나 대부분 대련에 그대로 남아있다.
* 흑룡강 개서탄광(밀산전)-신민부의 인사들이 탄광에서 일하였다. 러시아국경지대에 있으며 경신토벌시 북만으로 도망하였다.

* 일본군이 북부진흥운동을 전개하였는데 이는 대소전의 일환이었고 이 때 많은 동포를 연변에서 붙들어갔다. 근로봉사대 등으로. 협화회에서 나서서 끌고 갔으며 사람이 안 가면 돈을 내야 하였다(여하縣, 이란縣, 동안縣, 흑하縣).

한편 심양의 당안관은 자유열람이 가능하다는 말을 들었다(전신자).

8월 11일

원래 백두산을 가려다가 길이 막혀 되돌아오고 말았다. 그리하여 그 대신 박창욱 교수를 만나 이야기를 나누었다. 간도에서 실어간 당안의 일부가 하바로프스크에 있다는 소식인 것이다. 또한 길장일보같은 것이 장춘에 있다고 하였다.(간도일보, 간도신보, 민성보, 만몽신보, 만선일보, 만몽일보, 동만휘보)

그는 한인들이 근로봉사대를 기피하여 친척을 빼돌리려고 하였으며 각 작업장마다 할당되었다고 하였다. 징병자들의 조직은 흑룡강에서 있었다. 조선사람 중 징병되어 2기생 10여 명이 포로가 되어 소련에서 3년 간 살다 온 경우도 있다고 하였다.

관동군 포로로 일본에 간 경우는 약 5만이 넘는데 호림, 동령, 일산에 있던 조선족들도 모두 관동군으로 끌려 갔다.

8월 12일

허송암 주임을 만나서 두도구영사관 자리를 방문하였다. 두도구 영사관은 1929년에 건설되었다. 1939년까지는 영사관으로는 제일 컸다. 당시의 화룡縣 소재지는 용정의 달라자였다. 두도구영산관이 당시에 평강평원을 관리하였다. 이곳에서 영사관처, 경찰서터및 물감옥을 발견하였다. 물감옥은 깊리 약 150cm 호의 가로 204cm 세로 166cm였다. 건물전체는 높이 2.45m, 가로 10.48m, 세로 3.335m였다. 두도진인민정부청사내에 있다.

다시 발해 서고성 중경현덕부 자리, 어랑촌 전투자리(완루구, 천수동 전투), 어랑촌 13용사 기념비 자리(중공 와룡향위, 와룡향 인민정부 건립)를 방문하였다.

13일 아침 일찍 북경으로 출발하여 북경을 구경하고 14일 북경을 출발하여 서울에 도착하였다.

6. 맺음말

중국에서는 의외로 한인희생자들에 대한 연구가 거의 없었다. 기존의 연구는 주로 항일투쟁 그것도 공산주의에 관련된 열사들만을 연구하였기 때문에 한인들이 일제시대 격변하는 역사 속에서 불가피하게 당할 수밖에 없었던 희생의 흔적을 체계적으로 조사하는 데에 많은 어려움이 있다는 것을 알게 되었다. 그러나 연변의 연구자들과 지속적으로 협력하고 차후로 당안관의 문서를 계속하여 열람하면서 연구한다면 훌륭한 연구성과가 나올 수 있다고 판단된다.

중국에서의 연구를 촉진시키기 위하여 탄광 및 광산-전신자, 철도-임희준, 독립운동-박창욱, 강제동원-권립 등으로 업무를 분담 위촉하였다. 이러한 자료수집작업을 세분해서 행할 것 등이 요구된다.

제10장 해외 한인희생 조사 보고서 5 (남태평양)

1. 출장목적

마리아나 군도 및 마이크로네시아에서의 한인 희생자의 상황을 조사하기 위한 것이다.

2. 출장일자

8. 31~9. 14

3. 출장자

권희영(한국정신문화연구원, 연구책임자)
이철수(보건복지부, 사무관)
이종탁(경향신문, 기자)
박민규(경향신문, 기자)

이용택(해외희생동포추념사업회, 회장)

4. 교통편

CS926 8. 31 SEOUL−GUAM 21 : 05~12 : 25

CS951 9. 1 GUAM−KOROR 07 : 50~09 : 45

CS864 9. 5 KOROR−GUAM 14 : 10~17 : 05

CS981 9. 8 GUAM−SAIPAN 08 : 40~09 : 20

CS925 9. 14 SAIPAN−SEOUL 08 : 20~12 : 05

괌, 사이판, 티니안, 팔라우

5. 활동내역

1) 팔라우 공화국의 여러 섬들

8월 31일 저녁 비행기를 타고 괌을 경유하여 팔라우의 코로르공항에 도착한 것은 9월 1일 오후 2시였다. 실제보다 6시간 정도 지체되었는데 그 이유는 비행기가 고장으로 인하여 야프 섬에서 약 6시간 동안 머물러 있었기 때문이다. 9월 1일 오후 2시쯤에 공항에 도착하니 코로르에 있는 한인회 관계자들이 마중 나와 환영을 해주었다.

이날 우리는 일단 한인들과 관련된 주요한 유적지를 관람하기로 하였다. 그리하여 '아이고 다리'를 구경하였다. 아이고 다리는 한인들이 동원되어 노동을 하여 건설한 다리인데 인부들이 힘이 들어서 아이고 소리를 해서 현지인들이 그렇게 명명하였다는 것이다. 이어서 해군사령부자리, 일본군벙커, Belau National Museum, 일본인 위령비, 추장집, 팔라우

항구를 구경하였다.

이날 우리는 저녁에 한인징용자들이 바벨투아프에 다수 거주하고 있었다는 것을 증언하여 주는 Odeirong Kakameni씨를 만났다. 한인회 인사들이 저녁식사에 같이 초대하여 대화를 나눌 수 있게 된 것이다. 그는 현재 나이 72세로 아버지는 일본인이고 어머니는 팔라우인이며 바벨투아프에 거주하였다고 한다. 거기에는 일본군속으로 동원된 한인들이 많이 있었다는 증언을 해주었다. 그 역시도 모리가와 부대에서 한인들과 함께 군속으로 사역당하였다고 한다. 戰後에는 김씨라는 한국인과 1개월쯤 같이 산 적도 있으며 그는 미국배를 타고 귀국해버렸다는 증언이었다.

9월 2일 우리는 코로르에서 보트를 타고 앙가우르섬과 펠레리우섬을 방문하기로 하였다. 아침 8 : 30분에 보트를 타고 약 2시간 항해하여 10 : 30분쯤 섬에 도착하였다. 바다에는 파도가 치고 있어서 여행하기가 고통스러웠지만 그래도 항구에 무사히 도착하였다. 섬에 도착하여 우리는 섬 사정을 잘안다는 데칸 Hesus Belibie(96940 Angaur)를 수소문하여 그의 안내를 받기로 하였다. 그는 나이가 65세로 앙가우르에서 출생하였으며 약 20년간 water work에 종사하였다고 하였다. 현재는 섬에서 목사와 같은 역할을 하며 종교지도자로 있다.

그의 안내를 받아 섬을 일주하였는데 일행은 먼저 인산염(phospate)광을 구경하였다. 이 광산에는 채굴흔적이 남아있는데 독일본인들이 100년 전에 채굴을 시작하였으며 일본인들도 계속 채굴을 하던 광산이라고 하였다.

다음으로는 일본인이 세운 등대가 미군폭격을 맞은 현장을 방문하였다. 다음으로는 우리는 일본인의 위령비를 가보았는데 거기에는 '제2차 세계대전에 숭고한 사명관을 가지고 조국의 安泰와 민족의 행복을 기원하기 위하여 이 땅에 산화된 후등변웅 소좌 이하 1,200명의 영령을 위령'한다는 1971년 10월 26일 「팔라우제도 전몰자 유골수집 위령탑건립회」가 세운 위령비를 보았다. 이 비문에서 일본의 위령사업이 과거의 침략전쟁을 미화하는데 그 기본 목적이 있는 것이 아닌가 하는 의문을 떨쳐버리기 어려웠다.

다음으로는 Liberation of the People of Angaur 기념비를 답사하였다. 이 비에는 일본군을 피하여 1944년 10월 120명의 원주민이 굴속에 숨어 있다가 미군에 위해 밖으로 나온 사실이 기록되어 있었다. 이것은 1993년 10월 8일 종전 49주년을 맞아서 주정부가 세운 것이었다. 이들이 숨어 있었던 굴은 길이가 300피트가 넘는 것이었다고 한다.

다음은 Red beach로 갔다. 여기에는 동굴 및 방어진지로 사용하던 흔적을 보았다. 여기에서 일본군 약 70명이 전사하였다고 한다.

다음은 Blue beach로 여기에서는 50주년을 맞아 미군 2인이 찾아온 일이 있었다고 하였다.

그가 지목하는 구한국인 거주지는 사이판타운 옆의 장소로 전쟁 중에 남양축산주식회사 직원들이 인산염을 캐다가 군속으로 징용이 되었고 독신자 숙소로 '난세이료'가 있었다고 하였다. 같은 장소에서 우리는 높이 2m, 가로 5m, 세로 7m 정도의 물탱크를 확인할 수 있었다.

한인들과 관련하여 그의 증언을 들어보면 약 100명 정도의 한인이 섬에 있었던 것으로 추측된다고 하였으며 미군이 상륙한 후에는 포로가되어 군인과 민간인이 서로 분리되어 약 4~5달간 캠프생활을 하였고 그후에 군인은 하와이로 가고 민간인은 본국으로 송환되었다고 한다. 그에 의하면 수용소에서의 집과 음식, 보급은 충분하였다고 한다.

앙가우르에서의 점심을 마치고 우리는 곧 Peleliu섬으로 향하였다. 약 1시간 정도 보트를 타고 항해하여 섬에 도착하였다.

이 섬에서는 일본군인이 약 1천 명 정도 있었다고 한다. 이 섬에서도 역시 조선사람들이 동원되었다. 조선사람들은 전부 군속이었다고 한다. 여기에서 우리는 Ichiro Loitang이라는 노인을 만났다. 이 사람은 현재 나이 74세로 아버지는 중국인이며 어머니는 팔라우인이었다. 그는 이 섬에 출생하여 지금까지 살아왔다고 한다. 그는 군수품 수송업무를 담당하였다고 한다. 그는 이 섬에서 군인과 군속은 같은 식사를 하였으며 배곯아 죽은 사람은 없었다고 했다. 그는 또한 산속에 같이 숨어 들어가 산 조선사람도 있었다고 하였다.

여기에서 우리는 일행을 안내한 안내인인 Yanagawa Seichi가 아버지가 일본인이라는 것을 알게 되었다. 그는 그의 할아버지가 일본군 병사였다고 하였다. 정확한 기억은 하지 못하는데 아마 하사관인 듯 싶었다. 장교가 아닌 것은 확실하다. 그의 아버지는 전쟁당시에 군인은 아니었다고 한다. 그는 아버지의 말을 들었는데 비행장을 닦는 건설현장에 한국사람들이 동원되었다는 사실을 들었다고 하였다.

또 우리는 그의 안내를 받아서 일본군 고사포가 놓여 있는 자리 및 동굴을 구경하였는데 이 곳에서 왼쪽의 장소에 조선사람들이 살았었다는 말을 하였다.

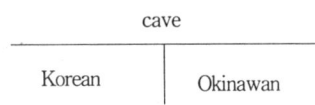

저녁에는 이찬우 현 한인회장의 초청으로 Palau Pacific Resort Hotel에서 저녁만찬을 하였다.

9월 3일 우리 일행은 Ngatpang지역을 조사하기로 하였다. 이 지역에 한인들의 무덤을 확인해줄 수 있는 인사가 있으며 또한 이 지역에 일제 때 사탕수수밭에서 일하던 한인들이 노동하고 거주하던 곳이기 때문이다. 안내자는 이미 이용택 회장과도 안면이 있는 Techtong Rebluud였다. 전날 비가 많이 왔기 때문에 곳곳에 진흙이 있어서 움직이기가 어려웠지만 그래도 무사히 데이통의 집에 도착할 수가 있었다. 그는 한국인 집단부락이 존재하였으며 약 60명 정도가 있었다고 하였다. 그는 오란다(인도네시아?)에서 끌고 온 인도인 포로 6명도 함께 일하고 있었다고 한다. 그가 확실히 기억하고 있는 두 사람은 김용기와 신 게이게이였다. 이들 두 사람은 일본들에게 맞아서 죽었다고 한다. 이 두 사람은 데이통의 아버지와는 친한 친구였으며 가끔씩 집에 와서 간단한 일어 등으로 의사소통을 하였다고 한다. 김용기는 일본어를 잘하지 못하였으므로, 말하자면 '이모 아루?'등으로 간단한 의사소통을 하였다. 이들이 아버지의 친구였기에 아버지는 이들을 묻어준 것이다. 그는 김용기씨가 '아리랑 아리랑 아라리요 아리랑고개를 넘어간다'를 한국말로 불렀다. 김씨가 부르던 것이 기억난다고 하였다. 또 조선인부락에서 노래부르는 소리도 들었다는 것이다.

그는 또한 코로르−나팡의 도로건설에 200여 명의 한인이 동원되었다고 하였다. 또한 Malakal섬에 있는 모리야마(森山)라는 한인이 기억난다고 하였다. 그리고 이 섬에는 징용된 노동자들이 노동에 종사하였으며 이들은 농업이민자들과는 구별되어서 일하였다고 한다. 그가 모리야마와 알게 된 것은 아버지가 병이 있어서 말라칼에 갔다가 알게 된 것이라고 하였다. 그곳에서 15m 정도 떨어져서 모리야마와 자기 집이 있었다고 하였다. 그는 료에 살고 있었으며 긴 집 즉 바라크가 4개가 있었으며 여기에 약 200명이 있었다고 하였다.

그는 먹는 음식은 남양무역에서 된장이나 김치 등을 제공하였다고 한다.

우리는 이어서 데이통씨에 안내를 부탁하여 김용기와 신게이게이 묘를 방문하였다. 이 묘는 한국에서는 본 조사단이 최초로 확인한 것이다. 김용기 묘에는 <1979년 7월 이종덕 사장건립>이라는 묘비가 글씨가 거의 지워진 상태에 있었고 신게이게이 묘비는 쓰러져서 부식되어 있었다. 묘는 언덕에 위치해 있었는데 언덕 아래는 밭으로 사용하였던 고랑과 이랑들이 풀에 덮여 있어서 이전에는 농장으로 사용했던 곳임을 알 수 있게 했다.

이용택 회장에 의하면 원래 이 묘는 한인위령비에 이장할 계획이었으나 K-B 다리 밑에 있는 위령비에는 이 묘의 유골들이 이장되지 않은 것이 확실하다.

나팡의 묘를 참배한 후 우리는 코로르의 공동묘지를 관람하였다. 공동묘지에는 서태평양에서 전몰된 미·일·팔라우인들을 추념하는 덕풍회가 세운 비도 있었고(1995년 건립) 일본국, 팔라우공화국 전몰자위령탑도 있었으나(1987년 건립) 어느 묘비에도 이 곳에서 희생된 한인들에 대한 언급은 없었다.

K-B Bridge 밑에 「평화기원한국인위령비」가 건립된 것은 1981년의 일이다. 이 비는 이용택 회장이 건립하고 이종득 사장이 후원한 것으로 기록되어 있다. 이 다리 자체가 1977년 한국 소시오회사가 건립한 것으로 그 인연으로 인하여 이곳에다가 비를 건립하였다고 한다. 이 비에 진입하기 위한 다리 옆 도로에는 잔디를 조성하였고 현재는 비 주변에 바베큐장을 설치하는 등 소규모의 시민공원으로 활용되고 있음을 알 수 있다.

저녁에는 한인회 임원들과 식사를 같이하였다. 그런데 이 자리에 한영배씨가 참석하였다. 그의 부친은 남양흥발주식회사의 顧員으로 발탁된 사람으로서 사이판에서 6개월 작업한 후 티니안 제당공장에서 1년 반을 근무하였다고 한다. 그는 보상문제에 대하여 강한 관심을 제기하였다. 1972년에 일본 후생성에 편지를 하였는데 그의 부친이 총독부연금대상자임을 알게 되었다. 그러나 昭和27년 4월 28일부로 조선인은 일본국적을 상실하였으므로 연금대상자가 아니라는 말을 들었으나 일본정부로부터 사망증명서를 발급받았다고 하였다. 그런데 사망증명서에는 군속으로 되어 있었다. 육군 27사단 사령부 소속으로 전사한 것으로 되어 있었던 것이다. 따라서 그의 부친이 현지 징용되었다는 사실을 알게 되었던 것이다.

그의 부친은 韓東燮(일본명 시미즈)으로 그의 부친에 대한 사망기록을 그는 가지고 있으며 사이판에 건너간 것은 昭和 14~5년경이라고 하였다. 그의 부친은 일제시기에 퇴직 후에 연금대상자로 있다가 징용보낼 때에 책임자로 간 것이다. 그가 남양으로 간 것은 본인의 의사에 의한 자발적인 것이었다. 그러나 그가 군속으로 전환된 것은 본인도 모르는 사항이었다. 한씨는 17~45세의 장정은 현지에서 모두 징용한다는 소식을 들었다고 한다. 그리고 전쟁 중에는 귀국을 원해도 허용되지 않았다. 그의 부친은 회사에서 한인노무자를 관리하는 일을 맡았다. 구체적으로는 南洋興發株式會社 제당공장의 직영농장의 현장사무소에 근무하였다.

그로부터 45년 당시의 일도 청취하였다. 그는 45년 한인들 캠프에 격려문이 많이 왔었다고 했다. 한국사람들은 해방을 맞이하여 하루속히 고국으로 돌아가고 싶어서 서둘렀으며 결국 대표자로 일제시기 동아일보에 근무하였던 이춘재를 선출하여 괌에 있는 니미츠 제독을 만나서 조기송환촉구 교섭을 벌여서 조기에 송환하게 되었다고 하였다. 그는 티니안에 약 2200명의 한인들이 있었다고 하였다.

9월 4일에는 코로르섬내의 한인희생관련 유지를 찾아보았다. 먼저 구유곽자리를 방문하였다. 한인회장의 소개로 이 자리를 찾았는데 이 자리에는 현재는 건물은 없는데 National Development Bank of Palau 뒷뜰로 이곳은 장교들이 이용하던 곳이었다고 한다.

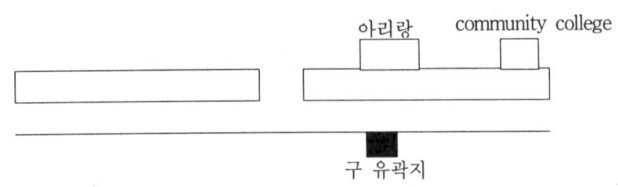

다음으로 구병원자리를 방문하였는데 이곳은 현재는 community college가 있는 곳으로 일제시기에는 위안부들의 간이성병진료소로 사용하던 곳이었다고 한다. 성병에 걸린 위안부들이 주사를 맞았다는 증언을 들었다고 하순봉 사장은 설명한다. 또한 병원근처에 폭 1미터, 높이 2미터 가량의 방공호가 파져있는 것을 발견하였다.

다음에는 일제시기 고사포부대자리를 방문하였다. 주도로에서 shell museum으로 가다가 오른쪽에 그 자리가 남아 있고 아직 그 영문흔적이 있다. 여기에 지하호도 있다고 하나 그 자리가 풀로 덮여 있어서 발견할 수가 없었다.

다음은 아이고다리 포대를 관람하였다. 코로르에 있는 이 포대는 해안방향으로 포를 쏠 수 있게 되어 있었다.

다음은 아이스박스라고 불리우는 공원인데 현재는 조개양식장 근처이며 또한 이 장소는 현재 하수처리장으로 사용되고 있다. 일제시기 이곳은 얼음제조공장으로서 각지로 얼음을 수송하였다고 한다.

다음 코로르 독으로 말라칼에서 코로르로 가는 왼쪽에 있는데 현재

소시오 마이크로네시아가 있는 자리이다. 일제시기에도 도크가 있었으며 한인 노무자들이 동원되어 도크를 확장했다는 말이 있다.

말라칼에서 코로르로 들어오면서 우리는 Novor King이라는 한인 2세를 만날 수 있었다. 그의 부친은 한인이며 어머니는 팔라우인이다. 그는 아파트를 건설하고 임대하고 주유소, 보험 등 여러업무를 취급하는 재력가이다. 그의 부친은 일본 스모 선수였다고 한다. 아버지가 술 만드는 일, 인광염 캐는 일 등을 하였다고 하며 아버지는 그가 9세 때에 사망하였다고 한다. 아버지의 이름은 김세이코였다고 한다. 아버지는 전쟁 중에 사망하였는데 그는 바벨투아프프의 오키나와인 친구 집에서 전쟁을 보냈다. 그의 아버지는 그를 바벨투아프에 데려다주고 다시 앙가우르로 돌아가 있었다. 킹은 현재 62세이며 母는 15년 전 사망하였다고 한다. 그는 아버지의 우편저금을 미군으로 부터 일부 받았으며 그 금액은 최소한이었다고 하였다. 어머니의 이름은 데류코였다고 한다.

다음은 석등이 있는 거리에 있는 현 Palau shop 뒤의 위안소를 찾았다. 여기에는 고난소라 불리우는 위안소가 있었다고 한다.

다음은 공동묘지를 찾았는데 여기에는 경북대구에서 소화 14년 1월 11일 사망으로 기록되어있는 행렬 64행의 太具萬之墓를 찾았다. 이 공동묘지는 Nikko Palau호텔에서 나오면서 2km 정도 직진하다가 오른쪽에 있었다.

다음 오후에는 Okiyama Toyomi로 불리우는 퀸을 찾았다. 그녀는 일본인 아버지와 팔라우인 母 사이에 났다. 그녀는 펠레리우섬에서 태어나서 자랐다. 그녀는 국민학교 3학년까지는 펠레리우에서 다니고 6학년 졸업은 코로르에서 하였고 1932년까지는 펠레리우에서 있다가 일본에 가서 고등학교를 졸업하였다. 그녀가 섬에 되돌아온 것은 1942년의 일로 그녀는 남양청에서 근무하면서 암호전문을 해독하는 일을 맡았다.

주로 인사관계 암호해독이 주업무였다. 그러다가 Yorimits라는 그의 상사가 포나페로 가고 본인은 사이판 시청에 2년간 근무하게 되었으며 다시 펠레리우에서 인광석을 캐는 회사에 근무하였다. 昭和 12년의 일이다. 그녀는 한국인을 본 기억을 가지고 있는데 일본인은 기모노를 입고 한국인은 치마저고리를 입었으며 한국남자들이 두부를 만들어 파는 일도 보았다고 한다.

그녀는 펠레리우에서 집에서 200~300m 거리에 일본군이 있었고 여자가 술을 마시는 것을 본 적이 있었다고 했다. 이것으로 보아 요정이 근처에 있었다고 추정된다.

미군이 폭격할 시에 6개월 동안 삐라를 살포하였다. 민간인은 어느 방향으로 모이라고 하였는데, 그녀가 삐라를 들고 군인에게 물어보니 '걱정하지 말라'는 대답이었다고 한다. 동굴이 많아서 폭격을 맞아도 걱정이 없다는 것이었다. 포격이 끝난 후에 집은 완전히 부서지고 쑥밭이 되어 있었다. 나무도 없고 목 떨어진 사람이 즐비하였다. 일본군이 자기를 데리러 와서 지토 섬으로 데리고 갔다. 부모는 지토 섬에 있었다. 희생자가 너무 많아서 한번에 묻었다. 비행장 건설에서 한인들이 많이 희생되었다고 한다. 전쟁이 시작되면서 민간인을 疏開하였고 전투원만 남아 있었다. 父는 전시에 야자유(코프라)를 제조하는 사람이었다. 영어통역을 담당하였다. 펠레리우에는 인도사람도 와서 작업하는 것을 보았다. 그녀는 고추 등을 파는 상점을 하고 있었는데 한국인들이 와서 고추를 많이 가지고 가라고 하였으나 그들은 시든다고 2~3일분을 가지고 갔다.

戰後에 유골을 수습하였는데 긴 것은 일본군, 짧은 것은 미군식으로 분류하였다. 그녀는 또한 나도부스라는 펠레리우 근처의 한 섬에 한인들이 많이 있었다는 얘기를 하였다. 죽은 사람 유골이 많이 있었다는 말을 들었다고 한다. 그녀 자신은 유골 40구(20인분)를 주웠다. 그녀는 펠레리우에서 한인들이 많이 죽었다는 이야기를 유골조사단으로부터 들었다고 한다. 그녀가 뼈를 주은 이유는 주으면 미군이 돈을 주었기 때문이다.

9월 5일에는 Rock Island 주변을 둘러보았다. 여기에는 구일본군포대, 유류저장고(자연동굴), 장교위안소를 활용되었다던 자연동굴(이곳에 위안부들을 죽여 버렸다는 말도 있다)을 관람하였다. 섬 주위를 전부 요새화한 것이다.

2) 괌에서의 조사

9월 5일 괌에 도착하였다. 호텔(Pia Marina)에 여장을 풀고 저녁 7 : 00 총영사가 주최하는 만찬에 참석하게 되었다. 이 자리에서 현지에 거주하는 전 서울대 및 부산대 교수 박경일 선생의 조언을 들었다. 박교수는 Skanber란 사람이 있는데 그 사람의 아버지가 일제시기에 경찰간부였으며 일제시기에 원주민 중 일본과 협력한 사람이 있는데 이들은 표면적으로는 협력하였지만 이면에서는 산에 있는 원주민을 도와주었다고 한다. 또한 원주민들의 말 중 한인이 포로수용소에서 감독관으로 있었는데 원주민에게 좋은 인상을 주지 못하였다는 증언도 있다고 하였다.

또 ① 일본군이 진주할 시에 사이판 사람들을 데리고 점령해 왔는데 팔라우나 사이판에서 통역으로 일한 사람이 생존해있을 것이라는 것 ② 미군의 상륙에 관련된 정보가 워싱턴 문서국에 있을 것이라는 것. 그리고 펜타곤의 문서를 조사할 필요가 있다는 것 ③ 한일협정에도 불구하고 희생자에 대한 사실 파악 의무가 정부에 있으므로 조사사업을 적극적으로 해야할 것이라는 것과 위안부문제와 관련된 것만을 부각시키지 말고 민족의 전반적인 상황 즉 인권과 관련하여 식민지시대 희생자의 문제를 조사해야 할 것이라는 귀중한 조언을 하여 주었다. 또한 남태평양지역에서의 희생자조사에는 이회장의 노고가 컸다고 하는 사실을 지적하였다.

9월 6일부터는 괌에서의 현장조사에 나섰다. 우리는 일단 전쟁과 관련된 유적들을 찾아보면서 관련된 증인들을 찾아 나서기로 하였다. 우리의 안내를 맡은 김창호씨는 최사장이라는 사람이 괌에서 비행장공사에 동원되었다는 말을 하였다는 말을 전해주었다.

그리고 우리는 War in the Pacific National Historical Park을 방문하여 비디오를 30분가량 본 후에 전시물을 관람하였다. 여기에서 우리는 한인희생자와 관련하여 우리가 만나야 할 그런 사람을 소개받았다. 이 사람과 저녁 때 만나기로 약속을 하고는 우리는 남는 시간을 이용하여 전쟁과 관련된 유적들을 계속하여 관람하였다. 괌에 미군이 상륙한 곳은 Asan, Agat 두 장소인데, 이 두 장소를 구경하였다. 여기에는 일본군이 건설하였던 방공호, 고사포, 곡사포의 흔적이 남아 있다.

다음으로는 Ypao beach park를 구경하였는데 이 공원은 힐튼 호텔과 패시픽 스타 호텔 사이에 있는 비치로서 이 옆에는 비행장터가 있고 한인이 비행장건설에 동원되었다는 증언도 있다. 이 비치에서 1943년경에는 한 징용선이 폭발하여 한인들이 초혼제를 지냈다는 곳이다.

저녁시간에 우리는 Palomo씨를 만나서 귀중한 증언을 들을 수 있었다. 그는 기자출신으로 A.P., Daily News에 10년간 근무하였는데 전쟁 중의 괌사람들에 대한 관심을 가지고 『An Island in Agony』란 책을 저술하기도 하였다. 그는 섬사람들의 생활에 대하여 깊은 관심을 가지고 있었다고 말하였다. 그는 1931년생인데 10살 때 전쟁이 일어났다고 했다. 그 자신은 일본인, 오키나와인, 한인들을 구별하지 못하였다고 한다. 그러나 많은 사람들과 인터뷰하면서 책을 썼고 그러는 중 한인들에 존재에 대하여도 알게되었다는 것이다. 그가 인터뷰한 인물 중의 대다수는 이미 고인이 되었지만 아직 소수는 살아있다고 하였다.

그는 증언 중 위안부인 comfort women에 대한 이야기를 하였다. 그가 알기로는 4군데 이상이 위안소로 사용되었으며 2군데 이상이 한인여자들로 충당되었다고 하였다. 그가 알기로는 일본인위안소는 장교가 이용하고 차모로위안소는 누구나 이용하며 한인위안소는 사병들이 이용하였다는 것이다. 그리고 위안소의 흔적이 아직도 남아있을 것이라고 하였다.

위안소를 발견한 것은 그의 친구가 결혼하여 집에 오게 되었는데 방이 작게 나누어져 있었다는 것이다. 방을 잘게 나눈 목적이 무엇인지 의문을 가졌다는 것이다. 군인이 이 집에 들어올 때는 까만 칠판에 이용시간은 15분이라는 등의 문구가 있었고 그 외에 여러가지 준칙사항이 적혀있는 글이 게시되어 있었다고 한다.

그 외에 미군이 폭격시에 2인의 차모로인이 한인에 의해 감시되고 있는 것을 보았다고 하며 비행기가 오자 한인이 피하라고 소리질렀다고 했다. 지방민인 차모로인을 감독한 것은 한인들이었다. 그리고 플란테이션에 일하던 사람들 중에 한인들도 많이 있었다고 한다. 일본인들은 또한 괌에 그리 많지 않았다. 처음에 1만 3천 명 정도였다가 그 수가 500명까지 줄었는데 43년 후부터는 여러 군데에서 일본군들이 재집결하여 그 수가 1만 8천 명까지 늘어났다. 일본군들은 더 이상 침몰 때문에 보급을 받기가 곤란한 상태에 놓여 있었다. 1944년경에 괌에는 군인을 포함하여 3만 명의 인구가 있었으며 현지인들을 강제동원하여 노동에 종사시켰다. 그의 아버지도 비행장에 나가서 강제노역을 하였으며 그 외에 많은 사람들이 동원되었다.

그는 일본인들은 자신들만을 믿었다고 했다. 일본인은 일등 국민이고 오키나와는 2등 국민, 한인은 3등 국민, 차모로인은 4등 국민으로 분류되었다고 하였다. 그는 조센, 도민이라는 말을 알았다. 도민은 섬사람 즉 차모로인을 가르키는 말이었다. 그는 또한 많은 배들이 침몰되었다는 것을 알고 있었고 그는 전쟁 시에는 팔라우에 피난해있었고 아가나에 돌아온 것은 전쟁 후였다고 했다.

또 그는 전쟁기에 일본군이 많은 사람들을 죽였다고 했다. 현 타이고등학교부근, 메리소, 아가나 근처의 페나에서 사람들을 죽였다. 일본군은 전쟁에 진다는 것을 예감하고 500명 정도의 차모로인을 죽였고 혹시 개들이 그들을 공격하는데 사용되지 않을까 하여 개들도 모두 죽여버렸다고 한다.

저녁에는 괌大의 김덕신 교수를 만났다. 그는 MARC(Micronesia Area Research Center)에서 유해조사를 하면서 한국에서는 이 같은 조사를 하지 않는가 하는 말과 팔라우에서 시체 3천 구를 파냈다는 말을 들었다고 했다. 그리고 유해조사사업의 필요성을 역설하였다.

9월 7일 오전에 우리는 Palomo와 그의 친구 Juan E. Garcia를 만났다. 그는 Agana Heights의 시장을 지낸 사람으로 1923년에 출생하였으며 1941년에 18살이었음으로 전쟁의 상황에 대하여 우리에게 자세한 사항을 알려줄 수 있는 입장이었다. 우리는 그의 증언을 들음과 함께 그의 안내를 받아서 한인들과 관련된 유적지를 찾아보기로 하였다.

그의 한국에 대한 경험으로 그의 의견으로는 한국인은 차모로인들보다도 낮은 대우를 받았다고 하였다. 일본인들은 한국인을 믿지 않았으며 사이판 사람들을 믿었다고 하였다. 그리고 항만을 건설하던지 혹은 비행장을 건설하는데 한국인들이 동원되었다고 말하였다. 그리고 전쟁 중에 미군에 대한 공격을 행할 시에도 한인들을 믿지 못하여 한인들에게는 총을 주지 않고 단지 죽창만을 주고는 미군에 대항하여 싸우라는 말을 하였다고 한다. 그리고 종전 시에 일본인들은 다른 사람들을 모두 죽이고 나서 자신들도 자살하였다고 하였다. 그가 아는 한국인으로는 '미즈마'라는 사람이 있었는데 그는 토미 던스턴과 함께 물건을 운반하는 일을 하던 사람이라고 하였다. 그런데 미즈마와 던스턴은 비밀리에 얘기를 하였고 토미는 자기를 신뢰하였는데 미즈마는 자신을 신뢰하지 않았다고 하였다. 그런데 알고 보니 미즈마는 미군정보원이었다는 것이다. 그는 또한 일본인들이 한인들을 몰래 많이 죽였다고 하였다. 또 '개꼬'라고 불리우던 위안소를 보았다고 하였다. 그의 안내를 받아서 한인들과 관련된 유지를 몇 군데 찾아보았다.

투마이라는 곳은 구일본군 200명이 주둔하던 곳이라고 하였다.

다음은 한국사람들이 일하던 캠프이다. 여기는 전쟁을 대비하여 분지에 위치해 있었다. 한인들은 전쟁 중에 주로 군수품의 수송업무를 담당하였다. 그러나 죽창만 들고 차모로인 원두막 같은 곳에 거주하였다. 한인들이 일하던 캠프는 현재 Familia Bell의 영지이며 Leo Palace Resort앞 1키로되는 지점에 있다.

다음은 우리가 처음으로 발견한 '조선인 개코' 즉 위안소자리이다.

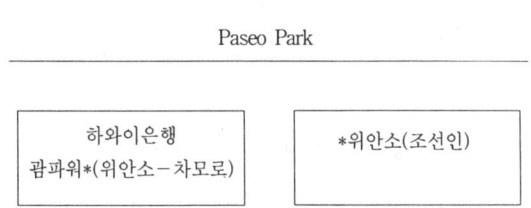

우리는 현재 이 집에 살고 있는 Rose Marie Trapp씨를 만나 이 집이 일본군에 의하여 위안소로 사용되었음을 확인할 수 있었다. 그리고 마당에는 일제시대 때의 건물이 태풍에 의하여 쓰러진 채로 방치되어 있

었다. 할머니인 로자벨리아는 1915년생으로 한인여자를 보았다는 증언을 해 주었다. 즉 치마저고리를 입은 사람을 보았다는 얘기다. 또한 각 꼬란 단어를 들었다고 했다.

다음은 현재 지사 관저로서, 이 지사관저에는 옛날 6개의 바라크가 있었다. 현 지사의 집무실이 전쟁 중에 위안소로 사용되었다고 한다. 현 주정부 건물은 이전에는 학교가 있던 곳이라고 하였다. 이곳은 현재 Adelup공원 옆이다.

우리는 로즈마리씨가 소개해 준 D.P.Flores씨를 찾아보았다. 그녀는 1927년 9월 27일생으로 괌에 큰 재산을 가지고 있었다. 그의 부친은 농장주였으며 또한 군인이었는데 전쟁 전에 이미 군을 필하였다. 그녀는 동굴 속에 숨어 있다가 (44년 6월 11일~8월 6일) 전쟁이 끝난 후에 나왔다. 그의 부친은 1944년에 일본군에 의해 살해당하였다. 로즈마리는 그의 질녀(niece)라고 하였다. 전쟁 중에는 농장에서 살았다. 1941년 12월 8일부터 농장에 있었는데 해방될 때까지 있었다. 그가 한인여자들을 알게된 것은 위안부들이 소를 구하기 위하여 쌀이나 옷가지를 가지고 일본인 차를 타고 왔던 것을 기억한다고 하였다. 그리고 그의 아버지는 딸들에게 위안소를 보여주지 않으려고 하였다. 전쟁 후에 와 보았더니 집은 구분이 되어 있었다. 그래서 구분된 칸막이를 뜯어내었다.

3) 사이판 및 티니안에서의 조사

이번 조사에서 우리가 방문한 두 섬은 마리아나 군도에 속해있다. 이 섬은 3500년 전부터 사람들이 거주했던 것으로 추정되며 아마도 필리핀을 거쳐서 동남아시아의 사람들이 거주하게 되었던 것으로 보인다. 이 마리아나에는 열매와 생선이 풍부하여 아마도 4~5만까지의 인구가 있지 않았을까 추정되며 사이판에서만도 1만 5천 정도의 인구가 생존했을 것으로 생각된다. 이들 동남아시아계통의 인구들은 오늘날 차모로인 (Chamorros)들로 불리운다.

1521년 3월 6일 Fernao de Magalhaes은 잠시 마리아나 군도에 정박하게 되었다. 그는 원주민들이 날쌔게 카누를 타고 다니는 것을 보고는 섬을 Islas de las Velas Latinas(삼각돛배의 섬)이라고 불렀다가 원주민들과의 오해 후에 이 섬들을 다시 Islas de los Ladrones(도둑들의 섬)이라고 불렀다.

1638년 9월 20일 마닐라 갈리온 Nuestra Senora de la Concepcion이 사이판의 Agingan point에 좌초되었는데 이 사람들 가운데 몇명은 영구히 이 섬에 살기로 작정하여 최초의 외국 주민이 정착하게 되었다. 1668년 6월 15일에는 예수회 선교사 Diego Luis de Sanvitores 등이 군인들과 같이 괌에 도착하여 마리아나 군도를 스페인의 필립왕의 미망인인 오스트리아의 마리안의 이름을 따라 마리아나 군도로 불렀다. 차모로인들의 저항이 있기는 하였지만 1690년대에 저항은 끝났고 1740년까지 차모로인들은 사이판에서는 거의 자취를 감추고 괌과 로타 섬에서만 거주하게 되었다. 1700년대 전반에는 마리아나에 그때까지 적게 잡아 4만 정도되던 차모로인들은 서구의 질병과 스페인총으로 약 3천 정도로 인구가 줄었다.

1815년경에 태풍으로 큰 피해를 입은 카롤라인인들이 마리아나로 이주하기 시작하였다. 그 중 한 그룹은 Aghurubw는 괌에 상륙하여 스페인 총독으로부터 카누로 매년 두 척 분량의 소금에 절인 고기를 티니안에서 사이판으로 가져온다는 조건으로 사이판에 정주허가를 받게 된다. 이들이 상륙한 사이판의 지역은 Arabwal마을 이며 이 마을이 오늘날의 Garapan이다. 1860년부터는 괌의 차모로인들이 사이판으로 이주하기 시작하였으며 1889년에는 20년 전에 티니안에 거주하였던 카롤라인인들이 (Namonuito 그룹) 사이판에 정착하였다. 이들이 정착한 지역은 Talaabwogh 마을이며 오늘날의 Tanapag인데 그 뜻은 '거북을 잡는 최적의 장소'이다.

1898년에 미국은 스페인과 전쟁을 선포하였으며 6월 20일 순양함 찰스톤호의 사령관 Henry Glass는 스페인군을 생포하고 이때부터 괌은 미국영토가 되었다. 스페인은 마리아나의 나머지 땅을 독일정부에 팔았다. 북마리아나는 1899년 7월 1일부로 독일영토가 되었다. 독일은 관의 차모로인들을 초청하는 등 인구증가책을 강구하였다. 동시에 학교도 세우고 도로도 건설하며 농업도 장려하였다. 일본의 회사들이 활동을 시작한 것도 이 시기였다. 1906년부터 Hiki company, Murayama company가 활동을 시작하였다. 이 두 회사는 재정적인 문제로 1908년 남양무역회사(Nambo)로 합병이 되었다. 이 회사는 요코하마와 마이크로네시아를 왕래하면 년간 16~30척의 배를 운용하였다. 독일의 지배는 1차세계대전과 더불어 끝이 났다. 일본은 영국과 손을 잡고 1914년 8월 25일 독일에 전쟁을 선포하였다. 일본 전함 카토리가 10월 14일 사이판에 오면서 북마리아나는 일본이 지배하게 되었다. 그와 함께 1914년 12월 14일 제2남양전대가 임시남양군도방비대로 변형되어 군정을 사이판에 실시하게 되었다. 1915년부터 일본정부는 여러차례의 과학적 탐사를 실시하였고 1917년 영국은 일본으로 하여금 지중해에서의 대잠초계를 지원해 달라고 요청하였고 그 댓가로 전후에 마이크로네시아에서의 일본의 요구를 지지하기로 하였다. 이는 비밀협정이었다. 그리하여 미국의 반대에도 불구하고 1919년 5월 19일 국제연합의 Supreme Council은 일본에게 마이크로네시아의 신탁을 위임하였다. 미국이 일본의 위임통치에 동의한 것은 1922년 2월 11일로 미국은 괌을 제외한 마이크로네시아에 C급 위임통치에 동의하였고 그 대신 야프 전신소에서의 미국의 특권을 인정하였다. 영·미·일의 전함비는 5:5:3으로 결정되었다. 일본해군은 군정을 실시하다가 1922년 3월 민간행정기구인 남양청이 설치되었다. 1924년에 남양청에 대한 감독은 수상에서 척식성으로 넘어갔다.

이 무렵부터 일본은 남양을 경제적으로 개발하기 시작하였다. 타이완에서의 사탕수수농장경험이 있는 일본은 마리아나에서 가능성을 발견하고 사이판에 Nishimura Takushoku(西村拓殖), Nanyo Shokusan(南洋殖産)의 두 회사가 사업을 시작하였다. 그중 西村拓殖은 마리아나에서 면화와 사탕수수를 재배하는 것이 좋다고 판단하여 전라도 광주 감옥간수인 기노시다에게 책임을 맡겨 대대적으로 광고를 하여 200명을 모집토록 하였다. 그러나 한 달이 지나도록 200명을 다 모집하기는 어려웠다. 그러다가 1917년 마침내 제1진 90명이 남양으로 떠나게 되었다. 이들 일행은 일주일간 시모노세키에서 체류하다가 요코하마에서 기범선을 타고 10여 일 후에 사이판 차란카노아에 상륙하였다. 이들 모집된 사람들은 대부분 잘 사는 사람들이었으며 그 가운데는 면서기까지 지낸 사람도 있었다고 한다. 그러다가 제2진이 도착하였는데 이들은 北鮮출신들이었다. 이들은 회사의 경영난으로 어려운 상황 속에 있었다.

이러한 상황에서 마리아나의 사탕수수업을 크게 일으킨 인물이 松江春次이었다. 그는 루이지애나 주립대학을 졸업하고 타이완에서 성공적으로 사탕수수농장을 경영하였다. 그는 사이판을 조사하고 1921년 東京의 후원자를 설득시켰다. 이들은 南洋興發會社(Nanyo Kohatsu Kaisha, Nanko)를 세우고 사탕제국을 건설하기 시작했다. 이 회사는 1922년에 남아있던 한인들과 함께 일하도록 오키나와인들을 데려왔다. 회사는 도로를 건설하는 등 적극적으로 움직이고 1926년에는 설탕정제과정에서 나온 부산물인 당밀을 이용하여 알콜도 생산하였다. 같은 해에 티니안 섬을 임대하여서 거의 전 섬을 독점적으로 경작하였다. 1928년이 되면 사이판은 추수기에는 하루에 1200톤의 설탕을 일본으로 수출하였다.

1941년 12월 8일 일본의 진주만 폭격과 동시에 일본의 괌 공격이 이루어졌다. 사이판의 아스리토공항에서 항공전대가 괌의 아프라에 있는 미해군기지를 공격하였다. 이 갑작스러운 공격은 일본의 승리로 끝났다.

한편 미군에 의한 중부 태평양지역의 공세는 1943년 11얼 21일 미태평양함대 및 태평양지역총사령관은 Chester W. Nimitz제독의 지휘 하에 이루어졌다. 미군은 인근의 지상기지항공기보다 훨씬 우세한 모함기지 항공기를 가진 해군력을 필요로 하였다. 미군은 우선 길버트 제도의 적 진지를 공격하였다. 미군은 3일간의 전투를 거쳐 마킨, 타라와, 아파마마를 손에 넣었다. 그리고 이들 도서에 비행장을 건설하였다. 12월 초에는 이곳을 근거지로 하여 마샬 군도의 Jaluit, Mili를 공격하였다. 이듬해 1월 31일에는 과잘레인을 공격하였다. 미군은 저항하는 일본군을 제압하고 2월 5일 산호도를 탈취하였다. 미군은 보급선을 차단하고, 1944년 2월에는 트럭을 공격하여 19대의 선박을 격침시키고 해안시설에 중대한 손해를 입혔다. 이후에 사이판에 대한 공격이 이루어졌다.

수 백 대의 함재기를 포함하는 강력한 특수임무부대(5함대)가 2월 23일에 사이판 및 티니안을 공격하였다. 12대의 전투기를 가지고 괌도에도 폭격이 가해졌다. 이는 마리아나 군도 점령을 위한 예비행동이었다. 이후 수개월간 카롤라인 제도, 마리아나 군도에 대하여 공습을 행하였다. 3월 30일 5함대는 카롤라인 제도를 공격하여 일선박 46척, 항공기 216대를 파괴 혹은 피해를 주었다. 해안지대에도 중대한 피해를 주었다. 6월 11일 특수임무부대는 남부마리아나를 공격하였고 함재기는 괌, 로타, 티니안, 사이판을 공격하였다. 13일에도 전함과 순양함을 포함하는 특수임무부대가 사이판과 티니안 공격차 출발하였다. 니미츠는 남부마리아나를 점령함으로써 일본군의 해상통신 전략기지와 일본본토에 대한 장거리폭격기지를 확보하고(東京까지 1,600리) 중부태평양을 통한 해상통신의 지배권을 장악하고, 동시에 중부카롤라인 제도의 고립화 및 무력화를 기도하였다.

한편 미군의 공격에 대비하여 일본은 중부태평양함대 및 제5기지의 사령관으로 추이치 나구모가 방어를 하고 있었고 중장 요시추구 사이토가 육군을 지휘하고 있었다. 사이토는 북마리아나 육군과 43사단(113연대, 135연대, 136연대 포함, 47혼성대대, 탱크연대, 방공연대, 두개의 공병연대)을 지휘하였다. 육군총수는 22,702명이었다. 나구모 제독은 사이판의 마이주루 경비대, 55해군방어대, 제1요코스카특별해군상륙부대를 지휘하였다. 해군총수는 6,960명이었다. 미군의 상륙 시점에 일본군은 모두 29,662명의 병력을 가지고 있었다. 이들 일본군중 95%이상이 사망하였다.

미군의 점령 하에 있던 마리아나 군도는 1947년부터 유엔에 의하여 미국의 보호 하에 놓이고 1976년에 미국령이 되었다. 이상이 대략 북마리아나 군도에 대한 역사적 개괄이다. 다음에는 실제 조사를 진행하면서 있었던 경과를 소개한다.

9월 8일 아침에 비행기를 타고 사이판으로 향하였다. 사이판에서는 한인회 관계 임원들이 마중을 나와 주었다. 먼저 이날은 사이판의 주요한 한인유적지를 살펴보기로 하였다.

먼저 「태평양한국인위령평화탑」을 방문하였다. 이 탑은 비석과 돌을 한국에서 가지고 와서 1981년 8월 15일 이용택 회장이 세운 것으로 되어 있다. 그리고 그 후에도 한국걸스카우트 대구연맹과 한국빅토리연예인 축구단이 각각 방문비를 세워 놓았다. 이 주변에는 일본인들이 세운 크고 작은 비들이 수없이 많이 있었다. 이 한인위령탑은 당시에 5만 달러를 가지고 건립하였다 한다. 부지는 사이판정부가 영구임대하여 주었고 사이판교민이 1만 달러 위령사업회가 4만 달러를 모금하여 건립하였다고 한다. 부지는 약 1천 평 정도 되며 매년 관리비 1천 5백 달러를 위령사업회에서 사이판정부에 지급한다고 하였다. 또한 매년 위령제를 지내는데 그때마다 500달러 정도씩 사이판 정부에 기증을 한다는 것이다.

다음에는 자살계곡을 보았는데 이 절벽에서는 일본인 가족들이 많이 자살을 하였다. 연합군에 잡히면 모욕을 당할 것을 걱정해서였다.

다음으로는 한인들이 동원되었을 듯한 비행장을 보았다. 자살계곡에서 바다 쪽을 보면 그 아래에 있다.

다음은 만세절벽을 보았다. 여기에서는 항전하던 일본인들이 만세를 부르고 떨어졌다는 곳이다. 여기에 있는 대표적인 충혼비는 1992년 건립된 것이다.

점심식사를 한 후 오후에 **M.D.Muna**를 만났다. 그는 사이판, 데니안, 로타에 6천 명 이상의 한인이 있었다고 생각하며 한인위령탑 건설시에 사인을 했다고 한다. 그는 1935년 12월 24일 사이판출생으로 父는 오시다회사라는 고기시장에서 일하였다. 어머니는 영국인이었고 아버지는 스페인이었다. 그가 알기로는 슈카케인, 타피오카 농장 등에서 6천 명 이상의 민간인이 있었고 오키나와인은 1만 5천 명 정도였다고 한다. 또한 전쟁 중에 설탕공장에서 알콜을 얻어서 전쟁에 사용하기 위한 연료로 썼다고도 하였다. 그의 시각은 사이판의 차모로는 일본인과 좋은 관계를 유지하고 있었다는 것이다. 일본인이 차모로를 내국인으로 대우하였다는 것이다. 그리하여 20인의 차모로가 괌 공격에 참여하기도 하였다는 말을 하였다.

그는 한국에 대하여는 소상히 알고 있는 편이었는데 그는 한인들이 어업에도 종사하고 있었으며 그 자신은 한국전에 참전하기도 하였고 해군의 통신중위로 제대하였다고 한다.

9월 9일 사이판에서의 조사를 계속 하기로 하였다. 이말 우리가 묵고 있는 오리엔탈 호텔의 식당에서 마침 Cabrera씨가 식사를 하고있었고 이 사람을 만나기로 했기 때문에 간단히 인사를 하고 인터뷰를 하였다. 그에 의하면 戰前에 많은 한인들이 사이판에 있었다. 일본인들은 부두하역 작업에 한인들을 동원하였다. 자기 자신도 부두하역작업을 하였다고 한다. 그도 일본인의 민족차별에서 한국인이 마지막이었다고 말하였다. 그는 오키나와 사람은 주로 어부, 농장일에 종사하였으며 일본인은 사업가, 가라판 지역에 큰 집을 가지고 있었으며 한인들은 개별적으로 살았는데, 한 바라크에 25명 정도씩 사는 경우도 있었다고 한다. 그리고 일본 경찰은 칼을 가지고 있었다. 그의 말에 의하면 임금은 차모로인은 1일 1원 50전 일본인은 2원이었다. 그는 가라판 4정목에 한인들 바라크가 있었는데 현재는 가스스테이션이라고 하였다. 그리고 당시의 묘지가 지금은 caputin building이라고 하였다. 그는 일본인들이 한인들에게 어떠한 질문도 하지 못하게 하였다고 한다. 협박을 하였다는 것이다.

우리는 다시 M.D.의 형인 J.Muna씨를 만났다. 그 역시 민족들을 4단계로 엄격하게 구분하였다고 했다. 그는 설탕을 사이판에서 년간 1백만 톤을 수출하였다고 하였다. 그리고 타피오카, 바나나, 파파야도 수출하였다. 파인애플, 망고, 그리고 요깡도 만들었다. 그는 한인들이 군속으로 일하는 것을 알았다. 그리고 NKK(南洋拓植, 난타쿠라고도 함. 일본척식성의 회사)에서 일하는 것도 보았다. 그는 사이판의 인구가 전쟁시에 6만 5천이었는데 그중 군인이 3만 5천이라고 하였다. 임금은 좋은 수준이었다고 하였다. 1원 70전이면 8식구가 사는데 지장이 없었다고 한다.

그는 해방 후의 캠프위치를 알고 있었다. 한인, 일본인, 오키나와인, 차모로인의 캠프가 있었는데 4000인의 차모로인 캠프는 나중에 찰랑가

노로 이동하였다. 그는 전쟁 전에는 일본인은 좋은 사람이었다는 기억을 가지고 있었다. 그리고 찰랑카노의 모든 지역은 설탕공장 및 사람이 살던 곳이라고 하였다. 그리고 전쟁 중에는 쌀 등 모든 것이 배급되었다고 하였다.

오후에는 Tudella씨를 면회하였다. 그녀는 1930년생으로 사이판에서 8살까지 살았다. 그리고 팔라우에서 1달, 트럭에서 수개월, 포나페에서 8개월 살다가 해방이 되어서 한국으로 건너가 1963년에 다시 사이판으로 돌아왔다고 한다. 그녀가 사이판에 왔을 때는 오로지 마쓰모도씨만 있었다고 한다. 그녀는 동생과 같이 왔는데 1964년도에 현 남편과 결혼하였다고 한다. 그녀는 이모의 초청으로 왔는데 이모는 차모로사람이며 그녀의 어머니는 차모로인, 父는 한국인이었다고 한다. 그런데 父는 1956년에 급성맹장으로 한국에서 사망하였다. 그녀의 아버지는 구두방을 하고 있었다. 포나페에서의 경험을 들으면 그녀의 부친은 구두장이어서 일본인들 사회에서 살았고 부친과 한국인은 섞이지 않았다. 아버지는 일본인들과 섞여 살았던 것이다. 그리고 그녀가 알기로는 한국여자들도 많이 있었다고 하였다. 그녀는 포나페에서 전쟁을 맞이하였는데 전쟁을 맞아서 굴속으로 피난을 하였다. 포나페에서 수용되어 있다가 아버지는 섬에 머무르고 싶었지만 미군에 의해 한국으로 송환되었다. 부친은 6~7세부터 일본에서 성장하였으며 고향은 전남 광주였다. 일본 이름은 아야하라이었다. 그녀의 이름은 아야하라 요시코였는데, 결혼 후에 아리오라 투델라가 되었다. 어머니가 아리오라 베라크루즈였고 남편은 그리고리오 투델라. 아버지는 죽으면서 고향으로 가라고 하였다. 그리고 어머니는 금은방을 했었다. 이 투델라씨는 한국에서의 생활이 고통스러웠던 듯 좀처럼 한국에서의 생활에 대해서는 일체 입을 열지 않았다.

오후에는 한인들과 관련된 유적지를 찾았다. 먼저 한인수용소적을 찾았다.

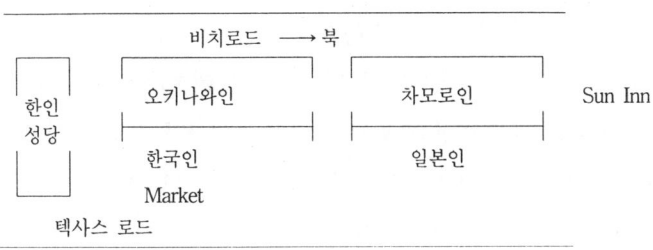

다음에는 마쯔에 히로시(일명 슈가 킹) 동상을 보았다. 그는 일본 福島縣 출신으로 대일본제당회사에서 근무하였다. 그는 6개의 제당회사를 설립한 인물이며 사이판, 티니안, 로타의 풍경을 설탕농장으로 바꾸어 놓고 사업적으로 성공한 인물이다.

다음은 가토리 신사다. 이 신사는 1911년 건립되었는데 1944년 파괴되었고 1985년 11월 19일 재건립되었다고 하였다(조구호 사장이 공사).

구 일본병원 유적
구일본형무소 유적
그로토

이상의 흔적을 보고 저녁에 조구호 사장의 증언을 들었다. 그는 38년생으로 원주민들 중에는 아리랑노래를 잘 부르는 사람이 있다고 하였다. 그는 일제시대에는 상주인구가 6~7만 명이나 되었기 때문에 사이판이 현재보다도 더 번화했다고 한다. 그는 티니안에서 원폭을 탑재한 후 일본에서 투하하고 다시 돌아오는 대신 소련으로 갔다고 한다. 그리고 B-29의 공격기지로 사이판이 활용되었다. 사이판전투는 치열하여서 2개 사단이 투입되었는데 1개 사단은 사단장이 해임된 일도 있었다. 그는 자살계곡에서 죽은 사람은 약 2,300명이라고 하였다. 그리고 전쟁에는 한국인들을 앞세우고 독전하였다는 말을 하였다. 그리고 마쓰모도라는 사람이 병사로 티니안에 온 일이 있었는데 이 사람은 최근에 죽었다고 하였다. 그리고 이용택 회장이 10여 년간 위령사업을 계속 수행했기 때문에 상당히 긍정적인 인식을 현지 한인들이 가지고 있다고 하였다. 조사장의 부인은 임금이 너무 박하여 원주민 중에 일본인을 싫어하는 사람이 많다는 얘기도 하였다.

9월 10일 아침에 비행기를 타고 티니안으로 향하였다. 티니안에 도착하자 우리는 전경운씨를 찾았다. 전경운씨는 Matsmoto라고도 하였다. 그는 1915년생으로 오산학교를 졸업하였다. 東京으로 유학을 가서 해외 식민지로 진출하는 양성학교를 졸업하고 1939년 남양무역회사(Nambo)에 견습사원으로 발탁되었다. 그는 처음에 포나페로 배치될 예정이었으나 일본인들이 많이 거주하는 사이판으로 발령이 났다. 사이판에 배치되어 파간섬에서 코프라제조에 일을 하게 되었다. 그에 의하면 일본인들이 차모로인들을 학대하였다고 한다. 차모로인들이 노동규율이 부족했던 것도 사실이라고 하였다. 그는 임금지급이나 식량배급을 합리적으로 하려고 노력하였으며 남보의 회사원으로 차모로인 30명의 노동을 감독하였다. 그는 섬에서 2년 정도를 고생하다가 드디어 야자에 대한 연구를 시작하여 논문을 회사에 보고함으로써 합리적인 야자증산의 방법을 연구하였고 이 점이 회사에 의하여 인정을 받게 되어서 정식 사원이 되었다. 그는 고향갈 생각은 포기하고 정착하기로 마음먹었으며 회사의 주임직까지 진출하였다.

한인에 대한 그의 경험은 인부 50명 중 20명이 징용된 사람이었는데 관동군 2천 명이 방어강화를 위해 왔었으며 관동군이 온 후 3일만에 공습을 받았다고 한다. 그는 공습 때문에 파간섬에 머무르게 되었고 이로부터 14개월간 있었다. 그는 고구마 등을 재배하였고 차모로인이 수확하였으며 한국인은 3~4명이 같이 있었는데 모두 같이 들어오게 되었다. 그는 1945년에 사이판에 오게 되었으며 그가 알기로는 티니안에 2,700명, 사이판에 1,400명의 한인들이 사탕수수를 소작하였다고 한다. 이 숫자는 캠프에 있었던 숫자이다. 그리고 로타섬에도 500의 한인들이 있었다.

미군 수용소시절에는 노동은 의무였는데 나중에 모두 본국으로 돌아갔고 섬 사람과 결혼한 사람만 배로 인양되다가 헬기로 다시 섬으로 오게 되었다고 한다. 이는 섬 사람들의 항의가 있었기 때문이다. 그는 수용소시절에는 그림 그리는 일로서 많은 돈을 벌었다. 그리고 다음에는 장을 만들어 팔기도 하였다.

전경운씨에 의하면 한인들의 민간인 희생자는 그리 많지는 않았다고 한다. 군인군속은 잘 모른다고 하였다. 티니안 비에서 희생자를 5천 명으로 표현한 것은 정확한 고증 없이 이영식 목사가 당시시장인 Mendiola 씨의 말을 들어서 그리 된 것이라고 하였다. 미군들이 한국사람들의 유골을 모아서 수습하였는데 드럼통 3개에 집어놓고 매장하였던 것이며 이것은 아무리 해보아야 그 수가 5천 명이 될 수는 없을 것이라고 하였다. 유골의 수집은 가족 중 죽은 사람의 뼈를 수집토록 미군이 시작한 것이며 드럼통 1개에만 뼈가 있었고 그 중에는 사람뼈는 아닌 것 같은 큰 뼈도 있었다고 했다.

그의 장인 유성만이라는 사람이며 전씨는 슬하에 9남매를 두었는데 부인은 정신병을 앓고 있다고 하였다.

티니안에서 한편 Henry Lizama씨를 만나 증언을 듣게 되었다. 그에 의하면 한인들을 일본사람들이 구타하여 '아이고' 하는 소리를 들었고 야프 섬에서 약 600명 정도의 한인이 있었는데 이들은 노동을 하였고 전쟁 시에 일본군이 한인들을 모두 구덩이에 몰아 넣어서 죽이려고 웅덩이를 파게 하였다고 한다. 그도 물론 같이 노동을 하였다. 그러나 굴을 조금만 파면 자꾸 헐어지고 해서 결국 성공을 하지 못하였는데 리자마씨는 이를 하늘이 도운 것이라고 하였다.

한인 노무자들은 밤에 많이 눈물을 흘렸다. 일본인들이 밤에 와서 두드려 팼기 때문이다. 병이 나서 아파도 일을 하라고 두드려 팼다. 티니 안에서도 마찬가지의 상황이었다고 그의 부인은 말했다. 그리고 야프에서 일본인들이 노무자들을 전부 죽이려고 했으나 일본인과 가까운 사람들이 만일 이들이 없으면 어떻게 먹고살 수 있느냐고 진언하여 죽음을 모면한 적도 있었다고 한다.

증언을 들은 후 「평화기원한국인위령비」를 방문하였다. 여기에는 이영식 목사가 설립한 것으로 되어 있고 1977년 12월 건립으로 되어 있다. 그리고 설립자는 <제2차세계대전태평양지역한국인희생자위령사업회>로 되어 있다. 그리고 전쟁과 관련된 흔적을 돌아보았다

줄루비치는 1944년 7월 24일 미군이 상륙한 지점이다.

B29출진 활주로는 줄루비치에서 5분거리에 있다. 원폭발진기지는 8월 6일과 9일 각기 히로시마와 나가사끼에 출동했던 원폭기지이다.

그리고 공군지령소(Air Operations Command Post)를 들러서 자살계곡을 조사하였다. 여기에는 수많은 위령비기 있으며 그 중에는 구만주군 출신의 희생자를 기념하는 위령비도 있고 특히 오키나와위령비에는 해외에 세워진 위령비로는 처음으로 한인에 대해 언급한 것이 있다고 하였다.

다음으로 우리는 보하씨를 만나 구 공동묘지를 찾아볼 것을 요청하였

다. 어렵게 그의 도움을 받아 밀림을 헤치고 한인들 캠프와 공동묘지 자리를 찾았다.

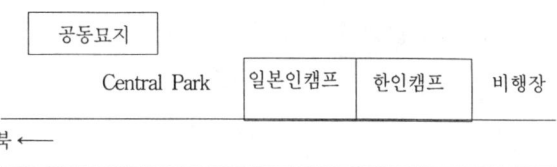

보하씨는 서로 싸우지 말자면서 그가 기억하고 있는 한국말을 해주었다. "이리와, 아버지, 아리랑, 도라지" 등.

9월 11일에는 사이판시의 시장을 방문하였다. 그에게 방문목적을 설명하고 도움을 청하였더니 한인들의 문제와 관련된 문서들이 CNMI College내에 있는 문서실에 있다고 해서 홍보담당자를 딸려서 친절하게 안내를 해주도록 하였다. 이날 우리는 도서관과 문서실에 들려서 필요한 자료를 열람하고 또 계속 그의 안내를 받아서 역사보존과에도 들렸다. 그리고 거기에서 한인문제에 대한 연구를 하는 사람들도 소개를 받았다.

이날 저녁에는 한인회장 손경수씨의 초청을 받아 저녁식사를 함께 하였고 우리는 한인회 측의 협조를 감사하고 차후로도 지속적으로 협력하여줄 것을 요청하였다.

9월 12일에는 정글지역으로 들어가서 Japanese Tunnel로 표시된 동굴을 관람하였다. 여기는 여명의 눈동자가 촬영되었던 곳이기도 하며 안내인에 따르면 여기에서 비녀, 침대이음철물들이 발견되어 정신대를 여기에 감금하고 죽여버린 것이 아니가 짐작된다고 하였다. 현재는 굴입구로 약 10미터쯤 들어가면 굴이 붕괴되어 있다.

한편 김용한씨에 의하면 북마리아나에 있는 성에서 King(Kim), Poki(Park), Song(Songsong), Matsmoto(Jun), Chai(choi), Sing(sin), Kyoshi(Kang), Korean의 성이 한국계라고 말하여 주었다. 이들은 모두 한국으로 되돌아가 헬기로 다시 섬으로 온 경우라고 하였다. 그리고 전경운씨도 70년대에는 한국사람 만나기를 꺼려했으나 그후 한국에 다녀오고 나서는 한국사람과 잘 접촉한다고 말해주었다.

9월 13일에는 Salome Ruth라는 현 간호원의 어머니와, Hermann Guererro씨를 만나보려고 하였으나 이들 모두가 인터뷰를 거절하는 바람에 만나지를 못하였다. 이날 저녁 한인회 간부들과 만나서 석별의 정을 나누었다.

9월 14일 새벽에 비행기를 타고 서울에 도착하였다.

사이판, 티니안에서의 한인희생자 추정

이 두 섬에서의 한인희생자는 다음과 같이 추정될 수 있다. 『북마리아나 군도 역사』(Don A. Farrell, 1991)에 의하면 전쟁 즉 미군이 티니안에 상륙하기 전의 통계에서 사이판 주민은 17,900명으로 되어 있다. 이 중에서 오직 26명만이 차모로인이고 나머지는 일본인, 오키나와인, 한국인이었다. 이 중에서 일본인은 5%에 불과했고 오키니와인은 70%, 한국인이 25%를 구성한다고 하였다. 그렇다면 한국인 민간인은 대략 4,475명으로 계산된다. 그런데 전쟁이 끝난 후 1944년 8월 31일 Churo캠프에는 모두 10,639인의 민간인을 수용하고 있었다. 이중에서 한국인은 2,357인이라고 하였다. 1945년 9월에는 캠프의 인구는 11,479명으로 늘어났다. 그렇다면 1944년의 한국인 비율이 22%이기 때문에 1945년 9월의 한인은 모두 2,525명이라고 말할 수 있다. 1944년 초에 일본이 전쟁을 예감하고 3~5천 명의 일본인을 본국으로 疏開하였다고 한다. 여기에서 당연히 한국인은 제외되었을 것이다. 따라서 한국인은 이 소개에 의하여 변동이 없다는 것을 감안하면 戰前의 4,475인이 전쟁 후에 2,525인으로 줄어들었으므로 1,950명의 한인이 희생을 당했다는 것을 알게 된다. 물론 이는 군속을 포함한 민간인의 숫자이며 여기에서 군인의 경우는 제외된다. 이것이 현재 과학적으로 추정 가능한 티니안에서의 민간인 희생자 숫자이다.

사이판에서는 1945년 4월에 캠프에 수용된 수가 17,974인이며 그 중 2,426인은 차모로인이고 810명은 카롤라인인, 13,373인은 일본인및 오키나와인, 그리고 1,365인이 한국인이었다. 그런데 그 이전 1944년 9월 30일까지 전쟁의 부상으로 인한 인명피해가 한국인의 경우 24명이라고 하였다. 이는 병원에서 사망한 경우를 가리키는 것일 터이므로 그 이전의 사망자는 따지지 않을 것이다. 이 수용된 수만 보면 한인은 7.6%를 차지한다. 1937년의 경우 일본인으로 분류된 자는 전 마리아나인의 91%이다. 따라서 전전의 차모로 등의 인구는 많아도 4천을 넘기 어려울 것이다. 따라서 주민을 3만4천으로 계산하면 전쟁으로 인해 희생당한 수를 추정할 수 있다. 전쟁 전과 전쟁 후의 주민의 차는 16,026명이 된다. 캠프의 한인의 비율이 7.6%이므로 이 차이에다가 한인의 수비율을 곱하면 1,218명이 나온다. 따라서 사이판에서의 한인의 희생자는 1,218명이라고 추정해도 좋을 것이라고 본다.

따라서 사이판과 티니안에서의 한인희생자는 3168명이 된다. 이 숫자가 두 섬에서의 한인들의 민간인 희생자로 간주된다. 여기에 군인희생자에 대하여 다음과 같이 추정할 수 있다.

하여튼 사이판에서 3만, 티니안에서 9천의 군인이 사망하였는데 이중에서 한인출신의 군인이 과연 얼마나 되었을까? 이를 정확히 추정하는 일은 곤란하지만 1945년 무렵 전 일본군 중에 한인의 비율이 약 5%였다는 점을 감안한다면 평균치로 추정하여 한인들의 수는 약 2천 명 정도가 된다는 것을 알게 된다. 이렇게 본다면 사이판, 티니안에서 한인들 사이에서 모두 5,000여 명의 희생자가 나왔다고 말할 수 있는 것이다.

6. 맺음말

태평양 지역의 경우에 일본인들의 위령활동이 대단히 활발하게 진행되고 있다는 것을 파악할 수 있었다. 그런 가운데 해외희생동포추념사업회의 활동으로 코로르, 사이판, 티니안의 3곳에 한인희생자를 기리기 위한 위령비가 건립되어 있어서 이 지역을 찾는 한인들이 방문하여 희생자들의 명복을 비는 기회를 가지게 되어서 다행스러운 일이라고 판단하였다.

한편 태평양 지역은 광활하며 한인들이 희생당한 경우는 많지만 그러한 희생자들의 명단이나 그와 관련된 자료를 찾아내기가 쉽지 않아서 조사에 많은 어려움이 있다. 향후 미국이나 일본의 문서를 계속적으로 조사하여 보아야 할 것으로 판단된다.

찾아보기